四川外国语大学"以色列与中东研究系列丛书"
教育部国别和区域研究备案中心四川外国语大学以色列研究中心

巴勒斯坦
记忆与认同

隆娅玲 ◎ 著

时事出版社
北京

本书的出版受到 2018 年度四川外国语大学校级科研项目（sisu2018017）、2019 年度重庆市教委高校创新研究群体项目（CXQT19024）、2019 年度重庆市研究生导师团队建设项目（中阿跨文化对比研究团队）的资助

总序

2020年是中东剧变十周年。2010年12月17日,以突尼斯小贩穆罕默德·布瓦吉吉的自焚事件为导火索,在不到一年的时间里,革命的浪潮席卷整个中东:从突尼斯到埃及、从利比亚到也门、从巴林到叙利亚,几乎所有的阿拉伯国家都受到波及。21世纪已然过去了十年,为什么中东地区还会爆发这么大规模的民主化运动?并且为何历经十年仍然未能平息?其中原因值得深入思考和研究。

除了阿拉伯世界的持续动荡,在过去的十年里,中东地区其他热点问题也是层出不穷,可以说,这是世界上热点问题最多的区域,包括伊朗核问题、巴以冲突、库尔德问题、叙利亚内战、以色列与阿拉伯国家关系的剧变等。实际上,在中国近年来方兴未艾的国别和区域研究中，中东地区研究一直是其中重要的组成部分。而根据中东的主体民族和语言，大致可以把中东研究分成以下几个部分：

阿拉伯研究。阿拉伯民族是中东地区人口最多的主体民族，中东24个国家中，阿拉伯国家占18个，因其几乎都操阿拉伯语和信仰伊斯兰教的特性，大致可将其看作一个群体。而这一群体也可细分为三个部分：一是北非地区的6个阿拉伯国家，二是海湾地区的7个阿拉伯国家，三是黎凡特的地区5个阿拉伯国家。除了每个国家各自的内部问题，阿拉伯人与犹太人的冲突是中东地区长期动荡的根源之一，另一个问题则是伊斯兰教逊尼派与什叶派之间的矛盾。为什么阿拉伯民族在面对外敌时不能凝聚成一股团结的力量？为什么伊斯兰教派之间的分歧有那么大？对此，需要进行持久和深入的研究。

伊朗研究。伊朗是中东地区的大国之一，其凭借较多的人口、较为完善的工业体系和独特的民族与文化，一直在中东地区独树一帜。而伊朗核问题则是中东长期热点问题之一。多年来，伊朗一直致力于发展核项目，却遭到西方国家的阻挠和国际原子能机构的限制。2015年7月14日，经过多年艰苦谈判，中、美、俄、英、法、德六方在伊核问题上终于达成共识并签署历史性协议，这也被认为是奥巴马政府的一大外交成就。然而，随着2017年特朗普的上台，美国政府对伊核问题的态度发生急剧转变，2018年5月更是悍然退出了伊核协议，恢复了对伊朗的经济制裁，而伊朗也扬言恢复铀浓缩计划，使得伊朗核问题再度成为中东地区的焦点。为什么伊核问题会牵动如此多的利益相关方？美国在拜登上台后是否会改变原先的对伊政策等等，都是需要考虑的重要问题。

土耳其研究。土耳其一直在中东事务中扮演活跃角色。与波斯帝国和阿拉伯帝国相比，奥斯曼帝国是中东解体最晚的一个帝国，因而对中东政治格局的影响也最大。突厥民族从中亚迁徙而来，占据了安纳托利亚高原，其帝国绵延近600年，发展出一套独特的文化传统和治理方式。虽然土耳其人最终也皈依了伊斯兰教，但与波斯人、阿拉伯人相比，其伊斯兰信仰更加世俗化。值得关注的是，近年来，随着正义与发展党（AKP）的崛起，土耳其出现了民族主义等的回潮。不过同样需要注意的是，埃尔多安自2003年担任总理（2007年连任）、2014年宪政改革后担任总统（2018年连任）以来，土耳其的人均GDP增长了两倍多。他对内压制库尔德人的反抗，对外谴责以色列对待巴勒斯坦的方式，一时成为伊斯兰世界最为强势的领导人。为什么在凯末尔倡导民主化和世俗化近百年之后，土耳其会再度出现保守化的趋势？其中的原因值得深思。

以色列研究。与其他几个中东研究对象相比，以色列的历史既短又长：说其短，以色列1948年才建国；说其长，犹太人的历史绵延上千年。自1948年建国至1973年，以色列与周边阿拉伯国家打了四场战争，令人称奇的是，在战争前后它的经济还能继续发展。时至今日，以色列已经发展成一个发达国家，不仅建立了较为成熟的民主制度，人均GPD也达到4万美元以上，2010年还加入了发达国家俱乐部——经济合作与发展组织（OECD）。当今的以色列以创新的国度而著称，其高科技农业和现代军工技术享誉世界。尤其是在外交领域，以色列也实现了重大突破，仅在2020年就先后同阿联酋、巴林、苏丹、摩洛哥等阿拉伯国家实现了关系的正常化。作为世界上唯一一个以犹太人为主体的国家，为什么以色列能取得如此突出的成就？这对于正在建设创新型国家的中国而言，也不无启迪。

以上如此多的问题凸显了开展"以色列与中东研究"的重要性。而四川外国语大学"以色列研究中心"成立于2011年6月，是国内大学中首家从事"以色列研究"的专门机构，宗旨是整合校内外各种资源和力量，积极开展对以色列政治、经济、社会等问题的深入研究，争取以有特色的科研成果为社会服务，发展成西南地区乃至全国知名的高校智库。自成立以来，中心在学术研究和对外交流方面发展迅速，与上海外国语大学、中以学术交流促进协会（SIGNAL）等国内外组织机构建立了合作与联系，派出多名研究人员到以色列巴伊兰大学、美国布兰代斯大学进行交流访学，承担了多项教育部国别和区域研究指向性课题，编辑出版国内唯一的《以色列研究》集刊，运营"以色列与中东研究网"网站和同名微信公众号，在《西亚非洲》《阿拉伯世界研究》等专业核心刊物上发表了多篇学术论文，并连续出席了加拿大蒙特利尔、以色列耶路撒冷、美国柏克利和以色列基尼烈等地举行的国际以色列研究学会（AIS）年会，引起国内外学术界广泛关注。2017年5月，中心获批成为教育部国别和区域研究备案中心。

需要提及的是，四川外国语大学以色列研究中心虽然以"以色列研究"作为基础和特色，但研究对象其实并不局限于以色列，而是涵盖整个中东地区，尤其是利用四川外国语大学开设有外交学、国际政治、英语、阿拉伯语、希伯来语和土耳其语等中东研究相关专业的优势，开展学科交叉融合的国别和区域研究，力争产出一批具有影响力的原创性成果。本套"以色列与中东研究系列丛书"的推出，即是这一工作的尝试。在这套丛书中，我们将会陆续出版一系列基于中心研究人员博士论文、课题结项成果的专著，力图展现中国西南地区学者在"以色列与中东研究"领域的学术水准，为四川外国语大学建设"高水平应用研究型外国语大学"的目标而努力。

陈广猛

2020 年 8 月 18 日于重庆

目录
contents

前　言　/　1

第一章
绪论：集体记忆与身份认同　/　4

第一节　课题的源起　/　5
第二节　理论基础和研究方法　/　11
第三节　研究现状　/　19

第二章
"大灾难"发生前巴勒斯坦地区的认同意识　/　33

第一节　巴勒斯坦乡村认同意识的发展　/　33
第二节　巴勒斯坦城市认同意识的变迁　/　42

第三章
巴勒斯坦"大灾难"记忆群体的形成 / 65

第一节 "大灾难"的发生及记忆的形成 / 66
第二节 独特患难经历对群体独特性的强化 / 72
第三节 "大灾难"的记忆主题及其建构 / 76
第四节 "大灾难"的神话动力对群体同一性的巩固 / 96

第四章
巴勒斯坦"大灾难"记忆的传承和认同的发展 / 103

第一节 灾难记忆传承中的身份意识传递 / 104
第二节 亲历困苦对身份意识的强化 / 116
第三节 传承和发展中的巴勒斯坦认同表达 / 128

第五章
后奥斯陆时期巴勒斯坦集体记忆与认同的建构 / 140

第一节 节日纪念对群体认同的强化 / 141
第二节 历史记忆建构对群体认同的提升 / 145
第三节 传媒技术的发展对个体的群体认同的巩固 / 157

第六章
集体记忆对统一巴勒斯坦认同的影响 / 167

第一节 巴勒斯坦认同的现状及其面临的挑战 / 167
第二节 集体记忆在巴勒斯坦认同建构中的文化内涵 / 176

第三节　巴勒斯坦集体记忆和认同建构的现实意义　/　180

结　语　/　187

附　录　/　192

参考文献　/　197

后记：关于现代巴勒斯坦认同概念的讨论　/　221

前　言

本书首次将集体记忆理论引入国内巴勒斯坦问题研究领域，从集体记忆的视角出发，遵循群体认同理论中倡导的"认同过程"的思路，纵向地考察了独立的巴勒斯坦人群体以及巴勒斯坦认同意识的形成、维护与发展的过程。研究中主要采用了文本分析法和历史研究法，对1948年巴勒斯坦"大灾难"（النكبة[①]）发生前后巴勒斯坦人身份认同的变化做了细致考察，并通过分析巴勒斯坦集体记忆的传承和建构全面探讨了巴勒斯坦认同的维系与发展，从而进一步探究了巴勒斯坦集体记忆在巴勒斯坦认同的发展变化过程中发挥的作用和影响。

其中，第一章为绪论部分，主要阐明了本课题研究的相关概念、已有研究情况及指导理论。

第二章主要考察了"大灾难"发生前巴勒斯坦地区阿拉伯人的身份认同情况。对巴勒斯坦人来说，"大灾难"是现代巴勒斯坦历史和命运的转折点。本书围绕这一重要的时间节点，对奥斯曼帝国统治时期、英国委任统治初期和犹太大量移民时期这三个重要历史时期内巴勒斯坦农民和城市居民这两部分人群的身份意识情况进行了系统的考察。

[①] النكبة，英译"Al Nakba"（Al Nakbah）或"The Nakba"（The Nakbah），其中文释义有灾难、浩劫、磨难、劫难、苦难、灾祸等。在阿拉伯语中，النكبة 一词被用来特指1948年巴勒斯坦人因第一次中东战争失败和以色列建国而遭遇的巨大悲剧和劫难。本书中出现的"巴勒斯坦大灾难""大灾难""1948年灾难"等词均指代此事件。

第三章论述了"大灾难"的发生如何促使地理上分散各地的巴勒斯坦阿拉伯人逐渐演变成一个有着共同灾难记忆的集体。"大灾难"因其对巴勒斯坦人民造成的严重创伤和重大影响而成为巴勒斯坦人民"永恒的当下"。共同的灾难经历和悲苦遭遇，以及对过去巴勒斯坦的共同记忆和渴望，一起成为将各地巴勒斯坦人联系在一起的纽带，也促使巴勒斯坦阿拉伯人拥有了区别于其他阿拉伯人的独特之处。由此，巴勒斯坦人具备构成一个独立群体所需的共性和独特性，巴勒斯坦人也开始成为一种独立的群体身份。

第四章主要探讨了"大灾难"记忆的代际传承及巴勒斯坦身份认同意识的传递和发展。承载着巴勒斯坦人身份意识的共同的"大灾难"记忆在日常生活中被不断重复和讲述，实现了记忆的代际传承。对于巴勒斯坦人来说，"大灾难"从未真正结束，因为他们一直活在"大灾难"造成的巨大悲剧里。灾后出生的巴勒斯坦人所亲身经历、见证的战争和悲剧等群体经验也强化了对这种悲剧现实的感知。父辈的记忆传承和自身的亲身悲惨经历共同作用，强化了巴勒斯坦人后代对巴勒斯坦的认同和归属，从而实现了记忆和认同意识的延续与发展，保障了独立的巴勒斯坦人群体的延续。

第五章则重点讨论了《奥斯陆协议》签订后巴勒斯坦记忆和认同的建构与重构途径。书中主要考察了当下巴勒斯坦人如何通过节日纪念、历史建构和媒体发展这三种途径去不断巩固、重构和传播有关自我身份意识的集体记忆。同时，这也是一种建构和巩固群体认同的过程，因为被重复纪念的历史重要事件、强调阿拉伯/巴勒斯坦属性的历史叙事，以及媒体所传播内容和方式的选择等都离不开身份认同意识的影响与作用。由此可见，巴勒斯坦的集体记忆和认同的建构是一种相互促进和交互影响的关系。

第六章主要考察了巴勒斯坦认同的现状及其面临的诸多挑战，并探讨了巴勒斯坦集体记忆和认同建构的文化功能与现实意义。虽然当下巴勒斯坦认同依然表现为各地区巴勒斯坦人民的主要认同，但其未来发展依然面临不少挑战。这些挑战和难题的应对策略可以从巴勒斯坦文化记忆和认同建构的紧密关系出发，充分发挥集体记忆的文化抵抗功能，起到团结人民、增强群体凝聚力的作用。

最后，本书从独立的巴勒斯坦认同的确立时间、本质和影响因素等方面得出以下结论：一、独立的巴勒斯坦认同是在1948年"大灾难"发生之后才真正确立的；二、南叙利亚认同在本质上也是阿拉伯认同；三、犹太复国主义在独立的巴勒斯坦认同形成中有着重要影响，但不是核心本质因素；四、巴勒斯坦灾难记忆是独立的巴勒斯坦认同确立和维系的基础；五、巴勒斯坦集体记忆和认同呈现相互促进的紧密关系；六、强化巴勒斯坦人民的共同记忆可以成为融合当下巴勒斯坦人内部分歧、增强群体凝聚力的有效方法。这些论点的提出不仅凸显了巴勒斯坦集体记忆与认同的必然关联性，而且进一步证实了以集体记忆的视角考察身份认同问题的有效性。

—— 第一章 ——

绪论：集体记忆与身份认同

中国和阿拉伯世界的文化交往源远流长，友谊深厚。中阿在政治、经济、能源、金融、文化等方面均具有广阔的合作空间和交往前景，体现出中阿关系愈加丰富的战略内涵。在此背景下，对阿拉伯世界进行全方位的、多视角的研究与解读，将有利于中阿互利共赢合作的全面开展和中阿关系的进一步加强。巴勒斯坦作为阿拉伯世界中不可忽视的一员，对其进行深度研究不论是在理论层面还是实践层面，都具有重要意义。

本书的研究对象是巴勒斯坦人群体。根据1968年修改通过的《巴勒斯坦国民宪章》所做出的定义："1947年前一直定居在巴勒斯坦的阿拉伯人是巴勒斯坦人；1947年以后不管出生在哪里，只要其父是巴勒斯坦人，他们也算是巴勒斯坦人。"

本书主要是为了考察1948年"大灾难"发生前后巴勒斯坦人身份意识及群体意识的转变，厘清巴勒斯坦人身份认同的形成和发展路径，并进一步探讨巴勒斯坦人的集体记忆在巴勒斯坦人集体身份认同发展过程中所发挥的作用和影响。其主要内容包括：考察"巴勒斯坦大灾难"发生前巴勒斯坦地区人民的认同意识状况及"巴勒斯坦大灾难"记忆对独立的巴勒斯坦人群体造成的影响，探讨"巴勒斯坦大灾难"的记忆传承与巴勒斯坦认同发展的互动关系，同时进一步分析当代巴勒斯坦

第一章 绪论：集体记忆与身份认同

记忆和认同建构的途径，以及巴勒斯坦记忆在巴勒斯坦人认同建构中的影响和作用。

第一节 课题的源起

首先，集体记忆研究是当代文化研究中的热点话题。从20世纪后半叶开始，西方学术界开始对集体记忆或社会记忆产生关注，学者们纷纷在社会学、人类学、历史学等多门学科中运用集体记忆理论对历史事件、文化现象进行研究和解释，其中最具代表性的西方学者及其记忆理论归纳如下：

法国社会学家莫里斯·哈布瓦赫（Maurice Halbwachs）于20世纪首次提出"集体记忆"（Collective Memory）的概念，肯定了记忆的社会性，使记忆问题和记忆研究不再局限于心理学研究领域，不再只是一种心理学层面的心理感知行为。他认为，即便是最私密的记忆和回忆，也是在一定的社会交往框架下完成的，大大小小的集体都有自己的集体记忆，它是集体成员共享的关于集体的过去的所有认识（实物的、情感的、知识的和行为实践的）的总和。个人可以通过分享一个集体的集体记忆，知晓该集体的过去，从而证明自己属于这个集体。

在此基础上，德国著名学者扬·阿斯曼（Jan Assmann）和阿莱达·阿斯曼（Aleida Assmann）在20世纪90年代提出文化记忆理论，并进一步将记忆细分为交往记忆（或称交际记忆）与文化记忆。其中，交往记忆是指对晚近的过去的回忆，是以个人的生平为框架的回忆，这种回忆一般存在于三代到四代人之间，所以也称代际记忆。而文化记忆则与更久远的过去有关，它需要包括诗人、教师、艺术家、萨满、官员等专职的承载者来负责其传承，并通过文字、图像、仪式、纪念碑等记忆媒介以及机构化的交流得到延续。因此，通过研究一个民族的文字、仪式、节日、纪念碑等记忆符号，可以探索一个民族所经历的繁荣与灿烂、不幸和灾难，了解一个民族的历史所传承下来的传统和文化。

同时，德国学者哈拉尔德·韦尔策（Harald Welzer）也曾在集体记忆的基础上提出社会记忆的概念，并将之定义为"一个大我群体的全体成员的社会经验的总和"。法国学者皮埃尔·诺拉（Pierre Nora）编著了《记忆的场所》一书，从记忆理论的角度把体现民族文化和历史的所有的实在的、象征性的场所，如博物馆、纪念碑、城市、人物形象等进行了系统的梳理和分析，使得这些场所再度成为人们关注的热点，表现了法国的文化特性，促进了法国人民的文化认同。

近些年，国内在西方记忆研究热潮的引领下，也开始进入社会集体记忆研究的行列。中国台湾地区的学者可算作是第一批引入集体记忆观念并将之运用到社会文化研究中的学者。其中，王明珂主要研究集体记忆与族群认同的各种联系，并重新解读和阐释了"华夏边缘"；王汎森则主要探讨了集体记忆和历史之间的关系。在王明珂等台湾学者的影响下，中国大陆的学者们也开始重视集体记忆研究，并在近二十年时间内取得不少研究成果。学者们主要从少数民族的族群认同、乡村记忆、民俗传统、纪念碑刻等各个方面进行了细致、深刻的研究。

由此可见，在这个全球化浪潮席卷世界的每个角落、跨文化交际遍及全世界每个民族的时代背景下，集体记忆的建构和传承面临着诸多挑战。在交际行为愈加朝着多种族、多文化、多层面发展的今天，如何在吸收外来文化精髓建构新的集体记忆的同时，保留自己独特的文化记忆和民族特性，仍旧是专家学者们未来进行记忆研究的主要方向。

其次，巴勒斯坦问题是阿拉伯世界的核心问题，应得到持续关注和多角度剖析。阿拉伯世界因其独特的地理位置和重要的战略地位，一直以来受到世界各国的重视，也是各国势力角逐博弈的重要场所。自中东剧变以来，中东、阿拉伯地区出现了如叙利亚危机、利比亚危机、也门危机、伊拉克问题、伊朗核问题等诸多热点问题，局势动荡，形势复

第一章　绪论：集体记忆与身份认同

杂，时刻困扰着世界各国，成为举世瞩目的焦点，让各国应接不暇，博弈日趋激烈。而巴勒斯坦问题持续时间最长，是实现中东和平的根源性问题，不应被忽视或边缘化，更不应被遗忘。同时，巴勒斯坦人民作为阿拉伯人民及世界人民中客观存在的一员，遭遇苦难、生活困苦、各项合法权利无法得到保障，理应得到世界人民的关注和支持。

第三，巴勒斯坦人民的身份认同问题关系到巴勒斯坦的民族国家构建。20世纪以来，两次世界大战告终、苏联解体、美—苏冷战结束、社会主义和资本主义两大阵营长期对垒，全世界在政治、经济、社会意识等方面的语境不断变迁，对世界人民的身份定位构成巨大的挑战，使得身份认同问题成为文化学研究的主要课题。同时，全球化步伐的加速和科学技术水平的飞速发展，使得世界人民在物质文化、生活方式、意识形态、价值观念等方面不断发生交流与碰撞，世界交往日趋多元化，身份危机或认同危机越来越突出。

在这样的大背景下，巴勒斯坦也正在经历着严重的身份危机。巴勒斯坦人的形象似乎被固化了：要么是凶残的恐怖分子，要么是悲惨的难民。他们的真实境遇却鲜为人知。[1] 对于他们的自我身份定位、对民族国家的认同归属以及意识形态、价值观念等，人们更是知之甚少。以色列宣称并不存在所谓的巴勒斯坦民族，一些西方国家基于自身利益也误导世界人民对于巴勒斯坦人的认知，导致巴勒斯坦人民的身份被否定或歪曲。同时，流亡各地的巴勒斯坦人失去与传统地域文化的联系，脱离民族文化的氛围，面对异质文化、苦难过往和艰难现状而无所适从、迷茫绝望。而留在以色列境内的部分巴勒斯坦人受到以色列的权利剥夺和压抑隔绝，对自我的身份认同产生疑惑，对巴勒斯坦的认同也受到阻隔。所以，无论是外部世界对巴勒斯坦人民的认知，还是巴勒斯坦人民内部对自我身份和民族国家的认知，都遭遇危机和挑战。因此，以爱德

---

[1] ［美］爱德华·W. 萨义德著，金钥珏译：《最后的天空之后：巴勒斯坦人的生活》，中信出版社2015年版，封里页。

巴勒斯坦：记忆与认同

华·W. 萨义德（Edward Waefie Said）、马哈茂德·达尔维什（Mahmud Darwish）等为代表的巴勒斯坦知识分子纷纷撰文剖析巴勒斯坦的传统文化属性和民族身份认同，以保护巴勒斯坦传统文化并纠正外部世界对巴勒斯坦的误解，同时促进各地巴勒斯坦人对巴勒斯坦的认同。

然而，民族的核心是人民，国家的核心也是人民，因此巴勒斯坦人民身份认同意识的建构和变迁关系到巴勒斯坦人民的内在核心凝聚力。巴勒斯坦人民对于民族国家的概念的认知、理解和认同反映出巴勒斯坦国家认同的形成和演变，关系到独立的巴勒斯坦国家的建构，因此十分有必要深入研究巴勒斯坦人民的身份认同是如何形成的，是如何保持和传承的，以及他们的民族国家意识又是如何转变和发展的。

最后，集体记忆是研究集体身份认同的有效路径，巴勒斯坦集体创伤记忆的形成和变迁影响到巴勒斯坦人民的身份认同。"回忆着的群体通过忆起过去，巩固了其认同。通过对自身历史的回忆、对起着巩固根基作用的回忆形象的现时化，群体确认自己的身份认同。"[1] 集体记忆是一个集体过去全部有形的和无形的知识的总和，在此基础上产生的集体意识关乎集体的凝聚和延续。集体记忆所提供的事实、情感构成其群体认同的基础，集体记忆的建构和维护过程也引导着群体认同的发展方向，而以集体记忆为基础建立起来的意义系统则可以提供给群体成员一种重要的价值取向。[2] 因此，集体记忆的形成、变迁、建构和重构与集体认同建构和演变有着密切的关系。

巴勒斯坦"大灾难"（Al Nakba）的发生，以及由此产生的创伤性记忆，成为巴勒斯坦集体记忆的主要特征。巴勒斯坦人民在经历了屠杀、驱逐、流亡、散居的苦难遭遇之后，形成一种创伤性的集体记忆，

---

[1] [德] 扬·阿斯曼著，金寿福、黄晓晨译：《文化记忆：早期高级文化中的文字、回忆和政治身份》，北京大学出版社2015年版，第47页。

[2] 艾娟、汪新建："集体记忆：研究群体认同的新路径"，《新疆社会科学》2011年第2期。

第一章 绪论：集体记忆与身份认同

进而沉淀出一种独特的文化记忆，对他们的自我身份定位和群体归属感建构皆产生了重要的影响。"Al Nakba"创伤记忆为日渐成长的巴勒斯坦民族认同提供了重要的历史资源，成为巴勒斯坦民族苦难的最高道德象征；它直接推动着难民对于回归权（Right of Return）的抗争，从而发挥着独特的政治动员作用。[①] 因此，研究巴勒斯坦人民集体创伤性记忆的形成、变迁、建构和重构，既可以了解他们如何看待这段民族历史，如何确认自我、定位自我，也可以了解巴勒斯坦人民的民族国家观念是如何转变的，如何从对"家园"的怀念演变为对"国家"的渴望和认同，进而影响巴勒斯坦国家的建构的。

综上，本书选择以巴勒斯坦"大灾难"的发生为切入点，从集体记忆的视角来考察巴勒斯坦人群体身份认同的发展和变迁过程，并进一步探究灾难记忆在巴勒斯坦人群体认同建构过程中所发挥的作用和影响。其研究结果具有较高的理论价值和现实意义，具体表现在：

理论层面：目前国内针对巴勒斯坦地区的学术研究主要是围绕巴勒斯坦民族主义、难民问题、建国策略等方面进行社会学、民族学、法学和政治学解读，而关于巴勒斯坦民族文化方面的研究甚少。在此背景下，本书旨在运用集体记忆和文化记忆理论针对巴勒斯坦人民共同民族记忆的建构以及巴勒斯坦人民身份认同意识的演变进行深入、全面的研究。这不仅从理论上丰富了巴勒斯坦研究的内容和层次，而且也是将集体记忆理论引入阿拉伯世界研究范畴的一次创新尝试。这样的尝试是对巴勒斯坦问题的全新解读，将为巴勒斯坦文化乃至阿拉伯民族文化研究引入新的视角，带来新的活力。

同时，将集体记忆理论和巴勒斯坦经验相结合这一理论联系实践的过程本身也是对记忆理论的丰富和发展。巴勒斯坦在"大灾难"之后形成独特的创伤性集体记忆，根植于巴勒斯坦人民的身心。这种创伤记

[①] 艾仁贵："Nakba：现代巴勒斯坦的难民问题和创伤记忆"，《史学理论研究》2013年第2期。

忆在代际传承的过程中，逐渐沉淀为整个群体共有的文化记忆，而对灾难记忆的各种仪式化建构和重构也引导着巴勒斯坦人民的自我身份定位及对巴勒斯坦的认同变迁。研究这种独特的集体创伤记忆转变为群体文化记忆的过程，及其对群体身份认同和家国意识的影响，是对集体记忆理论的实践和发展，将为进一步探索集体记忆与身份认同之间的辩证关系提供参考。

现实层面：巴勒斯坦人民大部分流散各地，成为难民，失去了与传统地域、邻里社区的联系，经历了失去家园、失去祖国、身份被否定、权利被剥夺的苦难遭遇。"大灾难"发生半个多世纪之后，这个表面上离散、分散的群体是如何看待这段苦难历史、如何重构这段伤痛记忆、如何维护传统文化、如何建构自我的群体身份和集体认同的，以及这段创伤记忆在集体认同建构的过程中有着何种作用和影响，而这种群体认同又是如何演变发展的？本书通过对巴勒斯坦集体创伤性记忆的主题、场域、代际传承等方面的深入细致的研究和分析，试图解答这一系列问题，其结果将对巴勒斯坦难民问题、巴勒斯坦建国权利的研究均有一定的参考价值。

近年来，叙利亚危机的出现和持续恶化也导致上百万叙利亚人逃往海外，数百万人流离失所，难民危机问题尤为突出。叙利亚和巴勒斯坦同属于阿拉伯国家，两国人民享有共同的阿拉伯伊斯兰传统文化，且都具有被迫逃亡、流离转徙的苦难经历。因此，本书关于巴勒斯坦人民因灾难、流亡、离散、失去家园和身份的苦难经历而形成的创伤性记忆的分析解读，以及对创伤性记忆与身份认同的辩证关系的研究，将对叙利亚难民危机的解读和解决具有一定的启发与参考意义。

第一章 绪论：集体记忆与身份认同

第二节　理论基础和研究方法

一、指导理论

（一）认同概念界定

身份认同一词最初源自拉丁文词根 idem，用作"相同、同一"之意。后来，学术界普遍将其等同于英文词语 identity，有的学者也将该词翻译为"身份""认同""同一性"等。它主要有三重含义：一是身份、本体；二是独特性、相异性；三是同一性、一致性。身份认同概念最初源自于西方哲学本体论，用以解释"我是谁"这一哲学命题，认同即是对作为社会主体的"我"是谁、来自哪里、又去向何处的深层次探索和求解。在社会交往过程中，个体通过认知自己与他人或群体之间的相似之处或差异之处来建立对自我形象的认同，找寻自己在社会中的位置，确认自己的身份，并认识自己与他人、与集体、与社会的关系。由此可见，身份认同包含两层基本含义：同一和独特（或相似和相异）。身份认同不仅包含个体对自我与周围人或群体的同一性的认知和认同，还包括对自我异于他人或他群体的独特性的认知和认同。

（二）社会认同理论

英国社会心理学家泰弗尔（Henry Tajfel）认为个体的认同包含个体认同和社会认同（集体认同）两个方面，其中社会认同是自我意识中的重要方面。他将社会认同定义为："个体认识到他（或她）属于特定的社会群体，同时也认识到作为群体成员带给他的情感和价值意义。"① 社会认同的形成包含三个基本过程：社会分类、社会比较和积极区分。个体会自动将周围的事物进行分类，并将自己纳入内群体而赋予自己群体特征，同时将自我内群体与外群体进行比较，通过积极区分的原则偏向于认为我群体优于他群体，进而获得积极的社会认同，满足个体积极自尊的需要。可见，社会认同主要关注的是个体对自己群体成员身份的界定。社会认同的过程就是个体在社会框架下探索并确认"我是谁"的过程。因此，社会认同主要表现为个体所属群体的成员身份。

社会认同理论虽然区分个体认同和社会认同，但并不认为这两者是相互分离的；相反，个体认同和社会认同之间是相互关联的，从中可以体现出个体与群体、个体与社会之间的关系。同时，社会认同也是一个不断建构和重构的过程，该过程会受到种族、语言、宗教等社会文化因素的影响。因此，学者们往往从文化的各个角度和各个层面对人类建构其个体认同、社会认同和群体意识的过程进行研究。

（三）族群认同理论

族群认同和民族认同属于社会认同的范畴，是在社会认同理论基础上的发展。族群和民族都是人类在社会交往过程中发展起来的稳定的共同体。其中，国内外关于族群的定义数量繁多，各有侧重，笔者综合各类表述得出以下共同之处：群体成员相信自己共享着共同的历史经历、文化传统和血统祖先，并据此将自己与其他群体区分开来，这样的稳定的人们共同体即可成为族群。与生物学的种族不同，族群不仅包含生物差异，还强调群体成员对这些差异的信念，以及历史文化在形成族群中的作用。狭义上的民族即族群。而现代意义上的民族通常用来指代国家这个政治共同体，即民族更强调政治性。但在国内，学术界和理论界对"民族"一词的概念界定和使用还存在争议，有时用来指代中华民族，

---

① 张莹瑞、佐斌："社会认同理论及其发展"，《心理科学进展》2006 年第 14 卷第 3 期。

第一章　绪论：集体记忆与身份认同

有时则指中华民族所包含的 56 个民族，但我国许多学者都赞同民族主要用于国家和国家之间，涉及政治上的含义，而族群则主要涉及文化层面。

关于族群认同的理论，目前学术界主要分为两类：根基论（又称原生论）和工具论（又称场景论或建构论）。前者认为族群认同主要来源于根基性的情感联系，认为族群是基于共同的语言、血统和地域而真实存在的共同体，强调其原生性和既定性。而后者强调族群和族群认同的社会建构性，认为族群是基于特定的经济、政治目的建构而成的，族群认同是在社会互动过程中形成的，是不稳定的、流动的、可改变的，与政治、经济活动的社会过程密不可分。当然也有部分学者认为这两类理论都不能单独解释社会现实，应将这两类观点综合起来看待，既不能单独强调族群认同的原生既定性，也不能像部分建构论学者那样认为它处于持续变动的状态。本书采用上述第三种观点，即综合论。族群认同既会随着社会、政治、经济背景的变迁而变化，是社会互动交往活动的产物，同时也是建立在原始的历史文化共同特征基础上的。族群认同不是一种既定的、天赋的不可或缺之物，即便其不可或缺，也是在社会互动的过程中、在具体的事件中表现出来的，但族群认同的建构也绝对不是无中生有的，而是在一定的文化质料上建构的。[①]

巴勒斯坦人群体拥有着共同的阿拉伯伊斯兰历史文化，传承并践行着共同的传统习俗，说着共同的语言，都深爱着巴勒斯坦这块土地，并在历史变迁中保持着对这个共同体的信念。这些共同特征意味着巴勒斯坦人从文化角度已具备一个狭义上民族的必备条件。不仅如此，巴勒斯坦于 1988 年宣布建国，虽至今未以独立国家的身份加入联合国，但已获得联合国观察员国的身份。其入联历程虽然阻力重重，但巴勒斯坦人民在这条路上从未放弃，坚持不懈地努力着。由此可见，巴勒斯坦人这

---

① 左宏愿："原生论与建构论：当代西方的两种族群认同理论"，《国外社会科学》2012 年第 3 期。

巴勒斯坦：记忆与认同

个群体不仅仅是一个文化意义上的群体，因为它从未远离其政治诉求。根据我国中央民族工作会议精神，民族指的是"在一定的历史发展阶段形成的稳定的人们共同体。一般说来，民族在历史渊源、生产方式、语言、文化、风俗习惯以及心理认同等方面具有共同的特征。有的民族在形成和发展的过程中，宗教起着重要的作用。"[①] 可以说，巴勒斯坦人群体在历史渊源、生产方式、语言文化和宗教信仰等方面的共同特征已毋庸置疑，那么巴勒斯坦人可否被称为一个民族，则主要在于群体成员对巴勒斯坦的认同归属的强弱。因此，笔者提出本书的论题：巴勒斯坦人身份认同是如何建构和流变的，以及其影响因素又是什么？

目前对社会认同的研究主要遵照两个维度来进行：横向维度，主要根据不同的社会分类来研究群体的多元认同；纵向维度，主要研究认同不断建构和解构的发展过程。笔者在本书中主要采取纵向维度，以厘清巴勒斯坦人群体认同的发展过程。根据泰弗尔对社会认同过程的分类——社会分类、社会比较、积极区分，笔者将巴勒斯坦认同的发展过程分为多认同共存阶段、巴勒斯坦认同确立、巴勒斯坦认同维持和巴勒斯坦认同强化四个阶段。其中，多认同共存阶段意味着巴勒斯坦认同尚未正式确立，即巴勒斯坦人民尚未完成区分我群体和他群体的分类过程。而一旦巴勒斯坦人民将自己看作巴勒斯坦人，并将他人贴上他群体的标签，这一分类过程便完成了，即代表着巴勒斯坦认同的确立。巴勒斯坦人分类过程完成的标志就是1948年"大灾难"的发生，这一重大社会变迁迅速将巴勒斯坦人从其余阿拉伯人群中分离出来，使巴勒斯坦人形成一个独立的社会群体。"大灾难"发生后直至第二次灾难发生这段历史时期属于认同维持时期，而第二次灾难的发生增强了巴勒斯坦人群体内部的认知和感情联系，强化了其内部成员的团结感和归属感，使巴勒斯坦认同得到进一步发展和增强。

---

① 国家民族事务委员会编：《中央民族工作会议精神学习辅导读本》，民族出版社2005年版，第29页。

第一章　绪论：集体记忆与身份认同

需要注意的是，作为群体认同基本要素的语言、宗教、历史经历和文化传统等内容都不能证明巴勒斯坦认同的存在，因为这些要素并不是巴勒斯坦人具有的独特特征，而是所有阿拉伯人共有的。而1948年巴勒斯坦"大灾难"这一重大历史事件的发生，致使巴勒斯坦人的生活和命运与其他地区的阿拉伯人不一致，其独特性进一步凸显，形成巴勒斯坦人这个独特的群体。此后，巴勒斯坦社会几乎完全崩塌，领土和家园部分丧失或被隔离，人民流亡各地、四分五裂，原本维系群体的共同地域、共同社会背景和生活习俗及传统等都不复存在。不同地方的巴勒斯坦难民被不同的更大群体所包围，面临着不同的悲惨遭遇和命运，但是巴勒斯坦人群体却没有从此消失，巴勒斯坦认同也没有就此消解，究其原因，是因为群体认同的另一要素——集体记忆变成巴勒斯坦认同的主要构成因素。

（四）集体记忆理论

集体记忆概念最早由法国社会学家莫里斯·哈布瓦赫（Maurice Halbwachs）于20世纪20年代提出，指集体成员们所共享的过去的所有有形和无形的经验与知识的总和。他认为，记忆不仅局限于心理层面，而是社会交往过程中一些既定的社会框架共同作用的结果，而且集体也是有记忆的，大大小小的集体都有其集体记忆。德国学者扬·阿斯曼在集体记忆的基础上进一步发展出文化记忆的概念。文化记忆可以说是每种文化中的凝聚性结构，它不仅将不同个体联系在一起，而且将昨天和今天连接在一起，将过去的经验和回忆不断地带入"当下"，服务于现在和将来，从而形成一个持续前进的、稳定的集体。如果说哈布瓦赫的集体记忆侧重于共时层面的个体记忆的综合交叉、交流互动及相互补充完善的话，那么文化记忆则更加注重记忆的历时的延续和连续。

"没有过去就没有身份认同可言——不管是族裔的或任何其他群体

的身份认同。"① 因为身份认同表现为对自我和所属群体的同一性的认知,和对所属群体产生的一种心理和感情上的归属感,而这种认知和归属感的形成很大程度上取决于个体在社会交往中,在各个集体框架下获得的所有经验的总和,以及从过去延续至今的自我意识的同一性和连续性。在人类现实生活当中,个人对自我身份的识别、一个民族的归属感都与自身所"体验"到的关于"过去"的记忆相关。② 一个人若想回答"我是谁""我从哪儿来",他就不得不借助于自己的记忆所保存的有关过去的所有经验、知识和情感。个体通过自己的记忆来确认自己的身份,保持自身连续性。社会也需要"过去",首先是因为社会要借此来进行自我定义。③ 从集体层面来讲,集体记忆中所保存的是集体成员共同创造和共享的经验、知识与情感的总和,它通过文本、仪式、纪念场所等媒介的客观物化而得以世代传承,使得后代可以通过仪式的参与、文本的阅读和碑刻的解读等行为进入集体的共同记忆空间,形成"我们是谁"的群体意识,实现集体同一性的延续。集体记忆是强有力的"意义创造工具",它不但为个体界定和认同自己提供了一种非常必要的意义背景或情境,同时也为后继一代提供了认同的基础。④

同时,集体记忆和集体身份都不是客观存在的静止的概念,而是动态的社会构建过程,都是基于当下的需求对过去的重构。个人为了实现自我身份认同的稳定,必然诉诸过去的记忆。记忆都是选择性的,是基于当下的需求去重构过去。因此,人们会选择性地记住那些与身份认同相关的经验和知识,或者说是从有利于建立和稳固自己身份认同的角度

---

① [丹麦]克斯汀·海斯翠普编,贾士蘅译:《他者的历史——社会人类学与历史制作》,中国人民大学出版社2010年版,第24页。
② 张灵:"社会身份:关于社会记忆的研究",浙江大学硕士学位论文,2011年。
③ [德]扬·阿斯曼著,金寿福、黄晓晨译:《文化记忆:早期高级文化中的文字、回忆和政治身份》,北京大学出版社2015年版,第136页。
④ 艾娟、汪新建:"集体记忆:研究群体认同的新路径",《新疆社会科学》2011年第2期,第121—126页。

第一章　绪论：集体记忆与身份认同

来重述过去的经验与知识。集体记忆可以通过仪式和节日等表现形式的不断重复，来促使集体成员们记住那些能够强化他们身份意识的经验和知识，并使得这种身份意识随着记忆的延续得以稳定持续。同样，反过来，集体的身份意识也可以促成集体记忆的选择，使得那些支撑群体身份的历史和记忆被记住，并重复延续，得以世代流传；而那些削弱群体身份的事件和记忆则慢慢失去交往的社会框架，以致被遗忘。因此，群体会刻意保护和强化那些支撑群体身份的记忆，以增强群体的认同和内在凝聚力；反之，这些记忆不断被重复和重构，也促进了群体认同的增强与发展。

由此可见，集体记忆和群体认同之间的关系十分密切。特别是在巴勒斯坦认同这一特例中，集体记忆几乎成了巴勒斯坦认同存在和维系的核心因素。因此可以说，巴勒斯坦认同的发展过程，实际上就是集体记忆的建构过程。在巴勒斯坦国家身份缺失、领土部分丧失、语言也不是其独有的情况下，巴勒斯坦认同的建构就主要依赖于集体记忆的发展与建构。据此，本书大胆提出"影响巴勒斯坦认同建构和流变的主要因素就是巴勒斯坦人的集体记忆"的假设。

集体记忆主要有建构主义和功能主义两种研究范式，前者强调集体记忆的社会建构性，突出记忆的变迁；后者强调集体记忆的社会功能和作用，即通过记忆的保存和传播起到整合集体的作用。但在实际研究中，任何人都不能只考虑其中一种范式，而完全忽略另一种。事实上，这只是事物的两个方面，体现着不同的角度和思路，在研究中都需要考虑到这两个方面，所以很多学者在研究集体记忆时采用过程分析法。这种方法与认同研究中部分学者为了综合根基论和工具论而倡导的"认同过程"不谋而合。所以，本书将集体记忆融入巴勒斯坦认同流变过程中，以1948年巴勒斯坦"大灾难"记忆的形成为基点，首先考察了"大灾难"记忆形成之前巴勒斯坦地区的认同情况；随后论证随着巴勒斯坦"大灾难"的发生，共同灾难记忆的形成如何促使基于共同记忆的巴勒斯坦认同的正式确立；接着在第三部分探讨巴勒斯坦人在记忆传承的活动中如何将巴勒斯坦认同意识传达给下一代，这体现了巴勒斯坦认同的维持；第四部分考察在当代如何通过对集体记忆的重构来加强巴勒斯坦认同；最后思考巴勒斯坦记忆与认同的辩证关系。

二、研究方法

（一）文献研究法

从各个图书馆、资料库、网络数据库等文献储藏处搜集相关文献资料进行归纳、整理和分析，以获得所研究课题的资料，有助于全面、客观地掌握该课题的历史和现状，并了解该领域的全貌。

（二）文本分析法

仔细研读具有代表性的经典文本和文学作品，并将其置于特定的历史文化时期和发展阶段的语境下综合考量与讨论，发掘文本背后所代表的文化意义。

（三）历史研究法

这是一种运用历史资料对过去的事件进行研究的常用方法。书中通过搜集、整理关于包括巴勒斯坦"大灾难"在内的所有灾难性事件的文献历史记载和口述历史纪录，实现对巴勒斯坦人所有灾难性事件的全面了解和掌握。将历史纪录的事件与人民集体记忆中的事件进行对比分析，能够探究历史事件对民众心理意识的影响，也可以考察民众对历史事件的保存和阐释。

第一章 绪论：集体记忆与身份认同

第三节 研究现状

一、国内相关研究综述

巴勒斯坦问题由于其复杂性和持久性，成为国内外学术界研究的热门课题之一，也一直倍受我国学者的关注。到目前为止，我国学术界针对巴勒斯坦问题的研究成果颇丰。在中国知网就"巴勒斯坦"关键词进行模糊匹配搜索，可获得8000多条文献结果，其研究内容涵盖政治、历史、文学、经济和宗教等多个方面。整理和归纳相关的学术文献可以发现，我国学术界对巴勒斯坦问题的研究主要围绕以下几个方面展开：

第一，政治方面。国内学术界在这一方面的研究成果丰硕，且以中国社会科学院西亚非洲研究所创办的《西亚非洲》和上海外国语大学中东研究所创办的《阿拉伯世界研究》这两份核心期刊为代表，登载了一系列研究成果。其中，陈天社、刘中民、赵克仁、杨辉、包澄章、马晓霖、肖凌、马丽蓉、姚惠娜等学者都在该领域做出不小的贡献。其中最突出的是有关巴勒斯坦民族主义、民族或国家建构等问题的研究。例如，刘中民的《从阿拉伯民族主义到巴勒斯坦民族主义——20世纪上半叶巴勒斯坦地区民族主义的发展与转型》[1]和赵克仁的《从阿拉伯民族主义到巴勒斯坦民族主义——巴勒斯坦民族的成长历程》，[2]两位作者均强调了巴勒斯坦民族主义是从大阿拉伯民族主义当中分离、转型而生的。另外，杨辉在《试论巴勒斯坦民族构建问题——本土与流亡民

---

[1] 刘中民："从阿拉伯民族主义到巴勒斯坦民族主义——20世纪上半叶巴勒斯坦地区民族主义的发展与转型"，《西亚非洲》2011年第7期。

[2] 赵克仁："从阿拉伯民族主义到巴勒斯坦民族主义——巴勒斯坦民族的成长历程"，《世界民族》2007年第1期。

族主义的磨合与分歧》①中通过对本土和流亡巴勒斯坦人的民族认同的研究发现，双方在认同上存在一致性的同时也存在不一致和分歧的情况。杨辉认为这种分歧不利于国家构建，应该消除分歧、团结一致，共同致力于民族国家的构建。综合这方面研究成果可以得出，国内学者普遍关注巴勒斯坦民族主义的发展历程，及其对民族构建或国家构建的影响和作用，而且认为巴勒斯坦的民族或国家构建是一个复杂、变动的过程，要实现建国的目标任重而道远。

此外，围绕巴以冲突和中东地缘政治等方面的研究也可称得上硕果累累。包澄章在其论文《巴勒斯坦问题与中东地缘政治的发展》②中将巴勒斯坦问题置于整个中东政治格局的大背景下考察，认为整个中东地区的国际关系和力量格局的复杂变化这个外部因素，以及巴勒斯坦内部环境的不稳定这个内部因素都对巴勒斯坦问题的发展有着重要影响。李志芬则在《哈马斯政策的变化及对巴勒斯坦政局的影响》③一文中探讨了哈马斯政治思想和斗争策略的转变及其对巴以冲突问题的解决所产生的影响。此外，陈天社的《埃及对巴勒斯坦问题的影响》④和《约旦对巴勒斯坦问题的政策及影响》⑤等论文则分别探讨了巴勒斯坦周边国家对巴勒斯坦问题的影响和制约。除此之外，针对巴以冲突的历史由来、斗争方式和西方国家相关政策解读等方面的研究成果也为数不少，在此不一一详述了。

第二，巴勒斯坦难民问题。西北大学的于卫青在其博士学位论文

---

① 杨辉："试论巴勒斯坦民族构建问题——本土与流亡民族主义的磨合与分歧"，《西亚非洲》2006年第9期。
② 包澄章："巴勒斯坦问题与中东地缘政治的发展"，《阿拉伯世界研究》2015年第3期。
③ 李志芬："哈马斯政策的变化及对巴勒斯坦政局的影响"，《西亚非洲》2008年第2期。
④ 陈天社："埃及对巴勒斯坦问题的影响"，《世界民族》2005年第3期。
⑤ 陈天社："约旦对巴勒斯坦问题的政策及影响"，《郑州大学学报（哲学社会科学版）》2008年第4期。

第一章　绪论：集体记忆与身份认同

《巴勒斯坦难民问题的历史考察》[1] 中分析并探讨了巴勒斯坦难民问题产生的历史背景和发展演变，认为中东和平进程的启动虽然对难民问题的解决有一定的推动作用，但其过程仍旧艰难曲折，前景依然不容乐观。这是对巴勒斯坦难民问题比较全面和深入的考察与探讨。赵克仁的《巴勒斯坦难民问题的历史考察》[2]、于卫青的《巴勒斯坦难民问题的历史考察》和李荣的《巴勒斯坦难民问题》[3] 等论文则重点分析了巴难民问题产生的原因，认为它的产生主要是由于阿以冲突和中东战争。陈天社的《阿拉伯国家的巴勒斯坦难民》[4] 和范鸿达的《巴勒斯坦难民营状况考察》[5] 等研究则主要考察了巴勒斯坦难民的艰难现状：居无定所、身份不明、就业困难、缺乏公共资源等。各种问题使得各国的巴勒斯坦难民生活艰辛。此外，陈天社的《巴以最终地位谈判中的难民问题》[6] 和于卫青的《巴勒斯坦难民问题的谈判与前景》[7] 等研究则主要关注各国对巴勒斯坦难民问题所持的立场：美国的立场常与联大决议相矛盾，且对巴以双方实行双重标准；以色列的立场是一贯坚决支持维持现状、就地安置；而阿拉伯各国则坚决支持巴勒斯坦难民回归的合法权利。除此之外，上述论文还探讨了巴勒斯坦难民问题的解决方法，提出不同的解决建议，但巴勒斯坦难民问题的解决不可能一蹴而就，它涉及的人数巨大、牵涉甚广、历时久远、矛盾深种，因此它的公正解决还需在国际社会的帮助下，通过巴以双方朝着一个方向共同努力来实现。

　　第三，巴勒斯坦文学方面。巴勒斯坦文学一直受到国内学者们的关注和重视，是国内巴勒斯坦研究的另一个重要方面。早期巴勒斯坦文学

---

[1] 于卫青："巴勒斯坦难民问题的历史考察"，西北大学博士学位论文，2002年。
[2] 赵克仁："巴勒斯坦难民问题的历史考察"，《西亚非洲》2001年第1期。
[3] 李荣："巴勒斯坦难民问题"，《国际研究参考》1994年第7期。
[4] 陈天社："阿拉伯国家的巴勒斯坦难民"，《阿拉伯世界研究》1999年第1期。
[5] 范鸿达："巴勒斯坦难民营状况考察"，《比较政治学研究》2012年第1期。
[6] 陈天社："巴以最终地位谈判中的难民问题"，《阿拉伯世界研究》2000年第1期。
[7] 于卫青："巴勒斯坦难民问题的谈判与前景"，《国际论坛》2005年第6期。

巴勒斯坦：记忆与认同

的研究偏向于引介和考察巴勒斯坦文学发展，如从20世纪80年代仲跻昆教授的《巴勒斯坦诗抄》①，到90年代周顺贤教授的《巴勒斯坦文学（一）》②和《巴勒斯坦文学（二）》③，以及同时期秋良的《巴勒斯坦戏剧的产生与发展（一）》④和《巴勒斯坦戏剧的产生与发展（二）》⑤等，皆属此类研究。而周烈教授的《求生的哀歌——〈阳光下的人们〉评析》和《格桑·卡法尼的小说创作》⑥等文章则开始重点关注反映社会现实和号召人民反抗的巴勒斯坦革命文学。邹兰芳教授在其《从"在场的缺席者"到"缺席的在场者"——巴勒斯坦诗人达尔维什的自传叙事》⑦一文中通过对巴勒斯坦民族诗人达尔维什的自传叙事的考察，揭示了达尔维什作品的"抵抗"特性，指出巴勒斯坦知识分子以个人记忆叙事的方式抵抗遗忘，用语言的力量进行文化抵抗的美学内涵。唐珺的博士论文《巴勒斯坦诗人达尔维什"抵抗诗"的多重解读》⑧则全面深入地剖析了达尔维什文学作品的抵抗内涵，总结了抵抗占领、遗忘、狭隘、绝望和沉默这五重内涵，认为达尔维什将民族使命与文学创作进行有机结合，进一步深化了巴勒斯坦抵抗文学的人文和美学价值。此外，除了针对诸如马哈茂德·达尔维什和格桑·卡纳法尼等杰出的巴勒斯坦民族主义作家的作品进行评析和研究之外，余玉萍在

---

① 仲跻昆、陶菲格·齐亚德、马哈茂德·达尔维什、拉希德·侯赛因："巴勒斯坦诗抄"，《国外文学》1983年第3期。
② 周顺贤："巴勒斯坦文学（一）"，《阿拉伯世界研究》1994年第2期。
③ 周顺贤："巴勒斯坦文学（二）"，《阿拉伯世界研究》1994年第3期。
④ 秋良："巴勒斯坦戏剧的产生与发展（一）"，《阿拉伯世界研究》1994年第1期。
⑤ 秋良："巴勒斯坦戏剧的产生与发展（一）"，《阿拉伯世界研究》1994年第2期。
⑥ 周烈："求生的哀歌——《阳光下的人们》评析""格桑·卡法尼的小说创作"，《外国文学》2003年第1期。
⑦ 邹兰芳："从'在场的缺席者'到'缺席的在场者'——巴勒斯坦诗人达尔维什的自传叙事"，《外国文学评论》2012年第4期。
⑧ 唐珺："巴勒斯坦诗人达尔维什'抵抗诗'的多重解读"，北京外国语大学博士学位论文，2014年。

第一章　绪论：集体记忆与身份认同

《抵抗身份危机——以色列境内巴勒斯坦文学创作述评》[①] 一文中则全面考察了以色列境内的巴勒斯坦文学的发展状况，得出以色列巴勒斯坦文学创作者在面临身份危机的情境下反抗与防守并存的应对策略。除了上述已列举的关于巴勒斯坦文学的研究成果之外，还有很多结合具体文学文本和叙事手法等方面的研究，在此不一一赘述，但综合来看，考察和探究巴勒斯坦文学的民族背景和抵抗功能仍是当前巴勒斯坦文学研究的主要方面。

第四，经济、宗教等其他方面。有关巴勒斯坦经济状况的研究也受到国内学者的关注，其中比较有代表性的成果有：马志学的《巴勒斯坦民族经济的发展前景》[②]、李荣和程星原的《巴勒斯坦经济重建的准备与困难》[③]、王楠的《巴勒斯坦经济发展中的以色列因素分析》[④] 等论文。此外，关于巴勒斯坦问题宗教方面的研究成果主要有陈双庆的《犹太教理念与巴勒斯坦地域争端的关系》[⑤]、张倩红的《巴以冲突中的宗教因素透视》[⑥] 和安维华的《哈马斯现象的宗教——政治解读》[⑦] 等论文。

综上所述，国内学术界对巴勒斯坦问题的多个方面进行过多角度的考察和研究，成果丰硕，无法在此逐一陈述，但由此可看出我国学术界一直以来对巴勒斯坦问题的重视与关注。

然而，当把考察范围从巴勒斯坦缩小至巴勒斯坦集体记忆和巴勒斯

[①] 余玉萍："抵抗身份危机——以色列境内巴勒斯坦文学创作述评"，《外国文学动态研究》2015年第1期。
[②] 马志学："巴勒斯坦民族经济的发展前景"，《西亚非洲》1993年第6期。
[③] 李荣、程星原："巴勒斯坦经济重建的准备与困难"，《现代国际关系》1994年第6期。
[④] 王楠："巴勒斯坦经济发展中的以色列因素分析"，《阿拉伯世界研究》2008年第3期。
[⑤] 陈双庆："犹太教理念与巴勒斯坦地域争端的关系"，《西亚非洲》2003年第2期。
[⑥] 张倩红："巴以冲突中的宗教因素透视"，《世界宗教文化》2002年第3期。
[⑦] 安维华："哈马斯现象的宗教—政治解读"，《西亚非洲》2006年第4期。

巴勒斯坦：记忆与认同

坦认同的时候，则发现研究成果非常少。通过对国内各大数据库、图书馆及资料库进行关键词搜索，只得出为数不多的几篇论文。其中有关巴勒斯坦集体记忆的论文仅有一篇，即艾仁贵的《Nakba：现代巴勒斯坦的难民问题与创伤记忆》。[①] 作者在这篇论文中将创伤记忆与难民问题结合起来，认为巴勒斯坦的创伤记忆是巴勒斯坦历史、文化和认同的核心，创伤记忆的书写是巴勒斯坦难民作为弱者抗争回归权的有力武器。但是，创伤记忆并非巴勒斯坦难民所独有，作为巴以冲突另一方的以色列也有其独特的创伤记忆和创伤书写。作者艾仁贵认为双方创伤记忆和创伤书写的对抗性并不利于冲突的解决，因此提出创伤记忆不应成为对抗的武器，而应成为对话的手段才能解决冲突的观点。艾仁贵通过对巴勒斯坦创伤记忆的解读看到巴以冲突的历史根源，强调了巴以冲突中除了暴力冲突之外的更深层次的文化冲突，开启了解读巴以冲突的独特视角。

另外，有关巴勒斯坦集体认同的研究也较少受到国内学者的关注，与此相关的成果仅有可数的几篇论文。其中一篇是陈天社的《巴勒斯坦民族认同和国家构建探析》，[②] 作者在文中探讨了巴勒斯坦民族认同在几个重要历史阶段的发展和演变，考察了巴勒斯坦民族认同面临的三大挑战，研究了巴勒斯坦国家构建的历史阶段及影响因素，认为巴勒斯坦民族认同和国家构建虽有成绩，但仍任重道远。另一篇是河南大学路朋杰的硕士学位论文《以色列阿拉伯人的民族认同》，[③] 作者在文中考察了以色列境内的阿拉伯人认同问题，认为他们的认同是复杂的、发展的，但是阿拉伯认同和巴勒斯坦认同仍然高于他们的以色列认同。还有一篇是西北大学马学清的硕士论文《巴勒斯坦民族主义的形成及巴勒斯

---

① 艾仁贵："Nakba：现代巴勒斯坦的难民问题与创伤记忆"，《史学理论研究》2013年第2期。
② 陈天社："巴勒斯坦民族认同和国家构建探析"，《郑州大学学报（哲学社会科学版）》2016年第49卷第1期。
③ 路朋杰：《以色列阿拉伯人的民族认同》，河南大学硕士学位论文，2010年。

第一章 绪论：集体记忆与身份认同

坦民族认同的演变》，① 作者在文中结合巴勒斯坦民族主义运动的发展考察了巴勒斯坦民族认同的出现、发展和确立的历史进程，认为巴勒斯坦民族国家虽未正式建立，但是巴勒斯坦民族认同已经发展成熟，并推动了国家的建立。

通过分析国内目前为数不多的有关巴勒斯坦群体认同的研究成果可以看出，巴勒斯坦人的群体认同尚未得出统一、全面的结论，因此具有很大的研究空间。而将集体记忆的研究视角运用在有关巴勒斯坦人群体认同的研究中，则更体现出一种创新的尝试。

二、阿拉伯文相关研究综述

巴勒斯坦是阿拉伯世界的一员，阿拉伯学者也非常重视对巴勒斯坦认同的研究，总体上取得一些成果。对巴勒斯坦人认同相关领域的研究成果进行梳理后发现，阿拉伯学术界的研究主要围绕以下三个主题：

第一，巴勒斯坦难民问题。巴勒斯坦难民问题是巴以冲突的一个主要方面，同时也牵涉周边多个阿拉伯国家。巴难民问题能否得到妥善解决，对于阿拉伯世界乃至全世界而言都是至关重要的。因此，阿拉伯学者们非常重视这个问题的解读、探讨和研究。研究围绕难民回归权、难民问题的成因和现状、国际社会对难民的救助和态度等方面进行。此外，阿拉伯国家还成立了数个巴勒斯坦难民研究中心，例如巴迪勒—巴勒斯坦公民与难民资源中心（بديل المركز الفلسطيني لمصادر حقوق المواطنة واللاجئين）、难民研究院والاستشارات - بيروت）、贝鲁特兹图那研究咨询中心（أكاديمية دراسات اللاجئين）、（مركز زايد للتنسيق والمتابعة）阿联酋扎耶德中心、（مركز الزيتونة للدراسات）等。

第二，巴勒斯坦认同问题。在这一方面，阿拉伯学者主要围绕巴勒斯坦国家认同或民族认同的建构及面临的挑战展开研究。其中马哈茂

---

① 马学清：《巴勒斯坦民族主义的形成及巴勒斯坦民族认同的演变》，西北大学硕士学位论文，2001年。

巴勒斯坦：记忆与认同

德·米阿里（محمود ميعاري）在其题为《"绿线"两侧的巴勒斯坦人认同发展》[1]的论文中考察了从1948年至今巴勒斯坦人群体认同的发展和转变，并以1948年、1967年和1993年为三个时间节点将巴勒斯坦人群体认同的发展历史划分为三个重要时期，全面概括了巴勒斯坦人群体认同的产生和发展过程。此外，马萨拉—巴勒斯坦政治战略研究中心（مسارات- المركز الفلسطيني للأبحاث السياسية والدراسات الاستراتيجية）在其第二届年会上以"巴勒斯坦人：身份及表现"（الفلسطينيون.. الهوية وتمثلاتها）为题针对巴勒斯坦的文化认同、社会认同及面临的挑战进行了系统、深入的探讨和考究。阿卜杜勒·法塔赫（عبد الفتاح القلقيلي）和艾哈迈德·艾布·格施（أحمد أبو غوش）在《巴勒斯坦民族认同：形式特征和组织框架》[2]一书中则研究了巴勒斯坦民族认同的形成、发展及其特征，探讨了影响巴勒斯坦民族认同的因素。阿什拉夫·萨格尔（أشرف صقر أبو ندا）在《介于发展和危机之间的想象的巴勒斯坦身份认同》[3]一文中主要分析了巴勒斯坦灾难前后集体认同的发展及其面临的危机和挑战，认为巴勒斯坦集体认同在灾难后有所发展，但在当代也面临着身份不明和认同感弱等危机。由上可见，阿拉伯学者普遍赞同巴勒斯坦存在一种独立的民族或国家认同，这种认同形成于巴独特的历史文化背景中，一些重大的历史事件对于这种认同的形成具有很大的影响。他们同时也认为巴勒斯坦的集体认同在全球化时代面临着巨大的挑战，需要引起重视并努力迎接挑战。

第三，巴勒斯坦历史文化、记忆叙事方面。阿拉伯学术界关于巴勒斯坦集体记忆方面的研究不多、涉猎不深，而是更加侧重于巴勒斯坦历史文化的研究，比如巴勒斯坦地区的历史发展及一些历史古城的历史书

---

[1] محمود ميعاري، تطور هوية الفلسطينيين على جانبي " الخط الأخضر"، مجلة الدراسات الفلسطينية، المجلد ١٩، العدد ٧٤-٧٥، الصفحة ٤١

[2] عبد الفتاح القلقيلي وأحمد أبو غوش، "الهوية الوطنية الفلسطينية: خصوصيه الشكل والإطار الناظم"، بديل المركز الفلسطيني لمصادر حقوق المواطنة واللاجئين، عام ٢٠١٢

[3] أشرف صقر أبو ندا، " الهوية الفلسطينية المتخيلة بين التطور والتأزم" مجلة " المستقبل العربي" العدد ٤٢٣، أيار/ مايو عام ٢٠٠٤

第一章 绪论：集体记忆与身份认同

写，其典型代表作有穆斯塔法·穆拉德（مصطفى مراد الدباغ）所著的《我们的祖国——巴勒斯坦》（بلادنا فلسطين）、瓦利德·哈立迪（وليد الخالدي）所著的《为了不遗忘：以色列1948年破坏的巴勒斯坦村庄和烈士名录》（كي لا ننسى: قرى فلسطين التي دمرتها إسرائيل سنة ١٩٤٨ وأسماء شهدائها）、阿里夫·阿里夫（عارف العارف）所著的《灾难和失乐园》（النكبة والفردوس المفقود）等。而关于巴勒斯坦记忆方面，笔者认为阿拉伯学者们的主要成绩在于口述史资料和文献资料的收集、整理、保存与传播。比如，埃及文化与自然遗产文献中心（CULTNAT）以及阿拉伯各国文化部门共同努力，于2007年7月启动了名为"阿拉伯世界记忆"的项目，旨在留存和保护阿拉伯遗产，创造出一个虚拟的阿拉伯遗产博物馆，以加强阿拉伯各国的文化联系，并增强阿拉伯人的民族自豪感。2000年巴勒斯坦也成立了一个名为"记忆中的巴勒斯坦"（فلسطين في الذاكرة）的非营利性项目，以保存巴勒斯坦民众对曾经的巴勒斯坦的记忆，防止巴勒斯坦记忆的消失和遗忘，其中含有超过3000小时的有关巴历史的记忆口述记录。因此，尽管阿拉伯学者对于集体记忆（特别是巴勒斯坦集体记忆）的研究较少、不够全面，但是也渐渐意识到集体记忆的重要性，开始重视这一方面的研究。而且，巴勒斯坦民众大量回忆录、传记作品的出现与口述史资料的保存和维护，本就属于维护集体记忆的实践行为。集体记忆与集体成员的集体意识和集体认同等方面皆关系密切，因此关于巴勒斯坦民众的集体记忆的建构、变迁以及作用等方面的研究，乃至关于阿拉伯其他国家和地区或者阿拉伯世界整体的集体记忆的建构研究就显得十分重要和迫切，应成为未来阿拉伯学者们研究的方向之一。

三、英文相关研究综述

关于巴勒斯坦集体记忆和认同意识方面的英文研究可以称得上成绩显著。对各国学者关于巴勒斯坦集体记忆和认同建构的研究成果进行细

巴勒斯坦：记忆与认同

致梳理，可以归纳出以下三方面的内容：

第一，巴勒斯坦的集体记忆建构。集体记忆理论源自西方，一直是社会文化、历史学界研究的热门领域，因此西方学界对巴勒斯坦集体记忆的研究颇为深入全面。研究主要围绕文学叙事和象征系统、记忆媒介、官方记忆操纵、记忆类型等各方面进行。阿萨德·塔法勒（Asad Taffal）在《集体记忆：一个普遍现象——以巴勒斯坦集体记忆为例》[1]一文中以巴勒斯坦集体记忆的形成和变迁过程为例，考察了集体记忆的建构方式和途径及其代际传承过程。伊哈卜·萨鲁勒（Ihab Saloul）和赫勒敦·卜沙拉（Khaldun Bshara）两位学者则分别在《表演性叙事：巴勒斯坦认同和灾难的展演》[2]和《巴勒斯坦记忆场所在民族构建过程中对重建新的集体叙事中的作用》[3]中，从叙事的角度研究了巴勒斯坦集体记忆的仪式化展演和集体叙事建构的作用与影响。塔马尔·阿舒瑞（Tamar Ashuri）在《民族记忆：电视纪录片中的民族认同和共享记忆》[4]一文中研究了全球化如何影响民族认同和共享记忆在媒介中的呈现和叙述。简妮特·哈巴施（Janette Habashi）在《巴勒斯坦儿童：集体记忆的作者》[5]一文中则论证了儿童在重建和传递集体记忆中的积极作用。

另外，关于记忆操控方面的研究，例如在拉菲·纳次（Rafi Nets-Zehngut）的《以色列和巴勒斯坦关于冲突的集体记忆：决定因素、特

---

[1] Asad Taffal, *Collective Memory: A Universal Phenomenon the Palestinian Collective Memory as a Case Study*, Wydawnictwo Naukowe Wydziału Nauk Politycznych i Dziennikarstwa UAM, 2015, pp. 203–220.

[2] Ihab Saloul, *Performative Narrativity: Palestinian Identity and the Performance of Catastrophe*, cultural analysis, 2008, pp. 5–39.

[3] Khaldun Bshara, *The Palestine Spaces of Memory's Role in the Reconstruction of New Collective Narrative in the Nation Building Process*, f–origin. hypotheses. org.

[4] Tamar Ashuri, *The Nation Remembers: National Identity and Shared Memory in Television Documentaries*, Nations & Nationalism, 2005, pp. 423–442.

[5] Janette Habashi, *Palestinian Children: Authors of Collective Memory*, Children & Society, 2013, pp. 421–433.

第一章　绪论：集体记忆与身份认同

征和影响》①和尤里·拉姆（Uri Ram）的《遗忘的方式：以色列和被抹去的巴勒斯坦灾难记忆》②中，两位作者就巴以双方如何通过历史记忆的选择性记忆和遗忘来建构自己的民族历史叙事进行了较为深刻的研究。关于记忆类型的研究，可见拉菲·纳次的《关于1948年流亡的巴勒斯坦自传记忆》，③作者通过对4个口述项目的案例分析探讨了关于流亡的巴勒斯坦自传记忆的特征及其与历史记忆、官方记忆和间接记忆等其他记忆类型的关联。对巴勒斯坦集体记忆的英文研究成果由于数量繁多、内容丰富，在此不一一赘述。

第二，巴勒斯坦民族认同建构。这一方面的英文研究主要集中于巴勒斯坦集体认同的历史演变和发展，其中最具代表性的应属拉希德·哈立迪（Rashid Khalidi）所著的《巴勒斯坦认同——现代民族意识的构建》④一书，作者在书中深入考察了巴勒斯坦民族认同的整个历史演变过程及其形成要素。拉希德认为巴勒斯坦民族认同早在1948年以前就已形成并确立了，并针对"在1948年至1964年这段支离破碎的时期，巴勒斯坦民族认同似乎'消失'，1967年第三次中东战争后又'重现'"这一观点做出全新的解读。另外，比尔宰特大学（Birzeit University）的马哈茂德·米阿瑞（Mahmoud Mi'ari）在其《巴勒斯坦集体认同的转变》⑤一文中论述了约旦河西岸和加沙地带的集体认同在1948年"大灾难"前后的转变，论证了在英国委任统治巴勒斯坦期间占主

---

① Rafi Nets‐Zehngut, *Israeli and Palestinian Collective Memory of their Conflict: Determinants, Characteristics and Implications*, Brown Journal of World Affairs, Spring/Summer, 2014, p. 103.

② Uri Ram, *Ways of Forgetting: Israel and the Obliterated Memory of the Palestinian Nakba*, Journal of Historical Sociology, 2009, pp. 366–395.

③ Rafi Nets‐Zehngut, *Palestinian Autobiographical Memory Regarding the 1948 Palestinian Exodus*, Political Psychology, 2011, pp. 271–295.

④ Rashid Khalidi, *Palestinian Identity: The Construction of Modern National Consciousness*, Columbia University Press, New York, 1997.

⑤ Mahmoud Mi'ari, *Transformation of Collective Identity in Palestine*, Journal of Asian & African Studies, 2009, pp. 579–598.

巴勒斯坦：记忆与认同

导地位的阿拉伯认同在"大灾难"发生之后仍旧占主要地位，同时原本很弱的巴勒斯坦认同自从1967年六月战争之后开始在巴勒斯坦民众之中持续增强。马哈茂德还在另一篇文章《奥斯陆协议后以色列的巴勒斯坦人的集体身份》[1]中也探讨了《奥斯陆协议》对以色列巴勒斯坦人认同的影响，认为《奥斯陆协议》后巴勒斯坦认同有所减弱，但仍比以色列认同强很多。在这一方面，尤为引人注意的是戈伯（Gerber）在其《记住和想象巴勒斯坦：从十字军东征到当代的身份和民族主义》[2]一书中所提的观点，他在书中驳斥了当时认为"在十字军东征之前没有巴勒斯坦认同存在"的主流观点，并指出如果没有巴勒斯坦认同的存在，巴勒斯坦和叙利亚的分离就不可能发生。他认为巴勒斯坦的传统认同在奥斯曼帝国崩塌之后对巴民族主义的出现有很大的影响。所以，戈伯认为巴勒斯坦认同并不是晚于巴勒斯坦民族主义出现，而是先于巴民族主义存在的，且对民族主义的出现产生了很大影响。

此外，也有不少学者关注巴勒斯坦认同的建构过程和影响机制，例如加拿大蒙特利尔麦吉尔大学伊斯兰研究学院的乔伊斯·哈马德（Joyce Hamade）在其硕士论文《巴勒斯坦身份建构：哈马斯和伊斯兰激进主义》[3]中不仅梳理了巴勒斯坦民族认同的历史发展阶段，还主要探讨了该认同的建构过程以及哈马斯和伊斯兰激进主义在巴勒斯坦民族认同中的影响和作用。乔治·比沙拉（George E. Bisharat）在《迁移和社会认同：西岸的巴勒斯坦难民》[4]一文中则以巴勒斯坦阿拉伯人的迁

---

[1] Mahmoud Mi'ari, *Collective Identity of Palestinians in Israel after Oslo*, International Journal of Humanities & Social Science, 2011, pp. 223 – 231.

[2] Gerber, *Remembering and Imaging Palestine: Identity and Nationalism from the Crusades to the present*, Palgrave Macmillan, United Kingdom, 2008.

[3] Joyce Hamade, *The Construction of Palestinian Identity: Hamas and Islamic Fundamentalism*, Institute of Islamic Studies Mcgill University, Montreal, April 2002, http://digitool.library.mcgill.ca/webclient/StreamGate? folder_id = 0&dvs = 1476253349401 ~ 951.

[4] George E. Bisharat, *Displacement and Social Identity: Palestinian Refugees in the West Bank*, Center for Migration Studies Special Issues, 1994, pp. 163 – 188.

第一章　绪论：集体记忆与身份认同

移为例研究了集体迁移和社会认同之间的关系。

通过以上相关文献的分析可知，关于巴勒斯坦民族认同确立的时间和演变机制，学者们仍有争议，尚未达成共识，由此可见该问题的复杂性和研究难度，但可以肯定的是，这些丰富的研究成果必定为后来的研究者们提供不同的参考和借鉴。

第三，巴勒斯坦记忆和认同。围绕"巴勒斯坦记忆"和"巴勒斯坦认同"进行相关文献查阅和整理后发现，在英文研究中，国外学者们对这两个领域进行了大量的研究，也取得丰富的成果。关于这两方面的结合，国外学者同样取得不少成果，其中最具代表性的当属迈尔·利特瓦克（Meir Litvak）主编的《巴勒斯坦集体记忆和民族认同》。[①] 书中收编了数篇相关论文，内容涵盖了巴勒斯坦记忆和民族运动的关系、巴勒斯坦社会和记忆、巴勒斯坦历史建构、文学作品中的巴勒斯坦身份认同和巴勒斯坦奠基神话的进化等。此外，上文提到的艾哈迈德·萨迪（Ahmad H. Sa'di）、伊哈卜·萨鲁勒及赫勒敦·卜沙拉等学者的数篇论文也从不同的角度对记忆和认同的关系进行了相关探讨。

综合来看，英文的巴勒斯坦集体记忆和认同的相关研究非常全面、丰富，其中关于两者的独立研究中也常常会互相有所提及，但将两者结合作为研究主体的成果则相对少一些。因而，将巴勒斯坦集体记忆和巴勒斯坦人认同两者结合起来，并对两者的互动关系进行全面、深入的考察和探究仍显得十分必要，具有较大的研究价值。

三、综述总结

经过对国内外相关领域的研究成果进行梳理、分析，我们可以发现：西方国家在巴勒斯坦的集体记忆及身份认同方面进行了广而深的研

[①] Meir Litvak, *Palestinian Collective Memory and National Identity*, Palgrave Macmillan, United States, 2009.

究，取得丰富的研究成果；阿拉伯国家在对巴勒斯坦的身份认同及集体意识的研究上也付出不少努力，取得一些成果，同时已开始从集体记忆的视角研究集体认同和国家构建；我国学者也对巴勒斯坦问题有着非常全面、深入的研究。相比之下，国内关于巴勒斯坦的集体记忆和身份认同的专题研究则未见明显关注，有待于进一步研究和探索。尽管目前针对巴勒斯坦的集体记忆和民族认同或国家认同已经分别有了一些研究成果，但是将两者结合并探讨两者关系的相关研究还不够。因此，本书选择将巴勒斯坦集体记忆与巴勒斯坦人身份认同联系起来，探索两者发展过程中的相互作用和互动关系，具有一定的研究空间，其成果也将进一步论证集体记忆和集体认同之间的关系，以及二者是如何相互影响的。同时，业已取得的研究成果也将为本书的研究提供丰富的资料素材和论证启发。

── 第二章 ──

"大灾难"发生前巴勒斯坦地区的认同意识

在巴勒斯坦问题语境下,阿拉伯语中"大灾难"一词指的是1948年5月巴勒斯坦人所遭遇的巨大劫难。1948年5月14日以色列在巴勒斯坦土地上宣布建国,次日,阿拉伯国家组成盟军合击新生的以色列,爆发了第一次中东战争。此次战争以阿拉伯一方的全面失败而告终,其直接后果就是巴勒斯坦人失去了近80%的巴勒斯坦土地,近3/4的巴勒斯坦人离散逃亡、流离失所、沦为难民,整个巴勒斯坦社会遭遇严重破坏。此次灾难的发生是巴勒斯坦历史的分水岭,对整个巴勒斯坦社会和人民影响深远。因此,本章以该事件为基点,首先考察"大灾难"发生前该地区阿拉伯人的身份认同情况。

第一节 巴勒斯坦乡村认同意识的发展

一、"我们曾经生活在天堂"——奥斯曼时期的巴勒斯坦乡村生活

在西方殖民主义者和犹太复国主义者来到巴勒斯坦这块土地之前,

巴勒斯坦：记忆与认同

生活在该地区的主要居民都是阿拉伯人，说阿拉伯语，信奉伊斯兰教，此外还有一部分基督教徒和少量犹太人。此时的巴勒斯坦人民总体上过着一种自给自足的田园式生活。乡村生活的核心是村庄，绝大部分的巴勒斯坦人生活在千余个大大小小的村子里。除了家族，村庄是他们最重要的生活交际单元。因此，他们对于自己的村庄怀有一种非常强烈的感情和归属感。当被问及来自何处时，他们会首先回答自己来自哪个村子，而不是来自哪个省份或城市。村里的人口流动性不大，常常是祖祖辈辈都生活在那里。因此，一个村子就像一个由数个家庭组成的大家庭。由此，对自己村庄的认同构成巴勒斯坦人集体认同的第一层。

同时，与其他阿拉伯社会一样，在巴勒斯坦，家族是每个村庄的基本构成单元，稳定团结的家族生活是集体生活的核心。巴勒斯坦的家族是以男性血统为基础形成的宗族谱系。通常，一个家族下包括数个家庭。巴勒斯坦的家庭基本上以大家庭的形式存在，儿子、儿媳及孙辈们住在一起，通力合作完成家庭事务。家族之间主要通过通婚的方式建立亲属关系。因此，一个村庄里的家族之间常常具有千丝万缕的联系和深厚的情感。族谱关系是每个家庭作为村庄成员的身份合法性的基础。因此，家族关系也构成人民社交活动的基础，家庭是个体最基本的归属。

巴勒斯坦的村庄和家族相当于一个微缩型社会，人民自给自足、团结协作。除了常年的农事劳作和日常起居之外，他们也有自己的庆典活动，其中结婚典礼、男性孩子的出生和置办新房等是村民们最喜爱的节庆时刻。他们可能会在每日辛苦劳作之后聚在一起，听他人阅读或讲述来自城里的新闻或消息。婚礼时，全村的人都会来，一起唱歌、跳舞，富裕人家的婚礼甚至会举办长达数十天的庆祝活动，还会宰牛宰羊地宴请全村人。此外，调节巴勒斯坦农村生活的还有每日礼拜、主麻聚礼和开斋节等传统宗教节日。

政治上，巴勒斯坦虽然处于奥斯曼帝国的统辖下，但除了经济方面之外，政治几乎没有触及绝大部分民众。也许村民们最接近政治的时候

第二章 "大灾难"发生前巴勒斯坦地区的认同意识

就是缴税的时候。在这种乡村生活模式下,对于村民们来说,最重要的莫过于所耕种的土地。因此,租赁土地和缴税是他们与当权者或政府相关联的最主要途径。与其说此时的农民们忠诚于奥斯曼帝国,还不如说是忠诚于自己耕种的那片土地。

此时,巴勒斯坦的农村生活整体上呈现出一种比较稳定的状态,少许表达不满的起义和暴动并未影响农民们原来的生活生产方式、传统信仰和思想意识。生活中当然不只是美好和幸福,也存在贫穷和艰辛的问题,但这些问题并未影响到人们对于当前生活的满足感。这得益于稳定的宗族关系给人民提供的安全感,人们知道自己作为一个家族或村庄的一员,遇到任何问题都可以得到亲朋邻里的帮助和解决。例如,一个巴勒斯坦人如此描述其祖母对于过往生活的幸福感:"他们的生活充满欢笑、唱歌、跳舞、郊游。当年轻人做完工作后,会去参加婚礼以娱乐自己。一切都是欢乐的,看不到生活的困难。"[1] 由此可见,当时的巴勒斯坦人的身份认同意识主要是基于自己作为家族和村庄一员的群体身份和归属感,以及基于自己是穆斯林或基督教徒或犹太教徒等的宗教身份和归属感。

对于乡村生活来说,最关键的就是脚下的那片土地。人民对祖祖辈辈生活的地方怀有深深的情感,土地也是他们的基本生活条件。然而,19世纪后期,在资本主义经济向外扩展和西方意识的影响下,奥斯曼帝国于1858年颁布《奥斯曼土地法》,实行土地改革,取缔了原来的穆沙制度(نظام المشاع)。[2] 这一变化影响最深的莫过于与土地关系最为紧密的巴勒斯坦农民。在穆沙制度时期,农民只要正常缴税,就拥有在这块

---

[1] Rosemary Sayigh, *The Palestinians: from Peasants to Revolutionaries*, Zed Books Ltd, 2007, p.14.

[2] 穆沙制度(نظام المشاع)是奥斯曼帝国统治时期在巴勒斯坦地区盛行的一种土地制度。它是一种公有土地制度,穆沙土地(الأرض المشاع)即村庄共有土地,全村人民共同享有所有权和支配权,每位村民享有同样的份额。随后在英国统治期间,该制度因被认为是巴农产品进入世界市场的阻碍而被取缔。

土地上生存、耕作甚至传给下一代的权利，这在农民看来就等同于拥有土地。新土地法典实施后，农民对于土地长期的传统权利被忽视，很多农民因害怕高税收或政府征用等而没有去完成全新的法律注册程序。此时，很多沿海城市的富人群体则抓住机遇，快速适应并利用此次改革，购买并注册了大面积的土地作为自己的私有财产。因此，很多失去土地的农民为了维持生计，要么辗转去往城市谋生，要么为新地主当长工，要么从新地主手里继续租赁土地耕作。虽然农民以前对土地也只有使用权而没有所有权，但他们可以自行种植部分口粮作物满足生活所需。但改革后，大量土地变成富人们的私有财产，并在资本主义市场经济的影响下开始改种种植经济作物，为欧洲市场提供原料。这种以谋利为目的的经济作物的种植极大地影响了传统的生产方式和生活方式，打破了农民们原本自给自足的生活状态。这种土地所有权制的变化导致更多的土地和财产愈加集中在一小部分人手里，进一步增大了阶层之间的贫富差距。

值得注意的是，巴勒斯坦传统乡村的生产、生活方式的变化并非一夜之间发生的，相反，这个过程长期而缓慢。在这个缓慢变化的过程中，大量的农民仍旧住在原来的村庄里，耕种之前的土地（虽然有些已经开始从私人地主手里租赁或者帮地主耕种），生活在之前的圈子，他们除了感觉到杂税更高、债务更多、生活更艰辛之外，的确很难明确地察觉到深刻的社会变化正在发生。

二、一战后巴勒斯坦地区的乡村生活和乡村认同发展

第一次世界大战时，巴勒斯坦虽非主战场，但其经济也深受打击，经济萧条。奥斯曼帝国崩溃，英国开始接管巴勒斯坦地区。尽管英国在委任统治时期对巴勒斯坦农村的政策与奥斯曼末期并无太大的差别，主要通过谋求税收收入、强化土地登记的执行、废除旧穆沙制度等方式来

第二章 "大灾难"发生前巴勒斯坦地区的认同意识

加强管理，但英国的管理更加快速、有效。因此，农民的实际生活面临无止境的赋税、债务，难以维持。"大多数农民家庭都入不敷出，或无能力继续偿还债务，这已经达到一个惊人的概率：平均债务达到家庭年收入的3倍以上。"① 其间，巴勒斯坦乡村人口的快速增长也是造成乡村生活愈加艰难的因素之一。此外，依赖于英国市场的经济作物的规模化种植使得一些巴勒斯坦小农场家庭难以为继，守住土地对于他们来说越来越难。

英国的统治未能改善巴勒斯坦农村的经济状况，反而令农民的生活愈加艰难，因此巴勒斯坦的农村开始滋生出明显的反英情绪。但"英国在约一半的乡村里建立了公立学校，农村男性的文盲率也从90%降至70%"，② 这在一定程度上促进农民与外部世界的联系和自我意识的发展。

对于早期的犹太复国主义运动和计划，巴勒斯坦农民并不十分了解。早期前往巴勒斯坦的犹太复国主义者数量较少，且较少定居在巴农村，因此农民们一开始跟他们没有直接的接触。尽管早在19世纪末期，部分知识分子和社团就感知到犹太移民的危险性，但对于过着田园生活的农民来说，他们真正意识到这种威胁还是在20世纪初犹太复国主义者开始大量购买土地的时候。这并不是在暗示巴农民在此之前对犹太人的移民和定居毫不知情，而是表明此前农民们对该事欠缺足够的关注和重视。对于大多数农民来说，犹太人的到来和定居，如同发生在外界的一则新闻或故事，并没有对他们的生活构成实际的影响或威胁。

在大规模犹太移民之前，阿拉伯人占巴勒斯坦总人口的95%，拥

---

① Baruch Kinmmerling, Joel S. Migdal, *The Palestinian People*, Harvard University Press, 2003, p. 63.

② Baruch Kinmmerling, Joel S. Migdal, *The Palestinian People*, Harvard University Press, 2003, p. 66.

有99%的土地。① 犹太复国主义者明白：要达成自己的目标，需要的不仅是土地，而是一片没有其他人口占大多数的土地。② 犹太复国主义者将土地视为他们在巴勒斯坦的立足之本，而当时的巴勒斯坦并没有多余的空地可供安置大量犹太移民。因此，通过各种途径获得土地特别是可耕地，成为犹太复国主义运动的当务之急。

早期犹太复国主义者在巴勒斯坦收购土地的行为并未引起巴当地农民的警觉，原因在于：第一，被收购的土地数量不多，且犹太定居点主要集中在某些特定的地区，难以影响到整个巴勒斯坦农村；第二，犹太复国主义运动所收购的大部分土地都是购自政府或一些沿海的阿拉伯富商和地主，这的确影响到被收购土地区域及其周边的农民，并因巴农民不适应强调事实产权而不是耕作权的新政策产生了一些摩擦，但这种局部的摩擦还不足以引发广大农民群众的普遍关注和警觉。

事实上，巴勒斯坦农民群体经历的"合法"驱逐始于英殖民统治之前。由于奥斯曼政府和其他"不在场的地主"③ 进行大面积土地转卖，部分地区和村庄先后经历了无土地状况。尽管失去土地的个人和村庄发起了武力反抗，但在当时的社会情境下，这种愤怒和反抗并未使其他地区的人感同身受。因此，早期犹太复国主义者的土地购置行动并未遭遇太大的阻碍。

随着犹太移民的大批量涌入和犹太土地收购计划的稳步推进，巴勒斯坦整个社会逐渐意识到巴勒斯坦土地上所发生的巨大变化。巴农民也逐渐广泛而深刻地认识到犹太复国主义运动所带来的巨大威胁。但对于

---

① Walid Khalidi, *From Haven to Conquest: Readings in Zionism and the Palestine Problem until 1948*, Institute for Palestine Studies, 1987, p. 22.
② Donald Neff, *The Palestinians and Zionism: 1897 – 1948*, Middle East Policy, p. 156.
③ "不在场的地主" (absentee landlord or absentee land owner, الملاك الغائب) 是指在巴勒斯坦土地改革期间，很多巴勒斯坦甚至非巴勒斯坦的城市富豪认购了大面积的土地作为其私有财产，这些地主拥有这些土地，但并不在其所拥有的土地附近居住，甚至很少或从未踏足这块土地，因而被认为是不在场的人。这些土地对于这些地主来说只是一种可以随意买卖和自由处置的投资商品或个人财产。犹太人早期购买的土地就大多来自于这些地主。

第二章 "大灾难"发生前巴勒斯坦地区的认同意识

犹太复国主义运动有计划、有步骤、有目的地收购土地这件事，巴农民几乎处于无力抵抗的局面。这是因为土地改革之后，大部分肥沃的可耕地都掌握在城市的达官显贵手中。对他们而言，土地只是一种投资、一件商品，他们并不像农民一样对土地怀有深刻的感情和生活寄托。因此，在有利可图的时候，变卖土地是自然的选择。犹太土地专家格兰诺特博士（Granott）的统计表显示：到1939年的时候，犹太土地收购机构所收购的土地中有超过一半来自于"不在场的地主"，而从农民手中收购的土地仅占9%左右。① 拉希德·哈立迪（رشيد الخالدي）在其《巴勒斯坦认同》一书中也强调了大部分的土地是由非巴勒斯坦的"不在场的地主"卖出的。②

此外，作为犹太复国主义运动的土地收购机构的犹太国民基金还规定：在该基金会拥有的土地上只能雇佣犹太人，犹太地产不能卖给非犹太人，只能租给犹太人并且禁止转租。因此，巴勒斯坦农民不仅失去了自己所居住、生活和耕作的土地，也失去了在这片土地上谋生的机会。这一次，很多巴勒斯坦农民不得不背井离乡，到其他村庄或城市寻求生计。所以，巴勒斯坦城市人口从英统治之初的不到20%上升到英统治结束之时的33%，数据中还不包括犹太人口。③ 这种频繁的辗转和迁移引起巴勒斯坦农民群体的广泛关注，加深了该群体对犹太复国主义运动的认知，对犹太复国主义进入巴勒斯坦的真实意图的忧虑和反抗情绪也逐渐扩散。

就在犹太复国主义运动怀着志在必得的决心，强势推进土地收购计划的时候，有一部分农民自觉无力抵抗而主动接受了补偿，让出了土地，但大部分是在犹方多层次、多策略的收购运动中被迫让出了土地，

---

① 犹太收购土地的具体比例请见图表：Rosemary Sayigh, *The Palestinians: from Peasants to Revolutionaries*, Zed Books Ltd, 2007, p. 36。
② 详见 Rashid Khalidi, *Palestinian Identity*, Columbia University Press, 1997, p. 114。
③ Rosemary Sayigh, *The Palestinians: from Peasants to Revolutionaries*, Zed Books Ltd, 2007, p. 38。

开始了流离辗转。此外，也有大量农民无论如何都拒绝离开故土，而且奋起反抗，导致各种冲突与摩擦此起彼伏、愈演愈烈。正是巴勒斯坦当地农民对自己生存和生活的土地的这种强烈情感，使得犹太复国主义土地收购运动进展得并不顺利。直到 1946 年，犹太复国主义所收购的土地仅占巴勒斯坦土地总量的不到 6%，[①] 这远不能满足不断大批量迁入的犹太移民的需要，因而犹太复国主义者不得不调整战略、另谋出路。

尽管如此，犹太复国主义特别是其收购土地运动已经给巴勒斯坦农村生活带来翻天覆地的变化。首先，部分当地农民因此"永久地"且"合法地"失去了赖以生存的土地。这一次新的土地拥有者不再是相对熟悉的阿拉伯富商或地主，而是不断排挤本土居民生活空间的陌生人和外国人。他们不再需要阿拉伯劳力，也不可能从他们手中再次租回或赎回土地。其次，犹太人在经济上的优势使得本就萧条的当地经济雪上加霜。与巴勒斯坦传统农业形成鲜明对比的是，与日俱增的犹太农场采用较为先进的现代耕种方式。在世界市场的冲击下，传统的农民生活模式和传统农场愈加难以为继，原本自给自足的田园生活不复存在。此外，新来的犹太人拥有着不同的社会文化，他们庆祝不同的节日，举行不同的仪式，说着不同的语言，形成一个高度发展、协调运转但异于当地传统文化的社会。

由此，巴勒斯坦农民经历了一系列重大社会变迁，传统生活空间也遭到犹太异质文化的强势入侵。犹太复国主义并不是携带橄榄枝而来的，而是在争夺土地和水源等生存资源的同时，以一种排他性的姿态与当地农民在同一片土地"朝夕相处"。因此，这两个群体和谐共处的可能性被愈加紧张的矛盾和冲突所替代。阿—犹之间的紧张关系与日俱增，小规模摩擦和暴力冲突时有发生。特别是进入 20 世纪以后，这种紧张关系和暴力行为逐渐升级，流血事件时有发生。当地农民为了反抗

---

① Rosemary Sayigh, *The Palestinians: from Peasants to Revolutionaries*, Zed Books Ltd, 2007, p. 38.

第二章　"大灾难"发生前巴勒斯坦地区的认同意识

或夺回自己的土地，经常袭击犹太定居点；犹太方面则以保卫新获得的土地的名义，理直气壮地动用武力反攻或报复性攻击。这些摩擦与冲突的结果通常是巴方遭受更多的人员伤亡、失去更多的土地、更多的农民被驱离。这种紧张对抗状态在1936年的阿拉伯大起义中达到高潮，巴勒斯坦农民成为起义力量的主力军。虽然起义以失败终结，但农民们团结一致、奋力反抗的形象和精神却流传了下来。农民常戴的头巾成为他们抵抗犹太势力的标志。因此，在后来的巴勒斯坦叙事中，头巾被赋予丰富的抵抗内涵，成为富含抵抗意义的标志性形象之一。

三、巴勒斯坦乡村认同情况综述

纵观1948年巴勒斯坦战争之前农民经历的社会变迁及反应可以发现：在奥斯曼帝国统治时期，占该地区人口大多数的农民认同的核心是村庄和家族。对奥斯曼帝国的政治认同虽不能否认其存在，但并非其主要的认同。在定义自我的身份时，他们首先认同的是自己作为村庄和家族里一员的身份，对自己的村庄和家族保有强烈的归属感与认同感。他们不一定愿意为了奥斯曼帝国而牺牲自己，却会为了自己的家族和村庄的利益而奉献斗争，甚至牺牲自我。

在社会文化方面，巴勒斯坦农民对阿拉伯历史文化怀有强烈的认同感，沿袭着阿拉伯文化中的节日庆典、礼仪习俗和历史传统。同时，他们对巴勒斯坦这片土地有着深厚的情感。巴勒斯坦对于他们来说，是家，是乐园，也是生活的基础。此时的巴勒斯坦农民，从内部和外部都被认作是生活在巴勒斯坦地区的阿拉伯人，尚不存在独立的"巴勒斯坦人"这个身份概念。巴勒斯坦只是一个地理区划，他们和其他地区的阿拉伯人是一样的，都属于阿拉伯民族。

在英国委任统治巴勒斯坦期间，巴勒斯坦农民的经济每况愈下，他们对英国的统治普遍怀有一种不满和反英情绪。随着乡村田园生活的打破和乡村教育的逐渐发展，农民对外界事物和思想的了解逐渐增多。面对犹太人数量的激增，以及犹太复国主义运动特别是土地收购运动的稳步推进，巴农民清楚地认识到自己与英国人和犹太人这两个"他者"的明显差异，并在受到来自"他者"的一系列打击之后奋起反抗，从行为上实践并强化了这种差异，从而完成自我与"他者"的初步分类。同时，得益于城市精英所宣导的民族主义思想的影响和熏陶，农民们开始形成团结互助的群体观念，并从之前以村庄或家族为单位的分散个体逐渐发展成一个整体，以共同面对和抵抗外敌威胁。因此，英国统治时期，在社会经济萧条、抑阿扶犹政策推行、犹太复国主义威胁等众多因素的综合作用下，巴勒斯坦农民生活艰难、社会动荡不稳。然而，这也促使巴勒斯坦的乡村社会由原来相对分散独立、自给自足的生活模式转变成有着共同目的和利益的联合集体。

农民们愿意相互联合、团结一致，共同抵抗外敌侵略，表明巴勒斯坦的乡村已初步整合成一个集体。但该集体的存在只是针对英国人和犹太人等外国人群体而言，尚不能证明独立的"巴勒斯坦人"群体的确立。这是因为，此时巴勒斯坦的农民尚未与城市居民完全整合，两者之间还存在明显差异。此外，此时的巴勒斯坦农民也尚未具备能与其他地区阿拉伯人区别开来的自身特质。因此，1948 年以前，独立的巴勒斯坦人的身份认同在巴勒斯坦乡村地区尚未明确形成。此阶段的巴农民对自己巴勒斯坦人这个身份的认同还只是一个模糊的偏地域的概念，并不是真正意义上的"巴勒斯坦人民"这一概念。

第二节　巴勒斯坦城市认同意识的变迁

奥斯曼帝国曾地跨欧、亚、非三大洲，维持对多个不同地区、种族和宗教团体的统治长达 6 个世纪。奥斯曼是阿拉伯人、土耳其人、希腊

第二章 "大灾难"发生前巴勒斯坦地区的认同意识

人、库尔德人等各族人群表达忠诚的共同对象。虽然帝国推行伊斯兰教，但仍允许基督教徒和犹太教徒等一神教徒保留原有信仰。帝国境内的所有人都是帝国的臣民，不分种族、宗教、信仰，享有平等的权利。文化方面，帝国对待文化和种族的差异较为宽容灵活，允许各族人群保留自己的文化、传统和艺术等文化特性。由此，在帝国的扩张和延伸过程中，各种文化交汇聚合、相互影响借鉴，融合成独特的奥斯曼文化。

阿拉伯人和其他的土耳其人、犹太人等族群一起作为奥斯曼帝国的一个组成部分，享有相对平等的权利，其主要的认同表现为对奥斯曼的忠诚。离权力越近，这种忠诚度就越高。因此，离权力中心较近的城市精英对奥斯曼的认同程度普遍高于普通民众和乡村农民。但总的来说，除了对奥斯曼的认同之外，宗教也是此阶段包括巴勒斯坦人在内的奥斯曼帝国臣民的主要认同对象。此外，人民的生活还受到社会文化传统、所属生活单元、地理位置以及家族规模等诸多因素的作用和影响。

此时的阿拉伯人虽然对自己的种族和文化有着特殊的认同与感情，但奥斯曼帝国大力倡导一种基于伊斯兰文化的奥斯曼臣民的共同身份，弱化了下属各群体的独特性及其与其他族群和文化传统的差异性。因此，尽管奥斯曼帝国是由土耳其人统治，且政府部门的官方工作语言是土耳其语而不是阿拉伯语，但阿拉伯人仍认同奥斯曼的共同身份，认为自己是奥斯曼帝国这个大群体中的一分子，与土耳其人、希腊人等族群共同书写着奥斯曼的历史，维护着伊斯兰文明的发展和延续。

19世纪中叶，奥斯曼决定效仿法国模式来强化自己的统治，大力进行经济、政治改革。这些改革措施首次打破了原有的局面和节奏，巴勒斯坦也开始步入现代化的门槛。经济方面，巴勒斯坦基于其独特的地理位置，为欧洲提供了通向叙利亚、黎巴嫩和埃及等地市场的通道。欧洲资本主义市场经济的扩张逐渐对巴勒斯坦的生产方式和生活方式产生了影响。行政方面，奥斯曼推行"现代化"的国家管理方式，开始重组地缘政治版图。这一举措重新定义了巴勒斯坦的地域范围，使其成为一个独立的地理单元。1864 年，帝国通过行省法对帝国进行重新划分，成立了独立的耶路撒冷桑贾克，由首都伊斯坦布尔直接管辖，成为帝国的第二个自治市，从而脱离了大马士革和贝鲁特的管辖范围。因而在巴勒斯坦的居民和他人的眼中，耶路撒冷变成一个独立的行政单元，其居民也不再是大马士革人，而是耶路撒冷桑贾克的居民。

同时，对伊斯兰教、基督教和犹太教这三大一神教而言，耶路撒冷一直以来有着举足轻重的地位和影响力，长期的宗教重要性赋予了耶路撒冷突出的中心地位。耶路撒冷的学校、法庭、报纸等文化产业的影响力遍及周边的各个地区。可以说，耶路撒冷在当时的政府、当地居民以及外国人的眼中是一个独立单元的存在，是后来巴勒斯坦地区地缘位置形成的基础。此时，耶路撒冷以北的纳布卢斯和阿卡两个桑贾克受贝鲁特行省统治，南部则由耶路撒冷桑贾克统治。1918 年，英国将南北两部分合二为一，形成一个独立的地域、政治和社会文化单元——巴勒斯坦。

值得注意的是，直到此时，巴勒斯坦的阿拉伯人对奥斯曼的政治认同、对阿拉伯伊斯兰文化的文化认同、对巴勒斯坦（特别是耶路撒冷）的地域认同和宗教忠诚，以及对部族、家族群体的忠诚等这些多维度的认同与忠诚之间呈现出一种既竞争、流动，又和谐、共处的关系。他们对奥斯曼保持高度忠诚，又热衷于传承阿拉伯文化遗产并引以为豪，同时还怀着对巴勒斯坦特别是耶路撒冷的热爱，愿意保护其不受侵害，这几者之间并不矛盾。

一、巴勒斯坦城市精英阶层的认同变迁

在耶路撒冷等这些古老的城市中，有一个群体——巴勒斯坦城市贵族（أعيان），他们在城市生活的方方面面具有举足轻重的地位。这些贵族家族都具有很长的历史，有的甚至可以追溯到伊斯兰教早期，而且一

第二章 "大灾难"发生前巴勒斯坦地区的认同意识

般与统治阶级保持着良好的关系,在城市中具有显赫的地位。基于这些家族强大的社会影响力和历史宗教重要性,奉行"不直接统治"的奥斯曼政府也积极拉拢这些家族,为他们的家族成员在国家行政机构中安排了很多要职,使其在阿拉伯世界特别是巴勒斯坦社会伦理和政治管理中发挥着重要作用。奥斯曼政府需要依靠这些家族在社会各方面的影响力来帮助其管理阿拉伯人,而这些家族也需要在政府机构中任职以掌握更多优质资源来进一步扩大其影响力。此外,普通民众也需要这些贵族家庭作为自己与政府之间的中间人,来帮助自己对抗政府过度的苛捐杂税。由此,这些贵族获得奥斯曼政权和当地社会所赋予的二重合法性,"贵族政治"蔚然成风,是当时的精英阶层的主要构成。

在当时的社会环境下,要想在社会政治活动中拥有话语权和影响力,除了需要贵族家庭的出身外,还需要在政府行政部门任要职。要获得政府任命的首要条件就是认同跨越种族文化差异的共同奥斯曼臣民身份。因此,这种对奥斯曼帝国的忠诚和认同意识是当时贵族阶层倡导的主导意识。然而,并不是所有的贵族成员都有机会在公共行政部门任职,有的成员因种种原因而未能进入奥斯曼政治体系中,而且在维护奥斯曼的长治久安方面也几乎没什么影响力。同时,奥斯曼的现代化进程改变了巴勒斯坦地区原有的生产方式和分配方式,在经济与金融等领域涌现了一批新的地方精英。他们没有尊贵的家族背景和宗教地位,但却拥有大量财富,能将财富转化为政治权力。此外,在国家进行改革的过程中,一些知识分子中产阶层因教育体制的改革也得以步入社会精英阶层的行列。这三种人群构成巴勒斯坦地区的新精英阶层,学者们常称之为新一代精英。

在西方关于"主权、自治和民族国家"的概念传入巴勒斯坦地区的时候,巴勒斯坦的城市年轻精英特别是知识分子开始用阿拉伯人的视角重新审视世界,尝试定义阿拉伯民族的概念。部分人产生了阿拉伯省份独立的想法和重现旧日阿拉伯荣耀的愿景。但这毕竟是少数人,更多的人仍忠诚于奥斯曼的统治，城市贵族们依然对奥斯曼苏丹阿卜杜勒·哈米德（عبد الحميد）的统治表示支持和拥护。1908年，青年土耳其党在建立开明共和国的初衷下发动了推翻哈米德的革命，包括巴勒斯坦人在内的阿拉伯人希望在革命后实现阿拉伯省份自治，所以倍受鼓舞而积极参与其中。革命成功后，青年土耳其党人将阿拉伯自治的承诺抛诸脑后，开始推行土耳其民族主义，并于1912年颁布法令宣布奥斯曼帝国境内只有"土耳其身份"这一种民族身份，同时将所有推动和宣传阿拉伯自治或独立的社团定为非法组织。

面对这一不利局面，阿拉伯组织不得不转入地下，秘密开展活动，继续传播阿拉伯人独立的民族主义观念。当时的大马士革是最有活力的知识分子活动中心之一，吸引着帝国境内的阿拉伯人。巴勒斯坦人也为之着迷，期盼着建立一个包含巴勒斯坦的阿拉伯国家，届时自己将在其社会事务中拥有话语权和影响力。参与这些行动和组织的巴勒斯坦人以新一代的城市精英为主。他们有知识、文化，也拥有能转化为政治权力的经济基础。他们认为在这关键时期应积极开展政治博弈，推动政治化进程，以期能在后奥斯曼时代重新定义自己，站在权力前沿。但是，许多旧城市贵族对此则持相反或漠然态度，除去他们对奥斯曼长期忠诚这一原因外，这还与他们自身的利益相关。旧的贵族阶层在奥斯曼时期一直处于政治权力中心，掌握着政治领导力量，享有高贵的地位，拥有财富和影响力。但在阿拉伯民族主义的大阿拉伯国家构想中，他们无法确定自己在将来的政治体系中的位置，而且与其他诸如大马士革、贝鲁特、开罗等城市的贵族相比，他们也没有竞争优势。因此，相比建立一个大阿拉伯国家，更多旧的贵族精英宁愿在熟悉的巴勒斯坦建立一个自己有机会主导的国家。

新一代精英对阿拉伯民族主义的支持和推动，事实上是在引领一个泛阿拉伯的身份认同，且这个认同要高于巴勒斯坦的本土身份。不少人将这种认同称之为南叙利亚认同。但新一代巴勒斯坦精英积极参与阿拉

第二章 "大灾难"发生前巴勒斯坦地区的认同意识

伯民族主义运动的目的主要在于期盼建立一个包含巴勒斯坦、叙利亚、黎巴嫩等地的大阿拉伯国家。因为他们都属于阿拉伯民族，具有共同的文化、语言和社会传统，建立一个阿拉伯民族国家能实现阿拉伯的统一和延续，重现昔日辉煌，由此在奥斯曼认同下被忽视的阿拉伯民族特色将进一步凸显为全民共享身份。在当时的环境下，大马士革的费萨尔（فيصل）是最有希望实现这一愿望的，各地的知识分子精英纷纷聚集大马士革，期待一展宏图、扬眉吐气。由此可以看出，此时的巴城市精英从根本上认同自己是阿拉伯民族的一员，其认同意识主要表现为对阿拉伯民族成员身份的认同。因此，所谓的南叙利亚认同从本质上来说依然是一种阿拉伯民族认同。

帝国时期巴勒斯坦和叙利亚同属一个省，交往密切，而且该地区的人民在改革之前一直被称为沙姆（即大叙利亚①）人，所以很多巴勒斯坦人都认为自己是大叙利亚不可分割的一部分。而且，当时在该区域非常有望建成独立的阿拉伯国家，因此南叙利亚认同在巴勒斯坦地区十分流行。1919年在耶路撒冷有一份名为《南叙利亚》的报纸，著名民族主义者阿里夫·阿里夫（عارف العارف）担任该报主编，刊登的文章具有浓厚的政治色彩和民族主义色彩。虽然该报不久便被英国取缔，但它当时在巴勒斯坦地区具有强大的号召力，由该报的名称就可以看出当时的巴勒斯坦精英们对南叙利亚认同的推崇和倡导。虽然并不是所有的巴勒斯坦公民和城市精英都持有这种观点，但也足以证明当时南叙利亚认同的流行程度。

旧城市贵族对于南叙利亚身份和泛阿拉伯身份的态度与新一代城市精英有所不同。由于上文提到的各种原因，旧贵族面对长期忠诚的奥斯曼共同身份的瓦解，又不愿加入泛阿拉伯民族主义阵营，同时也对南叙利亚建立大阿拉伯国家的愿景不抱希望，因此在这种情况下，对自己熟

---

① 此处的"大叙利亚"包括今日的叙利亚、黎巴嫩、约旦、巴勒斯坦和以色列。

巴勒斯坦：记忆与认同

悉并能掌控的巴勒斯坦的热爱和忠诚便自然而然地凸显并成为他们的主要寄托。因此，他们大多变成巴勒斯坦民族主义的拥护者，尽力保卫巴勒斯坦。但此时巴勒斯坦正处于一个全新的时期，面对越来越多的外国人和外来团体，面对犹太复国主义运动，这些贵族仍旧沿袭古老的惯例，盼望依靠请愿等传统手段来实现巴勒斯坦的独立，自然无力抵抗此时巴勒斯坦复杂的社会现实。

最终，被视为阿拉伯统一象征的费萨尔政权如同昙花一现，以失败告终，南叙利亚认同随之消散。究其原因，除了西方殖民势力的外力打击外，其中也不乏自身内部不和谐因素的影响。尽管来自伊拉克、巴勒斯坦、黎巴嫩等地的阿拉伯知识分子和社会精英纷纷前往大马士革支持与拥护费萨尔政权，期望实现梦寐以求的阿拉伯统一，建立统一的阿拉伯国家，但是这些群体所面临的具体问题和优先顺序是不一样的。其中，巴勒斯坦人主要关注的是巴勒斯坦，叙利亚人优先关注叙利亚，伊拉克人的核心是伊拉克。巴勒斯坦人面临的是犹太复国主义威胁下的生存问题，但是对于伊拉克和叙利亚等地而言，最重要的问题显然是政治独立。简单来说，巴勒斯坦人的头等大事并不是叙利亚人和伊拉克人的当务之急。

正是阿拉伯民族主义建立阿拉伯国家的失败使得各地精英看到它的脆弱性，也使巴勒斯坦人意识到自己与其他地区人民的差异。从大马士革逃回巴勒斯坦，从南叙利亚的美梦中惊醒后的巴勒斯坦城市精英们逐渐将其注意力转向巴勒斯坦地区，开始加入巴勒斯坦民族主义的阵营。此时，巴勒斯坦旧城市贵族和新一代的城市精英这两个精英群体的认同意识和努力方向才又逐渐会合，共同构成巴勒斯坦社会精英阶层，开始为实现巴勒斯坦的独立而努力。虽然他们在过去一段时间内所坚持的思想和行为模式各不相同，但有一点是相同的，即他们都受到西方主权、领土和民族国家思想的影响，感受到来自犹太复国主义运动的威胁，希望在巴勒斯坦建立一个独立的、世俗的阿拉伯国家。

第二章 "大灾难"发生前巴勒斯坦地区的认同意识

二、巴勒斯坦城市对英国委任统治和犹太复国主义运动的反应

不少学者认为犹太复国主义运动是巴勒斯坦认同形成的核心因素，没有犹太复国主义就不会有巴勒斯坦人。虽然这种说法难免有太过绝对和表面化的嫌疑，但却足以证明犹太复国主义在巴勒斯坦认同发展过程中的重要作用和影响。事实已然存在，我们无需也无法猜想如果没有犹太复国主义，巴勒斯坦地区如今会是什么模样，但却可以深入考察西方殖民主义和犹太复国主义这两大国外势力作为巴勒斯坦地区本土居民所面对的最关键的"他者"，到底在巴勒斯坦人民自我身份意识和群体意识的形成与发展过程中发挥了多大的作用。

奥斯曼帝国统治时期，即使是在大规模犹太移民发生之前，巴勒斯坦地区的阿拉伯人和奥斯曼政府对犹太移民也不是处于毫无所知的状态。1882年，阿卜杜勒·哈米德二世（عبد الحميد）就曾宣告自己虽然允许犹太移民进入奥斯曼领土，成为奥斯曼臣民，但不允许犹太人在巴勒斯坦定居，[1] 同时表示担忧犹太移民在将来可能会导致犹太政府的建立。[2] 尽管如此，此时犹太移民依旧在悄然稳步行进。早期，一些巴勒斯坦商人曾因犹太移民一事向奥斯曼都城伊斯坦布尔发电报，称担心犹太商人会损害到本地商人的利益。至1897年，第一届犹太复国主义大会召开。同年，耶路撒冷穆夫提穆罕默德·侯赛尼（محمد حسيني）组建特别委员会研究犹太土地购置问题。随后，耶路撒冷市长优素福·哈立迪（يوسف الخالدي）更是表示，作为当下巴勒斯坦大多数人口的阿拉伯人，反对犹太人对巴勒斯坦宣称权利。直至1901年，伊斯坦布尔决定赋予外

---

[1] Ronald Sanders, *Shores of Refuge: A Hundred Years of Jewish Emigration*, New York, Henry Holt and Company, 1988, p. 121.

[2] Conor Cruise O'Brien, *The Siege: The Saga of Israel and Zionism*, New York, Simon and Schuster, 1986, p. 91.

国居民（主要是犹太移民）购买土地的权利，这引起一些贵族精英的不满，他们纷纷递交请愿以示抗议。然而在早期，这些对犹太复国主义的怀疑和反对仅仅存在于一些政客、商人和知识分子等巴勒斯坦精英权贵阶层中。总体而言，早期犹太复国主义分子不断强调犹太人对土地的渴望，且无任何取代巴勒斯坦本土居民的意图，试图用居民"转移"计划来隐藏其真实目的，这些行为成功换来阿拉伯人和犹太人相安无事、和平友好的共存状态。

尽管犹太土地购置和移民计划得到稳步发展，但犹太复国主义领导层却发现这些成绩远不足以实现其取代阿拉伯人并成为地区大多数人口的核心目标，于是转而寻求欧洲国家的帮助，并成功利用西方反伊斯兰的刻板印象将巴勒斯坦人民塑造为"肮脏、丑恶、反基督"的形象。同时，他们积极奔走，大力发挥犹太人在英、美、法等欧美国家的影响力，竭力赢得西方国家政策和舆论的支持。英国为了保障其在苏伊士运河的利益，觉得在中东地区拥有一个对自己友好的人民（犹太人民）着实对自己有益。犹太复国主义和英国领导层之间的联系日趋紧密，但初期英国暂时还不想与奥斯曼帝国为敌，因此并未公开支持犹太复国主义运动。一战爆发，英国无需再顾忌加入同盟国阵营的奥斯曼帝国，并意图控制这片战略地缘位置十分重要的古老土地——巴勒斯坦。此时，犹太复国主义者趁机在西方大肆宣扬"友好的犹太人民在巴勒斯坦的存在从政治和军事上都对英国有益"。犹太复国主义组织经过长期的筹谋、计划和努力，终于1917年获得英国关于在巴勒斯坦建立犹太家园的公开支持，其标志便是后来对巴勒斯坦有着深远影响的《贝尔福宣言》（Balfour Declaration）。

同时，随着犹太人数量的增加、规模的扩大，阿拉伯人开始思考犹太人在巴勒斯坦地区的存在。最先意识到犹复威胁的当属巴勒斯坦城市精英阶层。一战前夕，巴勒斯坦地区有60万阿拉伯人和8万犹太人，这意味着近10年增长了3万犹太人。这足以使巴勒斯坦领导家族、知

第二章 "大灾难"发生前巴勒斯坦地区的认同意识

识分子和商人等群体意识到犹太复国主义是一个长久的有力威胁。很多精英人士基于对犹太复国主义运动建国目标和相关国际情势的了解,并结合地区内犹太人缓慢却持续增长的局势,意识到犹太复国主义目标的实现就意味着巴勒斯坦阿拉伯社会的破坏。同时,土耳其青年革命之后,随着土耳其民族主义的推行,阿拉伯人逐渐从奥斯曼统一身份中脱离出来,开始提出脱离土耳其化的奥斯曼帝国,建立独立的阿拉伯国家的口号,阿拉伯民族主义开始在阿拉伯世界流行。通过各种报纸、杂志等的传播,阿拉伯民族主义开始在阿拉伯大地传播开来。一些受到西方民族国家概念影响的巴勒斯坦阿拉伯人开始倡导阿拉伯人的权利,反对犹太复国主义对巴勒斯坦的权利宣称,视其为阿拉伯人的共同威胁。

因此,当《贝尔福宣言》发布之时,阿拉伯人和所有反犹人士明显地察觉到该宣言支持犹太复国主义的本质。宣言称:"英国政府在巴勒斯坦建立犹太民族家园,并会尽力促成此目标的实现,但需明确的是不得伤害已经存在于巴勒斯坦的非犹太社团的公民和宗教权利,以及犹太人在他国享有的各项权利和政治地位。"[1] 宣言中未提及任何有关"阿拉伯人""穆斯林""基督徒"或"巴勒斯坦人"等字眼,尽管他们是在这片土地上生活了数个世纪的人群,占本地区人口的绝大多数,但在宣言中都被笼统地视作非犹人口。阿拉伯人对此宣言的发布及其所代表的英国政府支持犹太人在巴勒斯坦建立民族之家的态度表示非常震惊和失望。因为在此之前,作为英国政府代表的英国驻埃及高级专员H.麦克马洪(Henry McMahon)曾在他和麦加谢里夫侯赛因·伊本·阿里(حسين ابن علي)的通信中表示,英国政府保证战后在阿拉伯半岛和"肥沃新月"地带建立一个独立的阿拉伯国家。信件中关于阿拉伯国家的疆界问题用词模糊,事后英国和阿拉伯人对此也各执一词,但阿拉伯人以及巴勒斯坦人都以为巴勒斯坦地区必然处于允诺的疆界之内。因此

---

[1] 《贝尔福宣言》原文内容详见:Thomas and Sally V. Mallison, *The Palestine Problem in International Law and World Order*, London, Longman Group Ltd., 1986, p. 421。

巴勒斯坦：记忆与认同

在《贝尔福宣言》之前，巴勒斯坦人相信自己是阿拉伯人，也定然会成为独立的阿拉伯国家中的一员。然而，《赛克斯—皮科协定》和《贝尔福宣言》的出现，打破了巴勒斯坦人的美好幻想，也加剧了阿拉伯人的反犹情绪。

面对日益强大的犹太复国主义运动和犹太移民浪潮，巴勒斯坦城市精英深感威胁和恐慌。最初，巴勒斯坦精英们期望通过奥斯曼帝国境内的阿拉伯省自治来实现阿拉伯地区的独立和主权。然而，随着土耳其民族主义的崛起，这一愿望被现实击碎。但这同时也促进了阿拉伯民族主义的发展，促使阿拉伯民族主义者抛弃奥斯曼统一身份，转而朝着从奥斯曼帝国脱离出去并建立独立的"阿拉伯祖国"的方向努力。早期，这种阿拉伯民族主义吸引了很多巴勒斯坦人，其中拉菲克·塔米米（رفيق التميمي）和穆罕默德·伊扎特·达尔瓦扎（محمد عزة دروزة）等人都是巴勒斯坦地区的阿拉伯民族主义者。在1913年7月于巴黎召开的阿拉伯人大会上，有来自巴勒斯坦、伊拉克、叙利亚等各地的阿拉伯民族主义者出席。会议主张阿拉伯自治，定阿拉伯语为官方语言。"在1913年巴黎举办的阿拉伯会议的支持电报上有387个名字，其中有139个是巴勒斯坦人。会议由叙利亚、黎巴嫩和巴勒斯坦人主导，且几个巴勒斯坦人在组织会议中起了重要作用。"① 这足以证明这一时期的巴勒斯坦人特别是新一代精英群体对阿拉伯民族主义的推崇和拥护。他们认为只要实现阿拉伯自治，建立阿拉伯国家，就可以帮助他们抵抗外来的威胁和压迫，犹太复国主义威胁也就自然得到解除，因为犹太复国主义是所有阿拉伯人的共同威胁。

《赛克斯—皮科协定》和《贝尔福宣言》相继出现，前者将巴勒斯坦地区置于英法殖民统治之下，后者将巴勒斯坦作为未来的犹太之家。在遭遇欧洲帝国主义的背信弃义之后，谢里夫·侯赛因将大马士革及周

---

① Muhammad Muslih, *Arabic Politics and Palestinian Nationalism*, Journal of Palestinian Studies, Vol. 16, 1986 \ 87.

第二章 "大灾难"发生前巴勒斯坦地区的认同意识

边地区划给了儿子费萨尔（فيصل بن الحسين）。费萨尔主张巴勒斯坦是独立的阿拉伯王国不可或缺的一部分。深感英国殖民统治和犹太复国主义威胁的巴勒斯坦人迅速投奔至其麾下。其中一些年轻的社会精英和知识分子深知文字的力量，通过创办报纸、杂志来向巴勒斯坦民众传播民族主义和民族国家的观念，引导民众认识到犹太复国主义运动的威胁，启发民众对巴勒斯坦未来的思考。一些来自巴勒斯坦贵族家庭的年轻人于1918年创办了"穆斯林与基督徒协会"（Muslim-Christian Association），成为巴勒斯坦历史上第一个政党，主张支持费萨尔的阿拉伯王国，抗议犹太复国主义。1919年巴勒斯坦一位律师在耶路撒冷创办了报纸《南叙利亚》，其主编阿里夫·阿里夫是巴勒斯坦著名的民族主义者，该报刊登的文章具有强烈的民族主义色彩，对巴勒斯坦人民具有强大的影响力。该报的名词"南叙利亚"是巴勒斯坦并入未来费萨尔建立的阿拉伯王国之后的称呼，反映了当时巴勒斯坦人对费萨尔的支持和对包括巴勒斯坦在内的阿拉伯王国的渴望。但同时也需注意的是，并不是所有的巴勒斯坦精英家族都支持费萨尔，支持阿拉伯民族主义；相反，部分巴勒斯坦精英，例如纳沙希比家族（النشاشيبي）及其盟友也在名为《巴勒斯坦报》的报纸中号召建立独立的巴勒斯坦国。可见，此时的巴勒斯坦在面对帝国主义殖民和犹太复国主义威胁时的具体反应存有差异，但他们抵抗外敌、反对犹太复国主义的总体目标仍是一致的。无论是期待建立阿拉伯王国还是巴勒斯坦国，其目的都是为了抵抗外敌、实现自治。

  一战结束后，奥斯曼帝国战败解体，随后巴勒斯坦被划分为英国的委任统治地。英国的统治未能完成帮助巴勒斯坦建立完善的政治行政机构的法定目标，也未改善巴勒斯坦地区的经济和人民的生活，反而激起巴勒斯坦民众强烈的反英情绪。但事实上，正是英国的统治将原先奥斯曼统治下的巴勒斯坦南（耶路撒冷统治）北（贝鲁特统治）两部分合二为一，并以约旦河为界分为东西两部分，东部称外约旦（即今约旦王国），西部仍称巴勒斯坦（即今以色列、约旦河西岸和加沙地带），由此促使更加清晰的巴勒斯坦地缘界限的形成，使得巴勒斯坦成为一个比以前联系得更加紧密的地缘政治单元。这有助于当地居民关于独立的巴勒斯坦行政单元概念的形成，以及对其归属感的发展。此外，英国建立学校，发展世俗教育，其目的虽不是为了提高和普及巴勒斯坦民众的独立民族意识，但也在事实上促进了巴勒斯坦地区民众民族认同和民族国家概念的形成。

但同时，英国也将《贝尔福宣言》纳入委任统治宪章，这意味着犹太复国主义运动的胜利，但却引起巴勒斯坦政治精英的强烈不满。在英国的支持下，犹太复国主义运动积极展开各种运动，努力将1917年英国对它的承诺变成既定事实。与此同时，费萨尔领导的大叙利亚王国短短几月便被法国军队赶下了台，巴勒斯坦人的大叙利亚统一梦想随之破灭。其实早在此之前，巴勒斯坦民族主义贵族就已失去为费萨尔奋斗的理由，因为费萨尔于1919年与哈依姆·威茨曼（Hayim Weitzman）签订协议，认可在巴勒斯坦建立犹太家园，以换取犹太复国主义运动的支持，寄希望于犹太人劝说英国政府兑现其对哈希姆家族的承诺。巴勒斯坦民族主义者们知晓此事后，对费萨尔表示强烈不满，认为他为了保持自己的权力，不惜牺牲巴勒斯坦人事业，对犹太复国主义运动妥协。至此，巴勒斯坦人终于意识到犹太复国主义运动终是自己的威胁，还得依靠自己来解决。也正是犹太复国主义运动在巴勒斯坦的存在，使得巴勒斯坦人认识到自己与周边阿拉伯地区的不同，意识到巴勒斯坦社会的独特性。此后，处于巴勒斯坦政治链顶端的侯赛尼（الحسيني）、纳沙希比（النشاشيبي）和哈立迪（الخالدي）等城市贵族虽然在意识形态和家族利益等各方面存在分歧，但各方都希望犹太复国主义从巴勒斯坦消失。

在这个政治飞速变更、意识形态不断发展的时期，新生的巴勒斯坦民族主义还未准备好就不得不面对巴勒斯坦的复杂形势。"对于英国统治者来说，主要问题是所谓的'巴勒斯坦穆斯林'社会群体只有精英，

第二章 "大灾难"发生前巴勒斯坦地区的认同意识

没有领导层,更不用说某个领导人。"[1] 后来英国为了平衡其支持犹太复国主义的做法,允许逃亡外地的阿明·侯赛尼(أمين الحسيني)回到巴勒斯坦,并帮助其成为穆夫提,随后成为穆斯林最高委员会的主席。这赋予了侯赛尼强大的宗教权威,还使其拥有强大的政治经济基础。但由于策略和利益的不同,阿明·侯赛尼也未能使巴勒斯坦精英阶层团结一致,消弭分歧,同时他表现出的亲英姿态也引得众多人心怀不满、频繁抨击。这种内部为权力而斗争的行为在一定程度上削弱了巴勒斯坦民族主义运动的整体力量。此时,大多数巴勒斯坦政治精英虽然极力反对英国支持犹太复国主义政策,但是并未反对委任统治的理念,这种观念的局限性也极大地阻碍了巴勒斯坦民族国家观念的形成和发展。

从表面来看,巴勒斯坦阿拉伯人群体似乎应该比犹太人社团具有更强的内聚力,因为他们来自同一个地理区域,承袭共同的祖先,享有共同的风俗习惯和文化价值,说着相同的语言。然而,他们在政治意识方面却甚是不同,加之贵族和平民之间的贫富差异、城市和农村之间的交流隔阂、显贵家族的利益之争等,凡此种种,使得巴勒斯坦内部长期无法朝着同一个目标努力。因此,此时的巴勒斯坦人群体从外部来看具有很强的统一性,但内部却仍未实现和谐与团结。相比之下,在巴勒斯坦的犹太人社群虽然大多来自不同国家、区域,说着不同的语言,有着不同的文化传统,甚至在宗教信仰上也有差异,但他们却拥有内部统一性。他们大多来自欧美发达国家,接受欧美现代化思想,受教育程度普遍较高,怀着相同的主张和抱负,因而在犹太复国主义强有力领导层的带领下朝着明确的建国目标奋力前进。就这样,巴勒斯坦本土社群与新来的犹太社群在同一片土地、同样的社会环境和经济体系中共同生存。与巴勒斯坦领导层高度依赖英国政府的态度完全不同的是犹太复国主义

---

[1] [以色列]艾兰·佩普著,王健、秦颖、罗锐译:《现代巴勒斯坦史》,上海人民出版社2010年版,第69页。

巴勒斯坦：记忆与认同

领导渴望着控制绝对的权力。[1] 因此，犹太群体在巴勒斯坦实现了快速发展，在经济、政治、教育、医疗、法律等各个方面的发展都体现着犹太复国主义的整体战略。在 1929 年英国同意经济分治并帮助犹方建立享有特权的飞地之后，犹太社团在巴勒斯坦迅速成长为一个经济独立、政治强硬、社会体系完备的独立存在。而此时期的巴勒斯坦领导层则相对欠缺发展本土经济的能力，社会管理能力也不甚突出，无法领导本地实现经济复苏，社会贫富差距明显，很多农民因失去土地而被迫迁移，局势日趋恶化。作为巴勒斯坦社会领导层的贵族与乡村农民之间也存在着无法逾越的鸿沟，他们生活在截然不同的两个世界里，如此一来，何以构建全新的共同认知并发展出全民团结一致的群体凝聚力？

巴勒斯坦贵族领导面对犹太复国主义定居运动的不断扩张，没有提出什么切实的应对方案，任由失去土地和生计的乡村农民对犹太移民的仇恨情绪滋长并最终爆发，甚至鼓动其对犹太定居点发动暴力袭击。暴力冲突的高潮当属 1936—1939 年的阿拉伯大起义，起义者一度席卷了巴勒斯坦大部分地区，致使英军在多地失去控制，不得不被迫撤军。但最终在英军的强势镇压下，由于缺少外部支援和统一的巴勒斯坦军队，加之巴勒斯坦内部的不和谐再次凸显，起义以失败告终。巴勒斯坦社会为此付出惨痛的代价：阿拉伯人伤亡惨重，近 5000 人死亡，1 万人受伤，5600 多人被拘留，被迫流亡或逃亡的估计也有数千人。[2] 这次起义的失败不仅使巴勒斯坦民众遭受重击，也使得本就脆弱的巴勒斯坦领导层遭遇重创。众多领导人不是被监禁、监视，就是被流放或死亡。英军还从巴勒斯坦阿拉伯人手中收缴了大量的武器弹药，大大削弱了他们的战斗力，致使巴勒斯坦人力量进一步减弱。总体而言，这一场自下而

---

[1] [以色列]艾兰·佩普著，王健、秦颖、罗锐译：《现代巴勒斯坦史》，上海人民出版社 2010 年版，第 75 页。

[2] Rashid Khalidi, *The Iron Cage：The Story of The Palestinian Struggle for Statehood*, One World Publications, 2007, p. 107.

第二章 "大灾难"发生前巴勒斯坦地区的认同意识

上、声势浩大而又损失惨重的起义体现了巴勒斯坦人强烈的共同愿望——反对巴勒斯坦的犹太复国主义运动、反对英国的殖民统治、争取巴勒斯坦阿拉伯人的独立和主权,有力地证明了巴勒斯坦人愿意为实现这一理想而奋斗献身。

此次大起义中阿拉伯社团所显现的力量引起英国的重视,使其终于认识到通过压制作为多数人口的阿拉伯人群体的权利和意愿来支持犹太民族家园的建立这一方法不可取。同时,巴勒斯坦的失败遭遇和战败惨状经过一些媒体的宣传,也激起其他阿拉伯国家的阿拉伯人的愤怒,他们表示愿意与巴勒斯坦同仇敌忾、一起战斗。也正是此时,周边的阿拉伯国家也开始参与巴勒斯坦的政治斗争,对巴勒斯坦的发展产生重要影响。英国政府为表示对巴勒斯坦和阿拉伯国家的安抚,随后于1939年发表英国白皮书,[1] 承诺限制犹太移民和土地买卖。但此时正值欧洲纳粹扩张,欧洲犹太人无法生存,大量涌入巴勒斯坦。犹太复国主义领导人坚决反对白皮书,开始注重军事实力的发展,组织非法移民、强力占用土地。此时期,犹太移民的到来使得巴勒斯坦的犹太人口在巴勒斯坦总人口中的比重得到显著提升,由1932年的17%—18%增至1938年的超过30%。[2] 所以,英国白皮书关于限制犹太移民的承诺成了一纸空文,巴勒斯坦人再一次感受到英国的食言和背叛。

二战后,英国政府感觉无力调解巴勒斯坦人和犹太人之间的敌对态势,双方正面冲突频频发生,英军伤亡人数不断增加,加之英国国内的经济危机等种种原因,英国政府决意撤出巴勒斯坦,将巴勒斯坦问题移

---

[1] 1939年英国白皮书(British White Paper of 1939),又称《关于巴勒斯坦问题白皮书》(British White Paper of 1939 on Palestine),于1939年5月23日正式获批。此后直到1948年英国撤离巴勒斯坦,该白皮书一直被当作英国统治巴勒斯坦期间的执政政策。白皮书内容详见:avalon. law. yale. edu/20th_century/brwh1939. aps。

[2] Rashid Khalidi, *The Iron Cage: The Story of The Palestinian Struggle for Statehood*, One World Publications, 2007, p. 120.

交联合国处理。此时，犹太复国主义社团正在外交和军事领域进行充分准备，以应对英国撤离之后的局势。犹太领导团体此时已开始寻求继英国之后的其他大国力量的支持，并在国际舞台上大肆利用纳粹对犹太人的迫害进行外交渲染，使得"犹太人有权回到巴勒斯坦建立自己的家园和国家"成为当时西方社会的主流观点。而与之相对的是，巴勒斯坦领导精英部分流亡海外，影响力有限，国内政治领导层内部分歧愈加深化，各派系家族之间信任度降低，在经济、军事和社会团结方面都明显落后于犹太社团。

1947年联合国成立了巴勒斯坦问题特别委员会，其成员对巴勒斯坦进行了为期9个月的访问考察，得出决定巴勒斯坦命运的结论：巴勒斯坦分治计划。巴勒斯坦人民强烈的反对未能阻止联合国通过该项决议。有了国际决议的法律基础，犹太复国主义领导开始规划分治边界内的领土，决意充分利用英国撤出巴勒斯坦后出现的权力真空，为接管巴勒斯坦做着周密的计划和准备。通过阿拉伯大起义和二战的历练，犹太军事力量已成规模。同时，犹太政治家们充分利用民众的悲情进行全民动员，准备着应对与阿拉伯人不可避免的战争。巴勒斯坦精英们未必没有察觉到对方的全民动员和军事准备，却心余力绌。他们在外交上处于边缘位置，除了坚决抵制联合国决议之外，未能采取任何有效举措应对危机，寄希望于阿拉伯联盟的斡旋和协商。军事方面，巴勒斯坦人没有正规的军事力量，不但与犹太方面强劲的军事建设形成鲜明对比，而且一直未予以足够重视，仅有的少量巴勒斯坦士兵根本无法实现统一指挥和作战。

在此期间，巴犹双方暴力冲突升级，局势日趋恶化，特别是在英国政府1947年决定撤出巴勒斯坦之后，情势急剧恶化，军事冲突愈演愈烈。越来越多的犹太定居者和巴勒斯坦人在日趋升级和激烈的冲突与屠杀中丧生。随着越来越多的巴勒斯坦人卷入冲突和战斗，犹太的报复行动也不断升级，大肆驱赶巴勒斯坦人，有时甚至演变成种族清洗，巴勒斯坦的平静早已荡然无存。巴勒斯坦城市中充斥着深度的不安全感和恐惧感，一批又一批巴勒斯坦人被迫离开家园，期待日后局势稳定再返回巴勒斯坦。只是他们此时无法预料的是，这一离去后他们将永远失去家园，无法再回到巴勒斯坦。在联合国通过分治方案后，巴勒斯坦人和犹太人就开始了逐渐升级的武装冲突，由最初随意的、不受控制的冲突迅速发展为后期有组织的、有计划的武装战争。犹太复国主义运动准备充分，利用哈加纳等武装组织快速占据了主要的民用和军用基地与设施，占领了主要的犹太人和巴勒斯坦人混居的城镇，同时破坏了大量巴勒斯坦人聚居的村庄，驱离当地的巴勒斯坦居民。到1948年5月中旬英国人离开之时，1/3的巴勒斯坦人已被驱赶。巴勒斯坦阿拉伯人惊慌失措，没有任何一个国民组织能动员和组织力量来保卫自己的城市和家园，只有本地居民自发组成的非正规志愿队奋起反抗，却最终败给一个还没有宣布建国的组织优良的犹太统一部队。

1948年5月14日英国最后一名高级专员离开巴勒斯坦，标志着英国在巴勒斯坦的委任统治正式结束。同时，以色列国宣布成立，并迅速获得美国、苏联等各国的承认。翌日，由埃及、约旦、伊拉克和叙利亚等国组成的阿拉伯军队正式对新生的以色列宣战，开启了历史上著名的巴勒斯坦战争。但最终，所有参战的阿拉伯国家都与以色列签订了停战协议，这场决定了巴勒斯坦命运、代表着巴勒斯坦历史转折点的战争就这样以以色列的全面胜利而告终。巴勒斯坦人在这场战争中失去了赖以生存的家园。这场浩劫成为巴勒斯坦人心中永远的痛。

三、城市认同情况综述

综上所述，我们可以看出：作为巴勒斯坦城市甚至整个社会的代表群体——精英阶层总体上经历了奥斯曼认同—泛阿拉伯认同—南叙利亚认同—巴勒斯坦认同的发展历程。但需要注意的是，这几类认同意识并不是完全分离、独立存在的，也不是唯一排他的；而是处于一种交叉、重叠的流动状态。比如在奥斯曼时期，一个巴勒斯坦人可以同时保持对奥斯曼帝国的忠诚和对巴勒斯坦的热爱，以及对自己作为阿拉伯人的身份认同；而在奥斯曼覆灭后，部分巴勒斯坦人也可能在期望成为南叙利亚阿拉伯王国的一员的同时，怀有一种强烈的巴勒斯坦人的自我认同。但精英群体内部的认同并不具有完全一致性，差异性较为明显。当新一代城市精英热衷于南叙利亚认同，并卖力传播、引导民众的南叙利亚身份认知时，旧的贵族精英则对此并未表现出浓厚的兴趣。此外，20世纪上半叶，巴勒斯坦城市正在经历着深刻而复杂的社会变化，加之受到西方文化思潮的影响，巴勒斯坦人特别是巴勒斯坦城市居民及精英群体在思想意识方面也处在不断变化和发展中。因此，巴勒斯坦城市居民的认同意识也不是一成不变的，而是处在不断的发展变化中。巴勒斯坦人正在城市精英的领导下不断调试自己，以适应外部社会变化，反思自身经历和自我定位，研究自我群体的未来。

尽管此时期巴勒斯坦城市人群的认同意识发展具有交叉性、差异性和不稳定性，但不可否认的是，在面对外来英国委任统治和犹太复国主义方面，巴勒斯坦人保持着高度一致性，即抵抗外敌、反对犹太复国主义。巴勒斯坦城市人口对英国存在一种普遍的抵触情绪，特别是在知晓了英国抑阿扶犹的统治政策之后，更是对英国统治表现出强烈不满。城市精英期望通过协商和谈判在英国的统治中获取更大的权益，甚至希望通过请愿、呼吁、上诉等方式赢得英国对犹太复国主义的限制。这显示出巴勒斯坦精英领导群体的思维局限性和策略失误——在复杂多变的情势中未看清国际局势的发展和现代政治版图的形成。客观来看，英国统治虽未帮助巴勒斯坦建立起自己的行政机构和国家管理系统，但也在事实上将现代民族国家概念等现代思想带入巴勒斯坦，促进了巴勒斯坦人民现代意识的发展和后期巴勒斯坦认同的形成。

面对犹太复国主义运动的快速发展，巴勒斯坦城市精英的领导却遭遇不断的打击和挫败。与犹太复国主义目标明确、战略清晰、手段强

第二章 "大灾难"发生前巴勒斯坦地区的认同意识

硬、团结统一的社团相比,巴勒斯坦领导层未能消解群体内部分歧,没有统一的策略和指挥,在动员民众和经济社会管理方面也存在不少问题。最终,在各种内外因素的综合作用下,于英国结束统治撤出巴勒斯坦的关键时期,巴勒斯坦非但没有发展成一个独立的民族国家,反而失去了巴勒斯坦,约1/3的巴勒斯坦人沦为难民,整个社会支离破碎,而废墟上却正建立着新生的以色列国。

在与英国殖民统治和犹太复国主义运动做斗争的过程中,巴勒斯坦人也逐渐明白犹太复国主义威胁虽是所有阿拉伯人的共同威胁,但却是巴勒斯坦的直接威胁。在依靠大阿拉伯群体来抵抗犹太复国主义遭遇失败之后,巴勒斯坦城市精英也逐渐明白,只有建立独立的巴勒斯坦国,才能保卫巴勒斯坦,远离犹太复国主义的威胁。此时,报纸、学校等也开始宣传建立独立的巴勒斯坦国,传播独立的巴勒斯坦认同的思想。从1936—1939年的阿拉伯大起义中可以看到,巴勒斯坦阿拉伯人跨过阶级和身份差异,团结合作,奋勇抗争,成为一个团结一心的统一体。尽管这种团结一致的统一体的状态并没有持续下去,起义失败后,巴勒斯坦社会再次呈现出一种无组织、无中心、无统一领导指挥的分散式状态,但这至少表现出巴勒斯坦人对巴勒斯坦的强烈愿望和深厚感情,并愿意为之抗争甚至牺牲。

这里需要指出的是,将起义时期巴勒斯坦总体上大团结、一致对外的情形视为巴勒斯坦认同确立的证据,这是不太精确的,有抓点弃面的嫌疑。因为在这之前和之后的时期里,巴勒斯坦人内部的分歧与差异都未曾被巴勒斯坦这一统一群体身份所克服。如果假设巴勒斯坦人都将巴勒斯坦认同这一群体身份置于众多认同中最强烈的归属感的位置,那么这种强烈的归属感所激发的群体凝聚力应当能超越群体成员内部差异,呈现出一种比较统一的状态。然而事实却并非如此,起义失败之后,巴勒斯坦社会中的阶层差异、派系之争等问题一如从前,在一定程度上削弱了巴勒斯坦的实力,导致后期的巴勒斯坦战争最终惨败。虽然不能将

巴勒斯坦：记忆与认同

巴勒斯坦战争的落败和"大灾难"的发生简单地归因于巴勒斯坦社会内部不和谐，但这无疑是原因之一。

综上所述，在考察"大灾难"发生前巴勒斯坦地区的认同状况时，很多研究偏向于将巴勒斯坦的城市居民或农村居民的认同情况等同于整个巴勒斯坦群体的认同情况，或者有时将这两部分人群的情况掺杂在一起论述。然而，"大灾难"前巴勒斯坦的乡村和城市两部分无论是在生活状态、政治参与度还是意识形态方面都有着较大差异，因此将巴勒斯坦的乡村和城市作为两个相对独立的部分来进行考察显得更为精确。通过上文的系统论述我们可以发现，此时期巴勒斯坦农村和城市的认同发展存在不一致的地方，且各有特点。

巴勒斯坦农村地区的人口是此时期巴勒斯坦地区总人口中的重要组成部分。早期，巴勒斯坦农民群体对自我的身份定义和群体归属的要素有：家族、村庄、宗教、巴勒斯坦和奥斯曼等。其中，首要的群体归属是家族和村庄，最遥远的是政治上的奥斯曼认同。此时的巴勒斯坦认同仅仅停留在地域层面。在农民自给自足的田园生活中，土地是他们生活的根基所在，他们对赖以生存的土地存有深厚的情感。他们离政治较为遥远，受教育程度低，城市中发生的种种变化并未深刻地影响他们的生活。直到犹太复国主义运动购地计划扩大化，农民被驱离家园、失去土地，这时他们才直接、真切地感受到异族的威胁。他们逐渐发现经济生活愈加艰难，失去土地而被迫搬迁的农民也越来越多。同时，在城市的民族主义运动宣传的影响和感召下，他们渐渐认识并接受自己作为被威胁的巴勒斯坦农民的群体身份，并且团结一致，为保卫巴勒斯坦奋起抵抗，但最终失败了。他们谁也没有预料到在不久的将来自己的生活将会发生翻天覆地的变化。

巴勒斯坦城区居民相对农村居民来说离政治更近一些，但这也不意味着城区所有民众都可以参与到政治中去。精英政治意味着普通民众对政治的影响力十分微弱。巴勒斯坦城市精英在巴勒斯坦的政治舞台上有

第二章 "大灾难"发生前巴勒斯坦地区的认同意识

着举足轻重的作用力和影响力,是巴勒斯坦社团的天然代表。早期,巴勒斯坦贵族精英充当着奥斯曼政府和普通民众之间的中间人,是民众权益的捍卫者和政府条令的实施者。除了阿拉伯文化认同和伊斯兰宗教认同之外,奥斯曼身份是此时期重要的认同资源。阿拉伯人在奥斯曼帝国中享有与其他族群平等的权利,因此尽管官方语言是土耳其语,这也并不影响阿拉伯人对奥斯曼的忠诚。

然而,随着巴勒斯坦步入现代化进程,奥斯曼土耳其民族主义的崛起使得阿拉伯人的奥斯曼认同感逐渐减弱,阿拉伯民族主义所倡导的阿拉伯民族认同则顺势增强。面对英国委任统治的外族统治和犹太复国主义建国的威胁,巴勒斯坦阿拉伯人渴望通过建立独立的阿拉伯国家来实现自治和主权,抵抗犹太复国主义的威胁。费萨尔领导的南叙利亚统一符合巴勒斯坦人的愿望和利益,获得大批巴勒斯坦精英分子的支持和拥护。此时期报纸上的"南叙利亚""巴勒斯坦是南叙利亚的一部分""我们都是南叙利亚人"等词汇不断涌现,代表了此时巴勒斯坦阿拉伯人的心愿,也体现了他们此时的认同归属。

但所谓的"南叙利亚"认同在本质上仍旧是阿拉伯民族认同,因为其核心是在大叙利亚区域内建立一个独立的阿拉伯国家,而巴勒斯坦也是其中的一部分,因此巴勒斯坦阿拉伯人此时所认同的"叙利亚"身份本质上是在大叙利亚区域内即将建立的阿拉伯国家成员的身份。但随着费萨尔的阿拉伯王国的昙花一现,部分巴勒斯坦阿拉伯人意识到犹太复国主义终究是巴勒斯坦人自己的问题,是巴勒斯坦人的直接威胁。而且事实证明,想要依靠阿拉伯国家来抵抗犹太复国主义的方法是行不通的,那么唯有建立独立的巴勒斯坦国才能抵御犹太复国主义。由此,巴勒斯坦阿拉伯人的主要认同归属逐渐转移到独立的巴勒斯坦上来,开始萌生建立独立巴勒斯坦国的念头。但最终,由于缺乏外部支持,加之内部缺乏明智的领导以及团结一心的精神等因素,这一历程未能成功,且导致巴勒斯坦社会大离散。

巴勒斯坦：记忆与认同

综合考察巴勒斯坦主要的两部分群体的认同发展历程，我们可以发现它们之间并不是统一协调的。城区认同发展更加多样、复杂，而农村地区的认同意识发展则相对缓慢、被动。而且，无论是农民还是城区普通民众等群体的思想发展，主要还是受到社会精英的引导和影响。只有当这两个巴勒斯坦社会主要群体能够跨过差异，真正联结为一个统一群体时，巴勒斯坦认同才算真正确立。共同的历史文化、语言宗教和传统习俗是巴勒斯坦人群体统一认同的基础与核心，也是他们面对殖民统治和犹太复国主义威胁时立场一致的根基。当巴勒斯坦社会步入现代化，遭遇以英国人和犹太人两个群体为主的其他群体时，当地人民自然地进行了泰弗尔提出的"社会分类"的行为，自动地区分我群体和他群体，充分认识到两者之间的差异特征，并从认知、情感和行为上认同我属群体。因此，在英国和犹太两个他群体的面前，巴勒斯坦人整体上已然形成一个统一体。我们可以说，英国和犹太特别是犹太复国主义，在巴勒斯坦人统一体形成的过程中产生了极大的推动作用和影响，加速了巴勒斯坦人对我群体特征的认知和对他群体差异的感知。但必须指出的是，尽管犹太复国主义等外部群体对巴勒斯坦人的群体分类行为产生了举足轻重的影响，但并不是本质所在，巴勒斯坦统一体产生的基础是源自群体内部的共同历史文化所沉淀下来的共性特征。

然而，也正因如此，巴勒斯坦人对于我群体的界限是模糊的、不够清晰的，这些历史文化遗产是所有阿拉伯人共享的，并非巴勒斯坦人特有的。犹太复国主义在巴勒斯坦人将自己从阿拉伯人这个群体中区分出来这一方面有着重要作用。但直至1948年"大灾难"发生之前，巴勒斯坦人从更大的阿拉伯群体中凸显出来这一过程尚未全面完结。巴勒斯坦精英内部的分歧和差异也未退后至服从于巴勒斯坦这一统一身份。此外，巴勒斯坦农民群体和城市精英群体在生活与思维方面都仍处在两个不同的世界。因此，巴勒斯坦认同此时已经确立的说法显得不妥，其真正形成并确立应是在巴勒斯坦战争惨败和巴勒斯坦"大灾难"发生之后。

—— 第三章 ——

巴勒斯坦 "大灾难" 记忆群体的形成

巴勒斯坦"大灾难"（النكبة）一词最早出现在1948年叙利亚史学家康斯坦丁·祖里克（قسطنطين زريق）的著作《灾难的含义》（معنى النكبة）中，作者首次将巴勒斯坦战争描述为一场灾难。如今，该词已成为1948年巴勒斯坦苦难遭遇的专用名词，特指由于以色列国的建立，巴勒斯坦人流离失所、沦为难民，政治、经济、文化、社会全面崩塌的悲惨经历。在巴勒斯坦集体记忆中，1948年"大灾难"是其主要的记忆场所，其含义包括：犹太复国主义武装团体占领和征用大部分巴勒斯坦领土；驱逐近80万巴勒斯坦本土居民，使其沦为难民；摧毁超过87%的巴勒斯坦城乡村镇，并对主要巴勒斯坦城市进行犹太化改造；驱逐内盖夫地区的贝都因部落；致力破坏巴勒斯坦身份认同，抹除阿拉伯地名并以希伯来名替换之。[1]"巴勒斯坦灾难百科全书"网站主页这么描述："巴勒斯坦大灾难"，任何语言皆不能译之，它有着自己独特的字母、独特的排列、独特的词汇，唯有保持本来面貌。它是呐喊、是伤痛、是故事、是讲述。它印刻

---

[1] 阿拉伯原文请见 "阿拉伯耶路撒冷报" (صحيفة القدس العربي-اليوم العاشر من مايو عام ٢٠١٥) : http://www.alquds.co.uk/?p=339367。

巴勒斯坦：记忆与认同

着迷失、伤痛的记忆，是人类历史上最不幸的悲剧事件……①

很多人以为这场改变全体巴勒斯坦人命运的灾难事件始于 1948 年，事实上，它早在那之前就已经悄然开始了，并非单一事件的后果，而是一系列变迁导致的。其影响也远不止于表面上所看到的那样，特别是对于巴勒斯坦人来说，1948 年"大灾难"是其记忆中无法遗忘也不敢遗忘的伤痛。这记忆的一端是以色列国的建立和发展壮大，另一端则系着巴勒斯坦人的安稳"前世"、惨烈"经历"、迷惘"现状"和艰难"未来"。它从未远去而成为历史；相反，它是巴勒斯坦人永恒的现在，也是巴勒斯坦人无法跨越的裂口。

第一节 "大灾难"的发生及记忆的形成

1948 年 5 月 15 日，英国撤出巴勒斯坦，代表着英国对巴勒斯坦地区的委任统治正式结束。针对这一事件，巴犹双方的反应有着相当大的差别。在此之前，巴犹两个群体之间的紧张敌对情绪已呈不可调和状，大小冲突接二连三，且双方力量对比悬殊，在最终的阿以战争到来之前，大量的巴勒斯坦人已经被驱赶或者逃离巴勒斯坦。面对即将到来的英国撤离巴勒斯坦后的权力真空，巴勒斯坦人所进行的努力和准备与犹太方面的系统化筹备行为相比显得不值得一提。与普遍认为此次战争始于 1948 年 5 月的观点不同，部分历史学家认为 1947 年末至 1948 年 5 月间表现为内战的巴犹冲突也应被视为巴勒斯坦战争的早期阶段。而第二阶段的战争从 1948 年 5 月 15 日打响，至 1949 年 3 月结束，是一场具备现代战争特点的大规模战争，又称第一次中东战争。1948 年 5 月 14 日，犹太方面按照联合国分治计划宣布以色列国建立，并很快获得美国

---

① 阿拉伯原文请见"巴勒斯坦大灾难百科全书"（موسوعة النكبة الفلسطينية），官网主页：http：//www.nakba.ps/word.php。

第三章 巴勒斯坦"大灾难"记忆群体的形成

和苏联两个大国的承认。次日,埃及、叙利亚、黎巴嫩和约旦等国组成阿拉伯盟军,分别对以色列发动了这场对中东地区特别是巴勒斯坦地区有着深远影响的战争。阿拉伯国家将"四支没有统一的指挥、没有协同一致的目标、没有坚定而持久的取胜意志的军队投入了战场,去对付按现代化方式进行了人力总动员的以色列人"。① 因此,尽管战争初期阿拉伯军队处于有利地位,但还是以阿拉伯国家的失败和以色列的全面胜利而告终。

一、巴勒斯坦的丧失

这次战争结束之时,以色列控制了历史上巴勒斯坦地区总面积的约80%,这不仅大大超出联合国分治决议所划分的57%,且与1946年犹太人通过购置土地所占有的6%相比,可谓有着天壤之别。而在犹太人往巴勒斯坦地区移民之前,巴勒斯坦阿拉伯人拥有着99%的土地。此外,在巴勒斯坦的剩余领土中,加沙地带被埃及控制,约旦河西岸地区则由约旦占领。对巴勒斯坦人而言,他们在1948年战争中几乎失去了整个巴勒斯坦。

这场战争还同时产生了中东地区核心问题之一的巴勒斯坦难民问题。1947—1949年,近80万②巴勒斯坦人(占巴勒斯坦总人口的近

---

① [巴勒斯坦]亨利·卡坦著,西北大学伊斯兰教研究所译:《巴勒斯坦阿拉伯人和以色列》,北京人民出版社1975年版,第73页,转引自:[英]艾伯特·豪拉尼:"阿拉伯难民和以色列的未来",《听众》1947年7月28日。

② Benny Morris, *The Birth of the Palestinian Refugee Problem Revisited*, Cambridge University Press, 2004, pp. 602 – 604. 对于巴勒斯坦战争造成的巴勒斯坦难民数量没有一个确切的数字,相关各方的预估数字也存在差异:阿拉伯国家统计认为总人数应介于75万至100万人之间;以方认为只有约50万人;而英国方面认为在60万至76万之间。详见:المسح الشامل، حزيران ٢٠٠٣. بديل \ المركز الفلسطيني لمصادر حقوق المواطنة واللاجئين، اللاجئون والمهجرون الفلسطينيون。1949年联合国秘书长在联合国大会第四届会议上所做的关于联合国1948年7月1日至1949年6月30日工作的年度报告中称巴勒斯坦难民人数是94万,而联合国巴勒斯坦难民救济和工程处估计巴勒斯坦难民人数已达到96万,且还不包括那些未在联合国难民救济和工程处登记与未获得援助的难民人数。真实的数字也许超过各方的估计和测算。

3/4）逃离或被驱离巴勒斯坦，沦为难民。这些统计中还不包括留在巴勒斯坦境内但却失去家园的巴勒斯坦人。这些难民大多涌入加沙地带和约旦河西岸，以及附近的阿拉伯国家如约旦、叙利亚和黎巴嫩等。大多数巴难民居住在条件极其恶劣的难民营中，靠联合国救济为生，在叙利亚、黎巴嫩等国的难民也不得不面对压迫的政策和艰难的生存环境。留在以色列境内的10多万巴勒斯坦人由原来压倒性的大多数存在变成少数人口群体，且从1948年10月开始就处于长达18年的军事统治之下。这场战争不仅导致巴勒斯坦人失去了巴勒斯坦这片土地和家园，而且使得这片土地上的原住居民群体断然分裂成三个部分，即流亡在外的巴勒斯坦难民、加沙地带和西岸的巴勒斯坦人、留在以色列境内的巴勒斯坦人。

此外，巴勒斯坦人在政治和外交战场上同样失去了巴勒斯坦。巴勒斯坦几乎已经从地图上消失了，战后巴勒斯坦地区只建立了一个主权国家——以色列国。巴勒斯坦人似乎也不存在了，他们要么是以色列公民，要么是难民身份，反正不再是巴勒斯坦人。虽然留在以色列境内的巴勒斯坦阿拉伯人变成以色列公民，但作为犹太复国主义一直想要摆脱或清除的群体，他们长期处于军事统治之下，遭受着种种不公平待遇，公民合法权益受到长期侵害，遑论享有什么政治权利或发挥什么政治影响力了。巴勒斯坦人的主体部分此时已经背井离乡、流亡各国，面临着最基本的生存难题。在国际社会中，他们不是拥有自决权和自治权的人民，只是急需国际社会救济的难民。以色列愿意等待国际社会对巴勒斯坦难民回归问题慢慢失去兴趣和耐性，因而一再拒绝和阻止难民遣返。从此，难民问题成为国际社会中与巴勒斯坦相关的最突出的问题之一，同时也是长期无法解决的问题之一。

二、巴勒斯坦难民出逃的原因

关于巴勒斯坦原住居民大批量逃亡的原因，各方说法不一。以方坚

第三章 巴勒斯坦"大灾难"记忆群体的形成

持宣称巴难民只是阿以战争的正常后果,是巴勒斯坦人听从阿拉伯国家领导人的号令而自行离开的。这种说法遭到阿拉伯国家的强烈反对,阿方认为以色列应该对巴勒斯坦难民悲剧负全部责任,悲剧之所以会发生,完全是因为以色列侵略巴勒斯坦领土,通过各种武力和心理手段驱逐和逼迫巴勒斯坦人逃离家园。国际上各国对难民问题的研究成果俯拾皆是,综合可见,巴难民悲剧是由多种因素造成的。

首先,以色列的恐吓与驱赶是造成巴勒斯坦人大批量逃离家园的主要原因。为了实现在巴勒斯坦地区建立一个纯粹的犹太国家的目标,犹太复国主义早在英国委任统治结束之前就开始了恐怖主义暴力行动,其中最骇人听闻的莫过于1948年4月8日犹太复国主义军事组织伊尔贡(Irgun)和莱赫(Lehi)制造的代尔亚辛村(Deir Yasin)大屠杀。来自阿拉伯国家、犹太复国主义运动和国际社会三方的资料显示,此次事件中共有254人丧生,其中妇女、儿童和老人占75%。[1] 这次恐怖主义事件引发国际社会的巨大反响,这种惨无人道的恐怖主义行为遭到谴责。代尔亚辛惨案成为巴勒斯坦"大灾难"的第一个标志性事件,然而事实上,它并不是犹太复国主义恐怖组织对巴勒斯坦人所犯下的最大的和最早的屠杀案,但它是在地区和国际上引起最大反响的屠杀案,因为其主导者希望将这种恐怖气氛传播、扩散。当时犹太复国主义电台不断播放有关代尔亚辛村惨案的节目,恐怖情绪一再扩散,直接导致一场大规模的巴勒斯坦人大逃亡。除了制造恐怖氛围促使巴勒斯坦当地居民

---

[1] ياسر علي، المجازر الإسرائيلية بحق الشعب الفلسطيني، مركز الزيتونة للدراسات والاستشارات، عام ٢٠٠٩، الصفحة ٤٢-٤٣. 此外,国际红十字会代表雅克·德·雷尼埃在其《耶路撒冷有一面旗帜在火线上飘扬》(瑞士纳沙泰尔巴孔尼埃出版社1950年版)中也对此有着如下描述:"300个人惨遭杀害,没有任何军事上的理由,也没有任何引起这场屠杀的原因,伊尔贡的犹太军队在其头目的操纵和指挥下,用手榴弹和大刀野蛮地屠杀了老人、妇女、儿童和新生婴儿。"此段文字引自:[巴勒斯坦]亨利·卡坦著,西北大学伊斯兰教研究所译:《巴勒斯坦阿拉伯人和以色列》,北京人民出版社1975年版,第88页。

巴勒斯坦：记忆与认同

自行逃离外，犹太军队还将当地居民从城镇和村庄驱逐出去。①

其次，英国统治末期巴勒斯坦社会的混乱状况也是造成巴勒斯坦当地居民离开家园的原因之一。巴犹双方矛盾升级，暴乱频繁，联合国分治决议的通过加剧了双方的对抗，加之后期委任政府准备撤离，无力也无意继续维持巴社会治安和秩序，因此此时的巴勒斯坦几乎处于一种无政府的混乱状态。在这样的情境下，很多当地居民深感不安和恐慌，从而逃往巴勒斯坦的其他地区或附近国家避难，期待战争结束后再返回。只是他们没有料到的是，即使战争结束了，他们也回不去了。

对于以色列散播的"巴勒斯坦人是在阿拉伯国家领导人的呼吁下自行离开的"这一说法，阿拉伯国家予以坚决否认。阿方宣称阿拉伯国家介入巴勒斯坦只是为了保护当地居民，维持社会秩序。国际上很多人也不认同这种说法，一位名叫厄斯金·奇尔德斯（Erskine Childers）的英国记者曾对此事进行查证后提出："没有证据显示阿拉伯领导人曾呼吁或命令巴勒斯坦人离开，反而有要求巴勒斯坦人驻留原地的呼吁或命令的记录。"② 阿拉伯领导人是否发出过"呼吁居民离开"的号令已无从查证，但阿拉伯军队的介入确实未能成功保卫巴勒斯坦、保护巴勒斯坦人民。实际上，阿拉伯国家介入巴勒斯坦的目的和动机各不相同，被认为是导致1948年战争败于新生的以色列的一大原因，而这也在一定程度上间接造成巴勒斯坦人颠背流离、无法返乡的悲惨命运。

总之，巴勒斯坦难民问题产生的原因并不是单一的，而是多方面且错综复杂的。深究其原因固然重要，但更重要的是解决问题。不可忽略的是，战争后，巴勒斯坦地区的原住居民大部分已经流亡在外、背井离乡、流离辗转。他们在面临重重生存难题之时，支撑他们的精神支柱便

---

① 详见［英］乔治·柯克著，复旦大学历史系世界史教研室译：《1945—1950年的中东》，出自［英］阿诺德·托因比主编：《第二次世界大战史大全·第11卷》，上海译文出版社1995年版，第261—264页。

② ［巴勒斯坦］亨利·卡坦著，西北大学伊斯兰教研究所译：《巴勒斯坦阿拉伯人和以色列》，北京人民出版社1975年版，第99—100页。

第三章 巴勒斯坦"大灾难"记忆群体的形成

是有朝一日能回到朝思暮想的故乡。然而,他们世世代代生活的这片土地已被以色列摧毁殆尽,一半村庄被夷为平地,建立了新的犹太定居点。城镇的巴勒斯坦街区同样面目全非,里面居住着犹太移民。不仅如此,以色列政府还通过将阿拉伯名称希伯来化、考古调查、大量植树和建筑等一系列犹太化改造措施使这片土地大变样,只是在一些被忽略或遗漏的角落才能找到巴勒斯坦人曾经居住并生活过的痕迹。即便是留在以色列境内的巴勒斯坦人,大部分也失去了自己的土地和房屋,成为"在场的缺席者"(الغائب الحاضر),[①] 在全面犹太化的以色列国内,他们成为"故乡的异乡人"。

但是,巴勒斯坦人对故土和原来生活的这种深切思念,以及战后面临的种种困境和磨难,强化了人们对过去生活的记忆。这是对从前的记忆,更是将所有离散各地的巴勒斯坦人联系在一起的纽带。1948年战争作为巴勒斯坦人过去"美好"生活和后来悲惨遭遇中间的颠覆性事件,因其对巴社会影响之深远、在人们心中造成的创伤之深刻,成为巴勒斯坦人无法遗忘的记忆,也是巴勒斯坦人无法跨越的断裂口。它是降临到全体巴勒斯坦人身上的"大灾难",是整个群体的浩劫,成为巴勒斯坦人集体记忆的核心场所,将他们紧紧地联结在一起。时移势迁,外在的地貌特征已然不见,心中的记忆变成唯一能证明他们是巴勒斯坦人,且曾在巴勒斯坦土地上生活过的证据。这使得他们只能牢牢抓住这

[①] 在场的缺席者(الغائب الحاضر – Present Absentees),是指那些在1948年战争前后离开或被以色列驱离家园但却留在原巴勒斯坦境内的巴勒斯坦人,又被称为"境内流离失所的巴勒斯坦人"(Internally displaced Palestinians – IDPs)。一般而言,巴勒斯坦的"在场的缺席者"包括两大人群:一部分是1948年后在以色列境内流离失所的巴勒斯坦人,另一部分是在1967被占领土上流离失所的巴勒斯坦人。他们的后代也被称为"在场的缺席者"。据巴迪勒巴勒斯坦公民与难民资源中心(بديل-المركز الفلسطيني لمصادر حقوق المواطنة واللاجئين)2015年发布的难民调查报告(Survey of Palestinian Refugees and Internally Displaced Persons 2013 – 2015)显示,以境内有38万巴难民和流离失所者,而被占领土上有33万。这些巴勒斯坦人仍然在原来的土地上生存,但是不能居住在自己的家园,而是在自己的土地上流离失所、一无所有。即使他们就流离在家园附近且拥有那些财产和不动产证明,仍被以色列政府颁发的《缺席者财产法》(Absentees Property Laws)判定为"不在场的人"。

份能够证明自己历史和身份的记忆，不能忘也不敢忘。

第二节 独特患难经历对群体独特性的强化

要厘清巴勒斯坦人认同意识的确立和发展，就不能不先处理几个问题：巴勒斯坦人是何时开始将自己定义为巴勒斯坦人而不是阿拉伯人的？巴勒斯坦人和阿拉伯人有什么不同，其独特性何在？外部世界又是如何对待这种独特性的？要回答这几个问题，首先有必要明确巴勒斯坦人和阿拉伯人之间的关系。这里的阿拉伯人和巴勒斯坦人并不是两个非此即彼的概念，也不是两个分离的群体；相反，两者之间主要表现为一种包含关系，巴勒斯坦人是在阿拉伯人这个大群体框架下逐渐凸显并发展而成的一个独特且独立的群体。要区分巴勒斯坦人或阿拉伯人与犹太人、英国人等外国人很容易，因为他们说着不同的语言，来自不同的地域，实践着不同的文化习俗，因此他们在交往过程中完成对我群体共性和他群体差异性的认识及分类是比较容易的。那么，巴勒斯坦人又是如何从历史文化相同的阿拉伯人大群体中凸显其独特性，并演变成一个与其他地区阿拉伯人不同的独特群体的呢？

一、巴勒斯坦人群体与其他阿拉伯人群体的差异性凸显

19世纪末，西方殖民势力踏入阿拉伯世界的领土，随之而来的还有强调民族、领土和国家的现代意识。当时，包括巴勒斯坦在内的很多阿拉伯地区都处于西方殖民主义统治之下。西方国家基于国家利益进行的殖民区域分割成为后来很多阿拉伯地区发展为独立的民族国家的边界基础。英国对巴勒斯坦地区的委任统治也促使巴勒斯坦地区与其他阿拉伯地区在地理上分离开来。在民族独立意识和世界独立浪潮的影响下，

第三章　巴勒斯坦"大灾难"记忆群体的形成

巴勒斯坦地区独立自治的提法也开始出现在政治舞台上。众所周知，这种想法并未成功演变成现实，同样，它也没有促成巴勒斯坦地区阿拉伯人与其他地区阿拉伯人的完全分离。但在这一过程中，犹太复国主义运动的扩张使得巴勒斯坦地区面临的情势确实比其他地区要复杂得多。

可以说，在西方民族和公民意识进入阿拉伯世界之前，奥斯曼帝国领土范围内有阿拉伯人、土耳其人、波斯人、库尔德人等族群，却没有巴勒斯坦人这个群体概念。当时巴勒斯坦地区的人口也被称为阿拉伯人。因此，当犹太复国主义运动来到巴勒斯坦，并威胁到当地人民正常生活时，它被视为所有阿拉伯人的威胁。巴勒斯坦地区的居民也希望借助所有阿拉伯人的团结力量来对抗犹太复国主义的威胁。然而，犹太复国主义在巴勒斯坦地区的迅速发展壮大，足以证明阿拉伯人在抵抗犹太复国运动方面的无力和失败，这对于阿拉伯人来说是一种深深的挫败感。而对于与犹太人有着直接接触并深受其害的巴勒斯坦居民来说，这绝不只是挫败感可以简单概括的。对他们来说，犹太威胁下的自我生存问题才是当务之急。因此，犹太复国主义的直接威胁成为巴勒斯坦居民有别于其他地区阿拉伯人的主要差异之所在，也是使其从阿拉伯人群体中逐渐凸显出来的一个主要因素。

我们无法确定巴勒斯坦地区的阿拉伯人认为自己首先是巴勒斯坦人而不是阿拉伯人的具体日期，但可以明确1948年阿以战争的失败及其后续苦难经历是巴勒斯坦人从阿拉伯人中凸显出来的标志性事件。1948年，周边阿拉伯国家表面上是为了保卫巴勒斯坦而向新生的以色列宣战，暂且不论各国出兵的根本目的是什么，但战争失败后，遭遇最严重后果的却仍只有巴勒斯坦，其领土大部分丧失，人民流离失所、四分五裂。阿拉伯各国虽也遭受不同程度的损失，但人民的生活并未因此发生根本性变化。而巴勒斯坦人民却整个丧失了原本的家园和生活，遭遇了改变命运式的突变。从此，巴勒斯坦人和其他地区的阿拉伯人开始了不同的命运轨迹，走向了不同的未来。散居各地的巴勒斯坦人面临不同形式却同样严峻的生存困境，终于认识到自己与其他阿拉伯人的不同。巴勒斯坦人在这一时期所遭遇的驱逐、屠杀、流亡和压迫，巴勒斯坦原有生活面貌和社会关系的完全丧失与破坏断裂，巴勒斯坦领土的被占和割裂、家园的被毁和抹除……这一切的苦难遭遇是他人无法想象的，却是每个巴勒斯坦人实实在在的亲身经历。这是巴勒斯坦人独特的苦难经历，也是其区别于其他阿拉伯人的独特性之所在，巴勒斯坦人这个身份也因承载着这些独特经历而有别于一般的阿拉伯人的身份。

二、国际社会及犹太复国主义对巴勒斯坦人群体独特性的促进

不仅巴勒斯坦人认识到自己与其他人群的不同，外部世界也因此认识到巴勒斯坦人的独特性。虽然巴勒斯坦难民几乎成了巴勒斯坦人的代名词，但这至少表明国际社会也开始认为巴勒斯坦难民是一个单独的群体，其背后代表着整个巴勒斯坦人这个独特群体。巴勒斯坦战争后，巴勒斯坦人或巴勒斯坦难民以及巴勒斯坦问题等术语和名词频繁出现在国际社会与重大会议中。这一定程度上反映了巴勒斯坦人开始在国际上以独立群体的身份出现，而不是以整个阿拉伯民族的总称而被人知晓。虽然这些相比以前更频繁出现的与巴勒斯坦相关的会议主题和事件，并不是巴勒斯坦人自身发出的声音，甚至有的还不是站在利于巴勒斯坦人的立场被提出的，也并未促进巴勒斯坦问题的全面尽快解决，但不可否认的是，无论以色列等国承认与否，在这些语境中，巴勒斯坦人已被当成一个独立的群体来对待，而且此后巴勒斯坦相关问题也变成国际政治中无法回避和忽视的问题之一。

1948年阿以战争的失败及其后续苦难经历不仅凸显了巴勒斯坦人群体的独特性，也促使所有的巴勒斯坦人民终于团结起来成为一个整体。但相较于此前共同居于巴勒斯坦地区却存在各种差异而无法团结一体的情形，战后巴勒斯坦人虽然在地理分布上已不再是一个整体，而是

第三章 巴勒斯坦"大灾难"记忆群体的形成

四分五裂、散居各地,但原来突出的城乡、贫富差异与宗派、家族差异却有所减弱,或至少退居次要位置。因为战后所有巴勒斯坦人经历了共同的劫难,面对着同样的命运:无论战前是富有还是贫穷,如今都已背井离乡、无家可归;无论战前是目不识丁的贫农阶层还是学识渊博的城市精英阶层,如今都家国被毁、前途渺茫;无论战前家族或党派之间的利益分歧有多深,如今巴勒斯坦领土丧失、社会解体,何谈利益与权力?虽然有极少数富足显赫的家族在战后移民他国,仍旧过着体面稳定的生活,但他们也不能否认这场灾难对自己的影响。总体而言,分散的巴勒斯坦人因这突如其来的巨大灾难以及由此产生的苦难经历和悲痛记忆而第一次成为一个真正意义上的群体。正如厄内斯特·勒南(Ernest Renan)所言:"共同苦难比欢乐更能使人团结。对于民族记忆而言,悲痛比胜利具有更大的价值,因为它能激发责任感,并要求共同努力。"[1]

由上可见,犹太复国主义运动在巴勒斯坦人独立群体的形成过程中发挥着非常重要的作用,但过度夸大其作用也是不妥的。有的观点认为,巴勒斯坦人这个身份完全是当地居民对犹太复国主义威胁做出的直接反应。显然,这种观点误把现象当成原因。的确,西方人和犹太人是巴勒斯坦地区居民面对的最早的他者,身份认同正是在和他者的交往中确立的,因此巴勒斯坦居民也在应对西方殖民统治和犹太复国主义的过程中认识到自我的独特性和自我与这两个他者的差异,完成自我与他者的分类,形成自我的身份认同。但事实上,这种分类行为通常源于群体自身的历史文化对成员潜移默化的影响,即群体身份的形成要建立在共同的历史文化基础上。巴勒斯坦居民在与西方人和犹太人这两个他者交往的过程中,实际上是根据自我独特的历史文化来比较和分类的。我们

---

[1] 作者译自 Ernest Renan, "What Is A Nation?", first delivered as a lecture at the Sorbonne in 1882, 原文请见 Renan Ernest, "What is a Nation?" in Eley, Geoff and Suny, Ronald Grigor, *Becoming National: A Reader*. New York and Oxford: Oxford University Press, 1996, pp. 41-55。

可以说西方人和犹太移民是巴勒斯坦居民确认自己的身份认同过程中不可缺少的对象，也是最重要的外部促动因素，但其核心内因则在于自身独特的历史文化。

因此，巴勒斯坦人身份认同的形成源自于共同的历史文化基础。在此基础上，耶路撒冷作为宗教中心的历史观念，以及奥斯曼的行政区划和后来的现代殖民界线等因素一起促成现代巴勒斯坦边界的形成。同时，奥斯曼帝国的解体、英国委任统治的介入、西方现代民族意识的传播、犹太复国主义的发展等一系列社会重大变迁的产生，也促使巴勒斯坦地区人民不断对自我进行思考和反思。在这些因素的综合作用和影响下，巴勒斯坦地区人民逐渐形成一个独立的整体，发展出独立的巴勒斯坦人身份认同。

但不可否认的是，抵抗犹太复国主义运动确实在巴勒斯坦人从阿拉伯人中分离出来的过程中发挥了异常重要的作用。最终，1948年战争的失败、"大灾难"的发生，以及由此产生的巴勒斯坦人共同的苦难经历，则进一步凸显并加剧了巴勒斯坦人区别于其他阿拉伯人的独特性，最终促使巴勒斯坦人团结起来形成一个独立的群体。

第三节　"大灾难"的记忆主题及其建构

对于巴勒斯坦人来说，巴勒斯坦"大灾难"不仅是一场战争的失败，是亲友离散、家国丧失的悲惨事件，也包括不可计数的死伤、杀戮、抢掠与驱逐等苦难经历，更标志了巴勒斯坦社会体系的分崩离析，是一场史上罕见的人间惨剧。"一个人会经常回忆过去，特别是那些多事之秋。很难忘记'巴勒斯坦大灾难'（1947—1950年）发生的那几年。就是在那段时间，巴勒斯坦人失去了3/4的国土，半数人口被武力

第三章 巴勒斯坦"大灾难"记忆群体的形成

驱逐而成为无家可归的难民。"① 它在巴勒斯坦人民心中留下了永远无法愈合的创伤,那种悲痛欲绝、恐惧不安、迷茫绝望、屈辱无奈的感受如同刻进人们的心里,抹不去也忘不掉。这种现实和心理双重创伤的巨大影响给人们留下无法走出的巨大阴影。同时,该事件的受害者数量之大、后果之严重,使得这种创伤无可挽回、难以复原。作为受害者的巴勒斯坦人本应得到国际社会的同情和帮助,然而在犹太大屠杀的受害者身份的强大叙事之下,巴勒斯坦人所遭遇的惨痛经历迎来的却是外界的广泛沉默。"没有人民的土地给没有土地的人民"维护了以色列建国的合法性。但事实上,这片土地上不但有百万人居住,而且这近百万的原住居民正在经历流亡和离散。因此,唯有记忆,记住这场"大灾难",才能证明流亡在外的巴勒斯坦人群与这片土地长久以来的关联性和合法性。

对巴勒斯坦人来说,抵抗遗忘的最好方式莫过于述说,述说以前的生活、悲惨的遭遇、当下的困境。这种记忆和述说并非个人私密的行为,而是属于集体记忆的范畴。一个人哪怕最私密的回忆,也是在社会互动和交往中产生的。一个人一旦开始回忆某个事件或讲述某段回忆,他就已被置于特定的社会框架之下,并以此为基点去回忆或讲述,这正是集体记忆的由来。个体记忆从集体记忆中获得社会意义,而集体记忆也是由个体记忆来实现和表达的。1948年"大灾难"既是巴勒斯坦人每个个体的创伤性经历和记忆,也是整个集体的创伤之所在,是巴勒斯坦集体记忆中的核心场所。

一、"大灾难"记忆的主题

1948年是巴勒斯坦集体记忆中的标识性符号,标志着巴勒斯坦正

---

① Mamdouh Nofal, Fawaz Turki, Haidar Abdel Shafi, etc. *Reflections on Al - Nakba*, Journal of Palestine Studies, Vol. 28, No. 1, 1998, p. 14.

巴勒斯坦：记忆与认同

常的历史连续性的中断。它是巴勒斯坦历史的转折点，一侧是过去的美好生活和安定家园，另一侧是流离失所、无家可归的当下现状。当下的生活越是艰辛，人们越是情不自禁地记起过去的美好，企望通过记忆来逃离现实而回到那已经回不去的过去，也希冀通过记忆来证明自己曾经在那片土地上存在并生活过，以证明自己来自何处，证明自己的身份。从巴勒斯坦的集体记忆中可以看出，巴勒斯坦人民对"大灾难"的记忆主要是围绕以下几个主题展开的：

第一，1948年后，原本生活在同一片土地之上的人群被迫分离，原有的社会关系遭到破坏。战争期间，巴勒斯坦人因恐惧和害怕而四处逃亡，且绝大多数逃亡行为是没有目的性的。没有机构或个人来组织或规划这种集体性逃难行动，人们大多只是为了保全自己及家人的性命和安全而随众逃往他们以为安全的地方。1948年，正值20岁的马哈茂德·巴拉卡（محمود بركات）回忆道："雅祖尔的所有人都离散了，每个人只能依靠自己个人的力量来处理各自的局面。"[①] 逃亡的路途是艰辛而危险的，"很多人逃离村庄的时候被杀，很多人与家人走散，很多人去了约旦和科威特，即使他们在那儿无处可居"。[②]

战争之前，生活在相对稳定的社交圈子的巴勒斯坦人由于逃亡和离散，原有的家庭关系、部族关系、社交关系都遭遇撕裂。一提到1948年，很多巴勒斯坦人都会想起逃离时混乱无序的状态，很多人根本顾不上聚齐自己的家人、亲人。一位名叫萨迪格（صديق）的巴勒斯坦人回忆，当他们历尽艰辛终于到达纳布卢斯（نابلس）的时候，他的妈妈从未停止哭泣，当被问及缘由时，得到的答复是："你舅舅，他们在哪儿？

[①] Liam Morgan & Alison Morris, *Nakba Eyewitnesses: Narrations of the Palestinian 1948 Catastrophe*, Palestine Media Unit (Zajel) Public Relations Department An – Najah National University, Nablus – Palestine, p. 103.

[②] Liam Morgan & Alison Morris, *Nakba Eyewitnesses: Narrations of the Palestinian 1948 Catastrophe*, Palestine Media Unit (Zajel) Public Relations Department An – Najah National University, Nablus – Palestine, p. 110.

第三章 巴勒斯坦"大灾难"记忆群体的形成

家都被驱散了,我的兄弟和朋友们在哪里?我好想念他们。"① 乌姆·纳吉赫(أم ناجح)讲道:"我父亲死了,兄弟去了约旦。我当时十岁……由于犹太复国主义军队的狂轰滥炸,人们都离开了、被驱散了。人被杀害了,房子也被毁了,什么都没有了……"②

此外,一些人因恐慌至极而忘记自己的孩子,或很多亲人至今仍旧下落不明等事件也在一些人的记忆中挥之不去,例如来自海法(حيفا)的哈立德(خالد رشيد منصور)讲道:"我们在逃离海法的路上碰见的一个事件,我永远也不会忘记。这个故事看起来像是杜撰的,但的确是真实的,我亲眼所见:一个女人大哭大喊,因为她突然意识到自己逃跑的时候抱走的是一个枕头而不是孩子。这足以证明当时我们有多恐惧。"③

诸如此类的述说在众多的访谈、回忆录和口述中比比皆是,地点和人物及情形各不相同,内容却大同小异,都是关于人们如何在恐惧和慌乱之中走散和失踪的。这些内容不仅存在于人们的记忆之中,而且成为人们记忆的主要内容。从家庭方面来看,这是亲人的离散;但从社会方面来看,这更是社会关系的断裂。曾经带给人安全感和身份定位的家庭关系与社会关系在灾后都消失不见了。个体层面的群体成员之间的这些基本联系的中断,事实上反映了集体层面整个社会关系和社会结构的断裂。

然而,1948年"大灾难"对巴勒斯坦整个社群的影响远不止于群体成员间社会关系和社会结构的断裂。它不仅在地理分布上使巴勒斯坦

---

① Liam Morgan & Alison Morris, *Nakba Eyewitnesses: Narrations of the Palestinian 1948 Catastrophe*, Palestine Media Unit (Zajel) Public Relations Department An-Najah National University, Nablus-Palestine, p. 61.

② Zarefa Ali, *A Narration Without an End: Palestine and the Continuing Nakba*, The Forced Migration and Refugee Unit, The Ibrahim Abu-Lughod Institute of International Studies Birzeit University, Birzeit-Palestine, 2013, p. 37.

③ Liam Morgan & Alison Morris, *Nakba Eyewitnesses: Narrations of the Palestinian 1948 Catastrophe*, Palestine Media Unit (Zajel) Public Relations Department An-Najah National University, Nablus-Palestine, p. 124.

巴勒斯坦：记忆与认同

人从1948年前同一区域的共同生活状态分散为巴勒斯坦境内的人、阿拉伯国家的难民、加沙地带的人和约旦河西岸的人等几大板块，而且在心理层面将巴勒斯坦人分裂成"内部的人"（الذين من الداخل）和"外部的人"（الذين من الخارج）两个部分。"内部的人"在1967年以前主要是指以色列境内的巴勒斯坦人。而"外部的人"自然是指生活在巴勒斯坦地区以外的国家和地区的巴勒斯坦人，主要由生活在叙利亚、黎巴嫩、约旦、埃及等国的巴勒斯坦难民构成。这两部分巴勒斯坦人不仅在地理和社交方面被阻隔开来，在心理层面也可能产生了隔阂。

"以色列巴勒斯坦人在20世纪70年代前被视为特殊的群体——如果你是居住在以色列境外的、离散或被称为难民的巴勒斯坦人群中的一员，你可能轻易地就会怀疑这些人。我们总是认为以色列在这些人身上的烙印（他们的护照；他们对希伯来语的掌握；他们因和以色列犹太人生活在一起而相对缺乏的自我意识；他们把以色列当作一个真正的国家，而不是'犹太复国运动的实体'）改变了他们。他们不同于我们，因为我们是居住在阿拉伯世界的阿拉伯人，时常遭受阿拉伯民族主义的猛烈胜利和催泪哀伤，我的生活独立于帝国主义和犹太复国主义。他们的不同含有某种令人轻蔑的意义。"[①] 对于"外部"的巴勒斯坦人来说，"内部"的巴勒斯坦人一方面被怀疑失去了巴勒斯坦的特性，有着被以色列同化的危险；但另一方面，他们依旧处于巴勒斯坦的怀抱中，即他们已经身在外部人奋斗不息争取返回的地方，因此他们也是一种更幸福和荣耀的存在。而"外部"的巴勒斯坦人随着时间的流逝愈加远离巴勒斯坦，奋斗多年却屡遭失败，一边不断地坚信，一边又不断地失去信心，失败感和疏离感萦绕不散。

而事实是，"内部"的巴勒斯坦人也并非安定愉快地生活着，他们处于以色列的高压军事统治之下，被隔绝了与外界的联系和交往，倍感

---

① ［美］爱德华·萨义德著，［瑞士］吉恩·莫尔摄，金玥珏译：《最后的天空之后：巴勒斯坦人的生活》，中信出版社2015年版，第76页。

第三章 巴勒斯坦"大灾难"记忆群体的形成

孤立和无助。在他们看来,"外部"的巴勒斯坦人虽然远离故土,却代表了整个巴勒斯坦人群的主体部分,且因巴勒斯坦难民身份而成为国际社会的焦点。而留在以色列的人们成为被民族主义和国际社会忽视和遗忘的一部分,是"自己国家的外国人",孤单地存在于犹太人的包围之下,目睹曾经的城市和家园经过犹太化改造而变得面目全非。这两部分巴勒斯坦人之间交往的距离和阻隔在灾后一段时间内直接影响了他们的团结度和一体感。

同时,"内部"和"外部"的隔离不仅存在于地理意义上的内和外,而且在一定程度上代表着群体内部和外部,即我群体和他群体。巴勒斯坦人分散各地,以孤立的身份存在于他群体的社会环境中。两个巴勒斯坦人相见时,他们的口音、生活习俗和历史经历等共同特征将他们的距离拉近,成为一个整体。这时,他们都成为这个群体的内部成员。千千万万的巴勒斯坦人据此形成无数个大大小小的群体,每个人都是群体内部的成员。这些群体中最大的莫过于巴勒斯坦人这个大集体,可以将所有怀有共同情感和憧憬的巴勒斯坦人包括在内,形成一种强有力的团结力量。而这个群体之外的外界环境和人群自然就被归入巴勒斯坦人眼中的"外部"人群。处于"内部"的巴勒斯坦人常常不能轻易融入外界环境中,无形中拉开了自己与"外部"社会环境的距离,成为外部大环境中的一个"异类"。由此,内外部之间距离的扩大与缩小决定了巴勒斯坦人这个群体的发展与分解。

第二,被迫离开家园造成的"无根"感一直是巴勒斯坦集体记忆的焦点之所在。巴勒斯坦人对家园、对土地有一种深深的爱恋和渴望,这是巴勒斯坦集体记忆最显著的特点。因此,巴勒斯坦人的记忆中充溢着对灾前家园和故土的描绘与思念。穆罕默德·阿里·塔哈(محمد علي طه)认为他们的村子米艾尔(ميعار)非常漂亮,"我从没忘记米艾尔,尽管很多的房屋已经被炸毁,但我仍记得我的房子在哪里,仍记得那些无花果树和水源的位置。我把我的孩子和孙子们带去那儿参观,那里变了:

巴勒斯坦：记忆与认同

小时候玩耍的场地如今已建了一个俱乐部，但我能清晰地看见我的家和那些石榴树，虽然它们已不在。小时候，我常常从我的窗户望向卡梅尔山，聆听远处的海洋。我与米艾尔的关系亲密到无法用语言描述，但我自从60年代就开始用各种各样的方式和途径将其写下来"。① 来自加农（قرية كانون）的阿卜杜拉（عبد الله）说道："我们村的土地都被抢了，我仍然记得那些土地的面积，哈瓦尔30杜乃姆，纳里耶27杜乃姆，杰丽赫15杜乃姆。我们的树木都被连根拔起，我们失去了家，我们再也没有小麦、玉米和农场。直至今日，麦田的模样都还生动地存在于我的脑海中，历历在目，犹如昨日。他们破坏了一切，什么都没有给我们留下。"②

爱德华·W. 萨义德可以清晰地描述从1948年起就再未见过的老宅："我非常清晰地记得我们的房子：两层楼，有台阶的入口，前面有个阳台，有一棵棕榈树和一棵针叶树，可以爬到前门，还有一个宽敞而空旷的广场，本来是设计为一个花园，就在我出生的房间前面，朝着大卫王宾馆。我记不得我们那条街的名字了（事实证明它没有名字），但我现在在加拿大的堂弟优素福靠着记忆给我画了一幅地图，并随着地契的复印件一起寄给了我。"③ 无论经过多长时间，巴勒斯坦人总可以清晰地回忆起自己在巴勒斯坦的家和周围街区的细节，往昔图景历历在目，仿佛从未远离。可讽刺的是，这些房子、街区、树木和建筑物等一切附着巴勒斯坦人记忆和情感的地貌特征如今都已被摧毁殆尽，取而代之的是新的希伯来或犹太文化的地标场景，那么这些地方曾经属于巴勒

---

① Dina Matar, *What It Means to Be Palestinian: Stories of Palestinian Peoplehood*, I. B. Tauris & Co Ltd, 2011, p. 78.

② Liam Morgan & Alison Morris, *Nakba Eyewitnesses: Narrations of the Palestinian 1948 Catastrophe*, Palestine Media Unit (Zajel) Public Relations Department An‐Najah National University, Nablus‐Palestine, p. 127.

③ Edward W. Said, *Palestine, Then and Now: An Exile's Journey Through Israel and the Occupied Territories*, Harper's Magazine (December 1991): 50.

第三章 巴勒斯坦"大灾难"记忆群体的形成

斯坦,也就唯有巴勒斯坦人自己能证明了。因此,记忆越生动、越仔细,就越具有说服力,也越能使人相信如今面目全非的地方曾经长期生活着一群土生土长的巴勒斯坦人。

巴勒斯坦文学中也不乏对家园和土地深切思念的描述:"阿布·卡伊斯把胸口紧贴在被露水打湿的地上。突然,大地开始震动起来,这声音就如劳累的心脏跳动的声响,穿过一个个沙粒,渗入他身体的每个部分……他每次把胸口贴在地面,都能感到同样的心跳的声音,仿佛大地的心跳从来就没有停过,那是他第一次倾听大地的声音,那是从地狱的深处开辟了一条极艰难的朝向光明的道路。当他把他的感受告诉一个与他一起耕作的邻居的时候,他已离开了那块土地有10年之久。邻居嘲笑地回答:'你听到的声音是你自己的心跳声传到了地上。'多么讨厌恶毒的话。还有那泥土的气味呢,怎么解释呢?他呼吸着泥土的芬香,仿佛它掠过他的眉毛,然后渐渐地渗入他的血管。"[1] 巴勒斯坦作家格桑·卡纳法尼(غسان كنفاني)[2] 将巴勒斯坦普遍的思乡之情生动细致地刻画在其小说《太阳下的人们》的字里行间,不仅通过小说主人公的心理活动描述了巴勒斯坦人对故土的浓浓想念,更通过他们的悲剧行为反映了巴勒斯坦人在1948年失去家园和国家之后艰苦无奈的生存现实。

在马哈茂德·达尔维什(محمود درويش)[3] 的作品中,"土地""土壤""山脉""泥土""石块""草原"等都是高频词汇。故土在他的文

---

[1] [美]爱德华·W.萨义德著,陈文铁译:《来自第三世界的痛苦报道:爱德华·萨义德文化随笔集》,上海译文出版社2013年版,第76页。

[2] 格桑·卡纳法尼(غسان كنفاني)是一位著名的巴勒斯坦作家,代表作品有:《阳光下的人们》(رجال في الشمس)、《重返海法》(عائد على حيفا)、《给您留下什么》(ما تبقى لكم)等。其作品非常善于表现在巴勒斯坦及阿拉伯国家发生的重大事件,通过文学创作号召巴勒斯坦人起来反抗,他可以说是巴勒斯坦抵抗文学的领军人物之一。

[3] 马哈茂德·达尔维什(محمود درويش)被认为是最负盛名的巴勒斯坦诗人。其诗歌饱含对祖国、故土和亲人的深情以及对巴勒斯坦事业永不放弃的支持和奋斗,他由此成为阿拉伯世界著名的抵抗诗人。他一生创作了20余部诗集和数部散文、杂文集,代表作品有:《鸟儿死在加利利》(ذاكرة النسيان)、《橄榄叶》(أوراق الزيتون)、《为了遗忘的记忆》(العصافير تموت في الجليل)等。

巴勒斯坦：记忆与认同

学作品中是"母亲"，是"爱人"，是"世界"，也是"梦想"。他在《巴勒斯坦伤痕日记》(يوميات جرح فلسطيني) 中写道："我顽固的伤痕啊，我的祖国不是旅行箱，我也不是旅行者，我只是个痴情人，土地就是我的爱人"；[1]《来自巴勒斯坦的情人》(عاشق من فلسطين) 一诗中则直接将祖国比作"情人"，"情人"的眼睛、名字、梦想、身体、言语、沉默和死亡等一切的一切都烙上了巴勒斯坦的特征。作者对巴勒斯坦的爱恋也遍及巴勒斯坦的每一个角落、每一寸土地，无处不在。达尔维什将自己对祖国的深情寄于诗歌中的每一个形象，直陈肺腑、掷地有声。

没有家就没有根，对个体来说是家乡，在集体层面就是祖国。这种没有根、没有家的漂泊流离是巴勒斯坦人一切苦难的源头。对于巴勒斯坦人来说，家的含义恰如沙拉比教授（د. هشام شرابي）所言："'家'这个词语只有通过直接经历才能获得其真正的含义，如同雅法城的居民和所有从巴勒斯坦的村庄城镇迁离的人们所遭遇的那样。对他们来说，对祖国和家乡（或一个人成长与初尝人生幸福滋味的城市、街区和家）的思念已变成内心无法割舍的一部分。家这个地方，随着时间的流逝变得不仅仅是一种感觉，而成为过去一切的标志。在和平安稳的家乡，一个人是无法如同我们一般理解祖国和思念的含义的，只有在旅行时才会稍微有所感触。的确，一个人只有在失去家乡之后才真正拥有家乡。"[2]

因此，巴勒斯坦人对故土和家园等空间地点的执着和渴望，不仅基于巴勒斯坦人传统生活对地方和土地的依附性，也是灾后巴勒斯坦人流离辗转、无家、可归的痛苦状况的一种反应。无家、无土地的现状造成的漂泊感越发凸显了家园和土地的重要性，因为这些都是他们曾经拥有的，也未曾料到会永久失去的。曾经拥有却失去，如今又求而不得的强烈对比注定了巴勒斯坦人的记忆中绕不开故土这个磁力场。这些关于过

---

[1] 选自马哈茂德·达尔维什的诗歌《巴勒斯坦伤痕日记》，第 14 节，原文是：حبيبة! آه يا جرحي المكابر / وطني ليس حقيبة / وأنا لست مسافر / إنني العاشق والأرض

[2] مركز يافا للأبحاث، يافا عطر المدينة، دار الفتى العربي للنشر والتوزيع، عام ١٩٩١، الصفحة ١٥؟

第三章　巴勒斯坦"大灾难"记忆群体的形成

去生活空间的生动记忆，一方面体现了他们想要回返家园的强烈愿望，另一方面也是他们抗争合法回返权的依据和武器。

第三，"大灾难"的经历在巴勒斯坦人心中留下了深刻伤痕，造成安全感的缺失。很多巴勒斯坦人都忘不了自己被迫离开家乡、辗转流离的巨变过程，以及在这个过程中目睹的悲离沧桑。爱德华·W.萨义德说："流亡是最悲惨的命运之一。在古代，流放是特别可怕的惩罚，因为不只意味着远离家庭和熟悉的地方，多年漫无目的地游荡，而且意味着成为永远的流浪人，永远离乡背井，一直与环境冲突，对于过去难以释怀，对于现在和未来满怀悲苦。"① "在我而言，最痛苦、最吊诡的特征，莫过于许许多多的移位失所，使我从一个国家到另一个国家，一个城市到另一个城市，一个住所到另一个住所，一种语言到另一种语言，一个环境到另一个环境，不断流动，从无系泊……我每次出门都随身携带太多，即便只去趟市区，包里塞满的物项之多之大，也和实际路程不成正比……我心底暗藏着一股挥之不去的恐惧，担心我会再也回不去了。"②

萨义德的确辗转生活过几个地方，但却不算经历过真正意义的流亡。他出生于富商家庭，拥有美国国籍，从小接受西式教育。无论是在耶路撒冷、埃及还是美国等地，他都未曾亲历寻常巴勒斯坦人所经历的家破人亡、颠沛流离、生活贫苦的悲惨境遇。但他终其一生投身于巴勒斯坦事业，关心巴勒斯坦人民的凄惨境况，抨击以色列侵占巴勒斯坦领土和侵害巴勒斯坦人民权益，密切关注与巴勒斯坦有关的一切政治、文化事件，被誉为"巴勒斯坦事业在美国的代言人"。③ 他认为，巴勒斯

---

① [美]爱德华·W.萨义德著，单德兴译：《知识分子论》，生活·读书·新知三联书店2002年版，第44页。
② [美]爱德华·W.萨义德著，彭淮栋译：《格格不入：萨义德回忆录》，生活·读书·新知三联书店2004年版，第268页。
③ [英]瓦莱丽·肯尼迪著，李自修译：《萨义德》，江苏人民出版社2006年版，第28页。

巴勒斯坦：记忆与认同

坦人这个群体本质上是建立在苦难和流亡的基础上的。其对流亡经历的体验及对流亡概念和内涵的解读，加深了世界人民对巴勒斯坦流亡处境的了解，强调了巴勒斯坦人失去家园、漂泊不定、被孤立抗拒的现实遭遇与精神创伤。这种精神创伤和不安全感使得巴勒斯坦人无论身在何处，始终与主流社会格格不入；无论科技怎么发展，都无法弥合自己与家乡之间的断裂。这种巨大的悲痛和哀伤是无法克服的，且会影响人们当下和未来的言行。比如萨义德，他总是随身携带过多的行李，这无疑是灾难后如影随形的恐惧感和不安全感的体现。

对巴勒斯坦人来说，流亡不仅意味着流离失所、无家可归，更关联着人们亲眼目睹和亲身经历的暴力恐怖事件与绝望悲苦处境，以及其所带来的极度恐惧感。暴力行径及其引发的恐慌也是巴勒斯坦人逃离家园的主要原因之一。"在哈加纳①进攻之前，没有城市被居民遗弃。而在农村，哈加纳袭击期间，很多村子被遗弃，其他村子也因犹太袭击相邻村镇而撤离，害怕成为下一个目标。"②

很多暴行已经过去了，但对于亲身经历过的巴勒斯坦人来说却从未过去，由此留下的恐惧和不安全感也如影随形，"他们时常在睡梦中被噩梦惊醒，梦到被犹太人猎杀、驱赶……"③ "我无法忘记1948年7月那充满恐惧的三天。这种痛苦记忆令我倍受煎熬，但我无论怎么努力都无法摆脱它……"④

巴勒斯坦著名作家格桑·卡纳法尼（غسان كنفاني）在《阳光下的人们》（رجال في الشمس）中讲述了3个巴勒斯坦难民为了生计不得不藏身于

---

① Haganah，以色列建国前的秘密军事组织，被证实从事过多起针对巴勒斯坦人的恐怖活动。以色列政府1948年5月26日颁布《国家武装力量法》，建立国内唯一合法武装——国防军，大部分哈加纳部队成员都并入国防军并成为其主要力量。

② Benny Morris, *The Birth of The Palestinian Refugee Problem Revisited*, Cambridge university press, 2004, p. 265.

③ Mamdouh Nofal, Fawaz Turki, etc., *Reflections on Al-Nakba*, Journal of Palestine Studies, Vol. 28, No. 1, Autumn, 1998, p. 7.

④ 巴勒斯坦大灾难组织官网：www.alnakba.org, testmony No. 3.

第三章 巴勒斯坦"大灾难"记忆群体的形成

油罐车内试图非法进入科威特,当司机在边境与卫兵交谈时,这3个人却在车内窒息而亡。对于此,作者在文末痛心地质问:"你们为什么不敲打车壁?为什么不猛敲车壁?为什么?为什么?为什么?"① 原因之一自然是惨烈战争、流离失所和贫困潦倒造成的害怕与恐惧。他们不敢敲,也不敢喊,害怕被抓住,害怕被遣返,因为当下的赤贫生活同样让人生不如死。

第四,1948年前后人民生活方式的断裂使得巴勒斯坦人难忘昔日的美好生活。在巴勒斯坦人的记忆中,过去的生活都变得安定而美好,一旦被问及,他们总会使用"我们生活在天堂""美好""美满""不错"等词语来总结:"人们和睦共处,生活足够美好,我们别无他求。"② "海法对于巴勒斯坦人来说是一座充满活力的城市,当时我们有10万巴勒斯坦人和2万犹太人。生活很好,有很多的工作机会。"③ "流亡之前,生活过得非常好。我们可以在国内自由行走,没有战争;我们可以去海边游泳;我们可以照顾自己;我们甚至还拥有一辆车。"④ "我时常想起我们在雅法的美好生活。在我们做搬运工和街道清洁工的时候,这些记忆便会喷涌而出。"⑤

不仅如此,人们还会记得以前那些平常的生活细节,沙菲克·豪特

---

① غسان كنفاني، رجال في الشمس، دار منشورات الرمال، عام ٢٠١٣، الصفحة ١٠٩

② Liam Morgan & Alison Morris, *Nakba Eyewitnesses: Narrations of the Palestinian 1948 Catastrophe*, Palestine Media Unit (Zajel) Public Relations Department An–Najah National University, Nablus–Palestine, p. 49.

③ Liam Morgan & Alison Morris, *Nakba Eyewitnesses: Narrations of the Palestinian 1948 Catastrophe*, Palestine Media Unit (Zajel) Public Relations Department An–Najah National University, Nablus–Palestine, p. 54.

④ Liam Morgan & Alison Morris, *Nakba Eyewitnesses: Narrations of the Palestinian 1948 Catastrophe*, Palestine Media Unit (Zajel) Public Relations Department An–Najah National University, Nablus–Palestine, p. 73.

⑤ Liam Morgan & Alison Morris, *Nakba Eyewitnesses: Narrations of the Palestinian 1948 Catastrophe*, Palestine Media Unit (Zajel) Public Relations Department An–Najah National University, Nablus–Palestine, p. 33.

巴勒斯坦：记忆与认同

(شفيق الحوت)是这方面的典型代表，他如同一个导游，乘着车子穿梭于20世纪40年代前的雅法城的大街小巷，带着人们近距离地细致观察雅法城的市井百态。他所呈现的场景被认为是战前整个巴勒斯坦地区人民生活的一个缩影："车子穿过广场，左转进入雅法的另一条商业街——萨拉赫市场的起点。那里是柑橘商人的聚集地。所有的商贩都是中间商，他们对巴勒斯坦的柑橘情况了如指掌。过去，柑橘商们常常去大卫咖啡馆喝一杯咖啡来开始一天的生活。那家咖啡馆有个宽敞的院子，绿树成荫。或者去科赫拉饭店吃一盘当地家常美食'豆子饭'，你可以在桌子边看到赛义德·贝德斯、穆罕默德·阿卜杜·拉赫曼、伊卜拉欣、哈利勒·豪特、哈吉·迪布·哈姆丹、艾布·哈希姆等人。市场的末尾处是另一个市场——蔬菜市场，里面很多商贩都来自农村，或来自与雅法有着牢固贸易关系的加沙……"① 这类细节叙述里没有"美好""幸福"等字眼，但从字里行间不难感受到安宁自在的生活状态，也不难体会到作者对这种安稳美好生活的怀念和向往。

"我们当时过着最好的生活"，来自海法的一位74岁的老妇人乌姆·纳吉赫(أم ناجح)回忆道："当时我们住在海法市中心，离海岸很近。直到今天，我们的房子还在。我们巴勒斯坦人和犹太人和平共处，犹如一家……我们是邻居，我过去常常和他们一起玩。我父亲1947年去世的时候，他们还来参加了葬礼，甚至哭了。他们是我们的邻居，和代尔·迪比万(دار ديوان)的人们一样，我们团结互助地生活在一处……在海法，我们是最幸福的人，我们有很多土地。我父亲的房子和很多富人的房子一样拥有砖砌的外墙。我们不是农民，有仆人和工人帮我们照看羊群和牛群。我们都很文明，海法是文明中心。"②

---

① مركز يافا للأبحاث، يافا عطر المدينة، دار الفتى العربي للنشر والتوزيع، عام ١٩٩١، الصفحة ٢٣-٢٤.

② Zarefa Ali, *A Narration Without an End: Palestine and the Continuing Nakba*, The Forced Migration and Refugee Unit, The Ibrahim Abu-Lughod Institute of International Studies Birzeit University, Birzeit-Palestine, 2013, p.32.

第三章 巴勒斯坦"大灾难"记忆群体的形成

来自利德（الد）的92岁高龄的宰娜白（زينب）的回忆则为我们展现了巴勒斯坦农村的灾前生活图景："我们过去每天都要采摘65箱西红柿，欧麦尔（عمر）、哈米斯（خميس）、我嫂子和我过去要种植3吨西红柿，此外还种植洋葱、大蒜等。我们有很多的生活来源……我公公从来不雇人，因为他有我们，我、嫂子和她的孩子们……我公公拥有很多的土地，他总是忙于处理他的钱和土地……我曾经对他说'你想要钱和工作，而我想要的是去我想去的任何地方'，我指的是去参加婚礼。他告诉我'去吧，去任何你想去的地方'。"①

这些并不是特例，而是巴勒斯坦的主流记忆叙述，无论是海法的城市文明生活，还是利德的乡村田园生活，都表达了一个主要观点："我们过去生活在天堂。"

与过去的自由生活形成鲜明对比的是，1948年战争结束之后，巴勒斯坦人主体部分都沦为难民，面临着无休无止的身份合法性问题。即使有些巴勒斯坦人躲避在家乡附近的乡村，期待战争结束后返回家园，也随即发现自己仍被以色列认定为难民，立即驱逐出境。这些难民此后一生无论在何处都将受到身份证明、入关许可等证明文件的困扰："拉姆齐的警察岗想将我们遣返安曼，因为他们说我们的文件不对。我记得和我们一起的一个妇女跳下了卡车，站在雨水和稀泥中……她愤怒并大喊：'我们是犹太人吗？我们是阿拉伯人啊。'"②

不仅是难民，所有持巴勒斯坦证明文件的人都遭遇了身份问题，特别是在边界的关卡和检查站等地，不得不受到严苛的"特殊待遇"。同时，相较于过去稳定安逸的生活，绝大多数难民出逃时都未做好长期流亡的准备，并未携带足够的物资，因此很多人的流亡之路都是徒步辗

---

① Zarefa Ali, *A Narration Without an End: Palestine and the Continuing Nakba*, The Forced Migration and Refugee Unit, The Ibrahim Abu-Lughod Institute of International Studies Birzeit University, Birzeit-Palestine, 2013, p. 33.

② Rosmary Sayigh, *The Palestinians: From Peasants to Revolutionaries*, ZED books Ltd, 1979, p. 106.

巴勒斯坦：记忆与认同

转，并不得不忍受干渴饥饿。早期难民营的生活也并非他人可以想象："我们一直走，直到走到提乐，在那儿我们开始了一段从未想到的生活。一顶帐篷里面住有三、四、五个家庭。我们不得不忍受长期不洗漱，越来越脏。那种生活即使在必须提的情况下我也羞于启齿。""艾布·侯赛因不好意思说我们身上有虱子，并且我们曾等待有阳光的天气来消除虱子。我们像动物一样地生活着。""生活很艰难，七个家庭一顶帐篷，有时候还是来自不同的村子。没有足够的帐篷，有的家庭只能睡在洞穴里。疾病盛行，拥挤不堪……"[1]

二、"大灾难"前生活的记忆建构

1948年前巴勒斯坦人的生活中只有美好吗？何以从前生活在巴勒斯坦人的记忆中只剩美好？首先，对于绝大多数巴勒斯坦人来说，从前的生活即使贫穷操劳，但至少还居住在自己的家里，耕作在自己的土地上；而1948年后则是贫困潦倒、无家可归的流亡生活。两相比较，从前的生活自然更加幸福美好。其次，在经历过残酷的战争和颠沛流离的生活后，巴勒斯坦人觉得世上已没有任何人比他们更加不幸和悲惨了。第三，我们知道，记忆总是从当下环境中触发的，以当下为出发点对过去的回忆总是为当下的利益服务的。巴勒斯坦人处于被以色列等国一再否定其身份合法性的泥潭中，除了记忆，没有任何东西能证明自己与巴勒斯坦这块土地的联系以及自己对这块土地的合法权益。唯有记住过去生活的点点滴滴，他们才能向世界表明：当下巴勒斯坦人所经历的一切苦难不符合历史正义；巴勒斯坦人的生活和权益不应被如此侵害；他们需要世界的关注和援助，需要返回家园，需要获得补偿，需要恢复正常生活。

---

[1] Rosmary Sayigh, *The Palestinians: From Peasants to Revolutionaries*, ZED books Ltd, 1979, p.108.

第三章 巴勒斯坦"大灾难"记忆群体的形成

记忆都是有选择的。过去经历的事情不会全部原封不动地存在于记忆中,遗忘才是自然规律。哪些经历或哪段过去会不断地被记起,这取决于个体所处的当下的环境和利益。人们在当前的处境和关切,会影响到他们对于过去记忆的选择和诠释。[①] 一方面,记忆如同货品一般将过往的经历储存在仓库里,需要的时候再提取并讲述,但在储存过程中会受到储存时间和条件的影响而发生磨损与改变。那些不再被现实需要的过往便会因此慢慢地消失于记忆中,或暂时隐匿在角落里,直到未来需要的时候再次被想起。巴勒斯坦人过往生活中的不美好经历也许就因此被丢在了遗忘的角落,没人想起并提及。另一方面,过往经历也并非原封不动地被储存,而是会受到当下情境的影响而发生重构和改变。在不同的情境下,同一个人对同一段过往的回忆也可能会不一样。因此,基于当下的情境和个体及群体利益的需要,巴勒斯坦人在回忆过去时,只有那些对自己和群体有益的过往和记忆才会不断地重现与记起。同时,他们也会为了形成自己的受害叙事而不自觉地将记忆进行重构和形塑。因此,记忆并不是一成不变的,而是不断经历选择和重塑的过程的。

由此可见,记忆不是完全可靠的,也不完全是过往经历的真实呈现。但这并不能表明记忆没有意义;反之,其意义就在于"记忆告诉人们的,不仅是关于过去可能发生了什么,还有关于人们是如何体验那一过去并赋予其意义的"。[②] 因此,考察巴勒斯坦人对过往的回忆更重要的在于考察人们如何看待这一段过去和经历,并探寻形成这种记忆叙事的动力与意义。1948 年以前的生活之所以能够在巴勒斯坦人的记忆中占据异常重要的位置,并被赋予各种美好的含义和愿景,正是基于它与他们当下恶劣境况所形成的强烈对比,过去那段美好的生活由此显得愈

[①] 彭刚:"历史记忆与历史书写——史学理论视野下的'记忆的转向'",《史学史研究》2014 年第 2 期,第 1—12 页。

[②] 彭刚:"历史记忆与历史书写——史学理论视野下的'记忆的转向'",《史学史研究》2014 年第 2 期,第 1—12 页。

巴勒斯坦：记忆与认同

加美好却又遥不可及，俨然成为巴勒斯坦人心目中的"失乐园"。

构造过去是自我识别的行动。① 一个人对过往经历的回忆是在建构一个自我的过去，并从过去中确定自己的位置，了解自己是谁，从何而来，继而确定自己将去往何处。因此，身份认同源自于对过去的建构。过去的叙事塑造着个体或集体的身份认同，同时个体或集体的身份认同也会影响对过去的建构。巴勒斯坦人在巴勒斯坦地区世代居住的那段历史过往以及1948年因战争而失去家国的历史经验促进了巴勒斯坦人对自己身份的认知和确立，同时这种巴勒斯坦人的身份认同也影响着巴勒斯坦人重构一个更符合自身利益的美好过往——"失乐园"。这也就不难理解为何在巴勒斯坦人的记忆叙事中，巴勒斯坦的过去变得只剩下美好和幸福。也不难理解为何他们对以前的家园和土地怀着永远无法消退的深切怀念，并久久执着于过往的灾难经历与苦难遭遇。

可见，巴勒斯坦人群体身份的基础首先源自于那个美好的集体过去。然而，在巴勒斯坦进入现代以前，除了英国、以色列所进行的调查记录、资料收集等以外，再也没有其他详细的历史记载、人口普查、档案记录等能再现和证明巴勒斯坦过去的社会生活图景。这些由他人整理和书写的历史资料是否完全真实客观，我们无从考证，但可以确定的是，这些内容的选择和叙述一定不是以服务于巴勒斯坦的历史连续性和合法权益为目标的。因此，巴勒斯坦的历史需要由在这块土地上土生土长的巴勒斯坦人自己来书写，而不是依靠他人的叙事。只有拥有自己书写的历史，才能在历史的积淀上实现进步，才能证明自己对巴勒斯坦这片土地的合法权益，才有足够的正当理由去保卫和收复这片土地。重视历史、保存过去在保护自己的国家、文化和身份方面具有非常重要的作用，可以保护它们抵御外来威胁。对于巴勒斯坦人来说更是如此，他们只有书写自己的历史，建构自己的过去，才有可能让国际社会全面了解

---

① [美]乔纳森·弗里德曼，郭建如译：《文化认同与全球性过程》，商务印书馆2004年版，第145页。

第三章 巴勒斯坦"大灾难"记忆群体的形成

巴勒斯坦人过去的生活，认识到巴勒斯坦人流离失所的现状是非正义和不人道的；才能赋予巴勒斯坦人集体身份和建国抗争的合理合法性；才能避免巴勒斯坦人的历史经验被忽视和遗忘，甚至消逝于人类历史长河，使巴勒斯坦人成为"没有历史的人民"，甚至成为"从未存在也不会存在的人民"。

保护过去，就是保护自己的身份归属。当普通民众采用回忆和口述的方式来保存过去经验的时候，一些巴勒斯坦知识分子则通过文学书写为巴勒斯坦人构建一个独特的民族过去。例如瓦利德·哈立迪（وليد الخالدي）所著的《离散之前：巴勒斯坦人的历史画册（1876—1948）》（للشعب الفلسطيني قبل الشتات: التاريخ المصور 1876 - 1948）包含了约 500 张图片，用以呈现巴勒斯坦人曾经的生活。书中不仅记录了那个已不存在的正在远离的过去，以及过去的那些人和地方；更是复现了巴勒斯坦社会在被破坏之前的景象，证明其曾真实存在过。它所重现的不仅是巴勒斯坦某些个体的过去，更是巴勒斯坦人这个集体的过去。在"大灾难"之后，个体的过去和记忆已融入巴勒斯坦集体的领域，代表着集体的共同命运。

另一个典型代表是力图再现巴勒斯坦历史景象的著名图画册《雅法——城市的香水》（يافا عطر مدينة）。它展现了雅法城的社会、经济、政治生活的方方面面。该画册主要由数名巴勒斯坦人的证言组成，包含 175 幅照片，展示了工人、学生、达官贵人、平民百姓、男女老少等形形色色的雅法居民，以及工厂、咖啡馆、学校、庆典等各种各样的场景。作者采用各种细节描写，并大量采用直观真实的图片，极力呈现雅法人过去的正常生活。其目的无非是向读者再现灾前正常的巴勒斯坦社会，并借此不断地再现过去，将其纳入灾后的生活，使其成为巴勒斯坦集体记忆的载体。

此外，同类书籍中最为人所知的还有阿里夫·阿里夫教授的著名作品《巴勒斯坦大灾难和失乐园》（النكبة الفلسطينية والفردوس المفقود），以及瓦利德·哈立迪的另一部著作《为了不忘却：1948 年被以毁坏的巴勒斯坦

巴勒斯坦：记忆与认同

村庄及烈士名录》（كي لا ننسى: قرى فلسطين التى دمرتها إسرائيل سنة 1948 وأسماء شهدائها）等，两者皆对1948年巴勒斯坦"大灾难"及巴勒斯坦陷落过程进行了非常全面、详细的描写。

然而，这类书籍与其说是历史书写，不如将之归于记忆类书籍。其主要目的在于呈现过去巴勒斯坦人的正常生活，保护过去不被遗忘，并将过去不断地拉入当下，成为巴勒斯坦集体记忆的主要场所。尽管记忆不等于历史，但莫里斯·哈布瓦赫却认为：历史是对已经发生的事件的记录……历史通常始于传统中止的那一刻——始于社会记忆淡化和分崩离析的那一刻。只要回忆还存在，就没有必要以文字的形式将其确立下来，甚至根本没有确立的必要。只有当一段时期的历史、一个社会的历史乃至某个人的历史处于太遥远的过去，以至于人们不能指望在他们生活的环境里还能找出许多对那些历史至少还有一点回忆的见证人时，我们才需要将这些历史写下来。① 因此，他认为历史是书面记载文本，而记忆则是人脑海中连续的鲜活记忆。历史始于过去不再被回忆也就是不再被经验的地方。传统终止、社会记忆消失后，历史才开始。②

同样，法国史学家皮埃尔·诺拉（Pierre Nora）也承袭了哈布瓦赫的观点，将历史与记忆对立起来。然而，历史和记忆都关乎过去的经历，两者之间必然有联系。历史和记忆相关，首先在于二者都涉及时间意识。没有过去、现在和未来的区分，就不可能有历史意识的出现。对于时间流逝、过往不再、万物流变不居、人事无常的感受，是人类产生历史感、萌生历史意识的前提……换句话说，没有记忆，我们就无法产生对于过往的时间意识，就此而论，可以说记忆是使得历史成为可能的

---

① ［法］莫里斯·哈布瓦赫："集体记忆与历史记忆"，［德］阿斯特里特埃尔、冯亚琳主编，余传玲等译：《文化记忆理论读本》，北京大学出版社2012年版，第86—87页。

② ［德］扬·阿斯曼著，金寿福、黄晓晨译：《文化记忆：早期高级文化中的文字、回忆和政治身份》，北京大学出版社2015年版，第37页。

第三章　巴勒斯坦"大灾难"记忆群体的形成

前提条件。[1] 其次,作为历史核心的史料,其全部的书面文献都是当事人或者后人间接记录的记忆的文本性体现。就此而论,历史与记忆在它们所涉及的内容上,在很大程度上是相互重叠的。[2]

由此可见,虽然记忆不是历史,但两者之间也并非对立关系,而是有着紧密的联系,且记忆的主观性、可重构性和不稳定性反而有利于考察个体基于主观意识的身份认同感。考察记忆的重点不在于其"对"与"错"或真实与否,而在于考察记忆的选择、建构和流变过程。因为"人们常常自觉或不自觉地将对细节或片段的回忆,置入一个对于他们的身份认同感和人身经历来说具有更大意义的背景之中"。[3]

因此,至少在此处巴勒斯坦的例子中,严格区分哪些过去经历属于历史、哪些属于记忆,并没有太大的意义。这些经历的真实性是否可证实也没有那么重要,重要的是巴勒斯坦人认为这些都是真实发生的,他们眼中的过去就是这样的。无论是不计其数的亲历者的回忆和口述,还是知识分子的历史或回忆书写,抑或是学者们创作的文学作品,无不表明巴勒斯坦人将1948年以前的巴勒斯坦视为"遗失的天堂",并将过去生活的点滴细节和空间位置都深刻于记忆中,充满了可忆而不可及的美好与幸福。这一切与1948年后巴勒斯坦的陷落被毁、逃亡路上的艰辛绝望和离散生活的赤贫困顿形成云泥之别,1948年由此成为横亘两端中间的断裂节点。

---

[1] 彭刚:"历史记忆与历史书写——史学理论视野下的'记忆的转向'",《史学史研究》2014年第2期,第1—12页。
[2] 彭刚:"历史记忆与历史书写——史学理论视野下的'记忆的转向'",《史学史研究》2014年第2期,第1—12页。
[3] 彭刚:"历史记忆与历史书写——史学理论视野下的'记忆的转向'",《史学史研究》2014年第2期,第1—12页。

第四节 "大灾难"的神话动力对群体同一性的巩固

1948年巴勒斯坦"大灾难"的共同经历将所有巴勒斯坦人联系在一起，是他们的自我共性之所在，也形成他们区别于他群体的独特性，标志着巴勒斯坦人这个群体的形成。我们知道，群体成员之间的互相联系主要基于语言、宗教、血统、领土和历史等因素。这些共同特征如同一条纽带将成员们联结成一个整体。群体成员对自己所属的群体怀有共同的认知和情感依附感。但群体成员的认同归属并非固定不变的，而是在共同的历史文化质料基础上随着生活场景的变迁而变化的。当某种群体身份在特定的情境之下变得不符合自己的利益时，一个人通常会做出从这个群体退出而加入另一个群体的理性选择。

因此，1948年"大灾难"过后，巴勒斯坦人曾经生活的共同领域已不存在，群体成员四处分散、相互交流受阻。在这种情况下，人民面对新情境重新选择新的群体身份似乎是常理。而且，散居的巴勒斯坦人主体部分所面对的不是异质文化，而是同根同源的阿拉伯伊斯兰文化氛围，那么根据自己的政治、经济等利益选择脱离巴勒斯坦人群体而加入所在国群体就显得非常合理了。如此，在这种群体成员间缺乏共同经济生活框架和共同地域的情况下，只要巴勒斯坦人对于1948年"大灾难"的苦痛遭遇和经历记忆随着时间流逝而减弱和淡化，巴勒斯坦人群体的共性和其区别于其他阿拉伯人的独特性自然就随之消解，巴勒斯坦人这个群体也会真正消失于人类社会。这也正是以色列所希望并愿意等待的结果。

然而，如我们所知，70年过去了，这个群体没有消失，这说明巴勒斯坦人群体内部的凝聚力仍在维系着整个集体，散居的巴勒斯坦人的群体归属感并未消解或转移。显然，其部分原因应归结于，离散各地的

第三章 巴勒斯坦"大灾难"记忆群体的形成

巴勒斯坦人所面临的艰苦卓绝的外部环境使其无法融入和认同当地社会。同时，外部社会为他们贴上的巴勒斯坦难民的标签也无异于隐形地圈出这一群体的范围，凸显了他们的特殊性，加剧了他们对自我与周围群体差异性的认知。这些外部因素必然导致巴勒斯坦人很难将其群体认同归属转移到所在地的新群体，进而事实上增强了其作为巴勒斯坦人的身份认同。

然而，一个群体的维系仅靠外部力量和意识的作用是远远不够的，决定一个群体存在与否的关键因素是群体内部成员的向心力，即群体凝聚力。这种凝聚力将个体与周围的人连接在一个共同的空间，维持群体成员的共同特征；也将过去和现在联系在一起，使群体成员带着过去的有效经验和回忆不断步入当下和未来，维系群体的持续性，由此实现群体的维系与发展。这种作用方式与扬·阿斯曼所说的文化的凝聚性结构相似："每种文化都会形成一种'凝聚性结构'，它起到的是一种连接和联系的作用，这种作用表现在两个层面——社会层面和时间层面。凝聚性结构可以把人和他身边的人连接到一起，其方式便是让他们构造一个'象征意义体系'——一个共同的经验、期待和行为空间，这个空间起到连接和约束的作用，从而创造了人与人之间的相互信任并且为他们指明了方向。凝聚性结构同时也把昨天跟今天连接到一起：它将一些应该被铭刻于心的经验和回忆以一定形式固定下来并使其保持现实意义，其方式便是将发生在从前某个时间段中的场景和历史拉进持续向前的"当下"的框架之内，从而生产出希望和回忆。"①

在巴勒斯坦人这里，能将个体与其他人联系在一起的主要因素是"大灾难"的共同经历以及人们对过往生活的回忆。这场灾难经历将所有巴勒斯坦人联系在一起，也将他们与其他阿拉伯人区分开来。在这个标志性事件以前，巴勒斯坦人和其他阿拉伯人一样，是阿拉伯人的一部

---

① ［德］扬·阿斯曼著，金寿福、黄晓晨译：《文化记忆：早期高级文化中的文字、回忆和政治身份》，北京大学出版社2015年版，第6页。

分；而在那以后，巴勒斯坦人开始了他们与其他阿拉伯人不一样的命运和历史。在其他阿拉伯人建立自己的民族国家时，他们逃亡、离散、无家亦无国，甚至连历史和过去都被抹除。这种共同命运使所有巴勒斯坦人团结在一起，不仅有助于增强群体的自我独特性，凸显其与外部世界的差异，而且会削弱群体内部的差异，诸如贫富、阶级等差异会在这种失去家园和土地的共同悲剧性命运之下逐渐被弱化。

同时，巴勒斯坦人对灾难经历及灾前生活的深刻回忆行为事实上证明，在巴勒斯坦人心中这场灾难并未结束，或成为遥远的过去，而是在不断地影响着他们当下的生活，成为他们心中"永恒的当下"。这种记忆将过去与当下连接在一起，使过去不断地对当下产生影响和作用力，也有助于形成一种经得住时间考验的群体认同意识，进一步维护巴勒斯坦人这个群体的连续性和持久性。

因此可以说，1948年"大灾难"是巴勒斯坦人民两种截然不同的生存现实的转折点，更是巴勒斯坦人群体身份认同意识所依据的起源性事件，或者我们可以称之为"奠基神话"。扬·阿斯曼这么定义神话："我们把有奠基意义的故事称作神话……过去如果被固定和内化成起到奠基作用的历史，那就变成神话。"① 每一个族群都有自己的奠基神话，它不仅告诉成员们"我们是谁""我们来自哪里"，而且能指引未来的方向。作为奠基神话的过去经历，故事虽然发生在过去，与不断向前的当下的距离越来越远，但通过记忆和讲述，它不但可以指引当下，而且可以照亮未来。只有具有重要意义的过去才会被回忆，而且只有被回忆的过去才具有重要的意义。因此，巴勒斯坦"大灾难"因其改变群体命运的重大意义而被刻进巴勒斯坦人的记忆中，不断地被回忆和讲述，成为巴勒斯坦人的核心记忆场所，是巴勒斯坦人群体身份认同的来源和根基。

---

① ［德］扬·阿斯曼著，金寿福、黄晓晨译：《文化记忆：早期高级文化中的文字、回忆和政治身份》，北京大学出版社2015年版，第72页。

第三章　巴勒斯坦"大灾难"记忆群体的形成

不仅如此，巴勒斯坦人还以"大灾难"事件为起点，将亲历灾难的人称为"灾难一代"，其也被视为"第一代人"（الجيل الأول）或"巴勒斯坦一代"（جيل فلسطين）。由此可见，1948年"大灾难"在巴勒斯坦人心中不仅是当前现实的起点，而且影响着随后世世代代巴勒斯坦人的现在和未来。

"大灾难"在巴勒斯坦人身份认同建构过程中起着奠基神话的两个基本功用。一是奠基作用，每一个巴勒斯坦人在思考自己的当下存在时都会回溯到1948年失去巴勒斯坦的关键时刻。当下的一切都是这一历史事件不可逆转的发展和结果。从那时起，无论个体是否愿意，他都已变得和其他阿拉伯人不一样，拥有了独特的历史经历和身份归属——巴勒斯坦人。二是与"现实对立"的作用，巴勒斯坦人从当下的困顿现状出发，回忆起过去的美好"天堂"，越发感受到"从前"和"现在"的反差与断裂。在这个完美的过去面前，当下的现实似乎是历史被恶意篡改的结果。当下越艰难，记忆中的过去就越美好；反之亦然，因为记忆中的过去显得越完美，对当下现实困境的不满就越强烈，越发想回到过去，恢复自由美好的历史延续。

流淌于过去和与之相对立的现实之间的这种张力被称为神话动力。正是这种动力推动着巴勒斯坦人坚持不懈地抗争回归权和自决权。这种动力越强大，群体对过去的回忆和建构行为也就越盛行。群体在选取回忆内容和叙述角度的时候，通常根据该内容或角度与群体自我认知的相符程度来进行选择。因此，这种回忆行为所建构的过去不仅符合群体的当下利益，而且符合群体的自我认识即群体认同，由此也就不难理解巴勒斯坦人集体记忆中对1948年以前美好生活的深切怀念与对返回家园的强烈渴望了。这不仅有助于将地理上分散各地的巴勒斯坦人团结在一起，而且有助于深化巴勒斯坦人对自己群体身份的感知和认同。

总而言之，1948年巴勒斯坦"大灾难"并不是一个单一的事件，而是一系列历史变迁的结果。其标志是1948年5月14日以色列国在巴勒斯坦地区的成立，同时巴勒斯坦人失去巴勒斯坦，且大部分巴勒斯坦人开始了流亡、离散的难民生活。尽管从表面上看，巴勒斯坦社会已然解体，人群分散各地、沟通受阻，且没有国家或任何官方机构来组织和领导人民。然而事实上，巴勒斯坦人这个群体不但没有因此而消散解体，反而发展出一种共同的群体认同意识。究其原因，主要是因为巴勒斯坦战争惨败，所有巴勒斯坦阿拉伯人都经历了一场巨大灾难：社会全方位崩溃；领土丧失；大部分人口背井离乡、逃亡离散、生存堪忧，小部分留在巴勒斯坦的阿拉伯人也沦为被压迫的少数人口，在生活各方面被隔离、歧视，成为身在故土的外国人。这场剧变改变了所有巴勒斯坦人的命运，反倒使得原本存有众多分歧的巴勒斯坦人团结起来，具有了更多的共同之处；同时也使得巴勒斯坦人与其他阿拉伯人因不同的历史经历和生存现实而区分开来，开始拥有自己的独特性。

然而对于一个群体的持续来说，仅仅具有成员之间的共性和区别于他人的独特性是不够的，还需要有持久性。因为维持群体存在的共性和独特性可能会随着时间的推移和历史的变迁而改变或消解，进而导致群体的变迁或解体。对于巴勒斯坦人这个群体来说，"大灾难"经历既是它的成员共性，也是它区别于他群体的独特性之所在，因此维持群体存在并持续的关键在于这段共同经历是否会消逝于成员个体的记忆和集体的记忆中。巴勒斯坦人一直以来对土地和家族的深厚感情，使得他们在失去家园、土地后颠沛流离的过程中念念不忘过去安稳美好的生活。悲苦的当下与过往的美好形成鲜明对比，浓浓的乡愁和无根的不安全感导致巴勒斯坦人民无法释怀，不断地回忆过去，将过去的美好记忆带入当下的生活，构成他们永恒的记忆。而1948年这个时刻也成为巴勒斯坦人民记忆中永远无法跨越的断裂节点。

这种集体记忆所建构的美好过去也将巴勒斯坦人进一步团结在一起，强化了成员对这个群体的认同归属感；同时，这种群体归属感也会促使成员们在选择回忆内容和回忆角度时不自觉地建构一个符合自己群

第三章　巴勒斯坦"大灾难"记忆群体的形成

体身份和群体利益的过去。可见，记忆建构和身份建构之间的关系是相互作用的。一方面，巴勒斯坦人对灾前的土地、家园和美好生活的回忆促进了自我群体归属的认知；另一方面，巴勒斯坦人这个自我群体认同也会影响他们对记忆中的过去的美好化建构。这正是维系巴勒斯坦人这个群体存在并发展的基础。

需要注意的是，虽然对于巴勒斯坦人这个群体来说，"大灾难"的共同经历及其记忆对于其群体身份认同发挥着非常重要的作用，但是这并不意味着灾难记忆是巴勒斯坦人身份认同的唯一因素。因为群体身份认同虽然是一个可建构的过程，但其个体在进行分类时最初根据的仍是语言、宗教、种族等原生纽带，即以共同的历史文化质料为基础。因此，巴勒斯坦人这个群体认同建构的基础仍是成员共享的阿拉伯伊斯兰历史文化元素，所以当巴勒斯坦阿拉伯人在面对英国人、犹太人等群体时会自动地完成社会分类，认为自己是阿拉伯人而不是其他群体成员，因为阿拉伯人和英国人或犹太人等群体在血统、语言、宗教等很多原生文化上都有明显的差异。然而，语言、历史和文化等皆不是巴勒斯坦人独有的，而是所有阿拉伯人共享的，因此在巴勒斯坦人与阿拉伯人的区分中，1948年"大灾难"产生的历史记忆自然发挥着关键性作用。因此，在巴勒斯坦人面对阿拉伯人的时候，影响其群体身份认同归属的核心因素是"大灾难"记忆。

此外，促使巴勒斯坦人自我群体认同的因素还应包括他们所处的具体外部环境和政策的影响，比如以色列对境内巴勒斯坦人的排斥和压迫性政策、巴难民在各阿拉伯国家遭遇的生存困境和不公平待遇等，这些都是会影响他们是否放弃自己的巴勒斯坦人身份而认同所在地群体身份的因素。

虽然1948年"大灾难"经历和记忆促成了巴勒斯坦人群体身份，可以被理解为独立的巴勒斯坦人群体认同的形成，但是这并不意味着1948年以前流行于巴勒斯坦人中间的阿拉伯身份认同、宗教认同和家族忠诚等多种认同形式都消失不见了。与此相反的是，这些认同形式仍存在于巴勒斯坦人中间，只是此时独立的巴勒斯坦认同已形成，并与阿拉伯认同等其他认同形式一起成为巴勒斯坦人的主要认同对象。同时，此时的巴勒斯坦认同虽然与1948年"大灾难"发生以前相比有所增强，但仍旧处于初级阶段。因为在灾难发生后的数年内，相当一部分巴勒斯坦人仍寄希望于阿拉伯民族有能力帮助其彻底摆脱犹太复国主义的威胁，尽快回返家园，收复失地，因此巴勒斯坦人对阿拉伯的认同在一定程度上仍旧比较强烈。

此时的巴勒斯坦人这个群体主要是基于共同的灾难经历和过往回忆构成的记忆群体，由于缺乏类国家机构和组织的系统动员与引导，其认同意识还处于潜隐阶段，政治影响力几乎没有，因此在外部看来，巴勒斯坦人这个群体仍旧消失在政治版图之中。那么，巴勒斯坦人此时的这种群体认同意识将如何发展？该记忆群体能否发展为一个现代意义的民族国家？鉴于共同的灾难记忆是构成巴勒斯坦人群体同一性的一大元素，也是他们不同于其他地区的阿拉伯人的独特性之所在，因此深入考察这种共同灾难和集体记忆的后期建构和发展将有助于回答上述两个问题。

第四章

巴勒斯坦"大灾难"记忆的传承和认同的发展

对于1948年以前出生的巴勒斯坦人（特别是那些在1948年已成年或已记事的巴勒斯坦人）来说，"大灾难"的经历和灾前生活的记忆在各种艰难陌生的环境下为他们创造了一种相互之间的同属感和对巴勒斯坦土地的深刻乡愁。同时，这些因素也使得他们感觉自己与其他人特别是其他阿拉伯人是不一样的。尽管分散各地的巴勒斯坦人的具体处境和应对方式不尽相同，但是这些灾难亲历者——无论是自觉还是不自觉地——都成为这种集体性"失落和受害"的共同命运中的一分子，即具有了巴勒斯坦人这一共同身份。但对于1948年以后出生的巴勒斯坦人来说，他们并未目睹这场"大灾难"，且成长于完全不同的环境中，那么他们是如何看待父辈的经历以及巴勒斯坦人的身份的？这个问题显得尤为重要，关系着巴勒斯坦人群体是否能持续并有所发展。

本书采用学界对巴勒斯坦人群体的主流代际划分方式。人们通常将1948年作为起点，把亲历了"大灾难"的巴勒斯坦人称为"第一代人"或"巴勒斯坦一代"，他们经历了巴勒斯坦的宁静生活，见证了巴勒斯坦的丧失，也开启了后来巴勒斯坦人民流亡、国土被占领的非常态的历史进程；1948—1967年之间出生的巴勒斯坦人被称为"第二代"或

"灾后一代",他们的生活是巴勒斯坦"大灾难"最直接的产物;1967—1988年之间出生的巴勒斯坦人成为"第三代"或"革命一代",他们开始了全新的抵抗奋斗模式。这种代际划分是结合学术界的常用研究模式,并基于历史事件和时期特点进行的模糊区划。例如,一个人在1947年或1948年出生,那么巴勒斯坦"大灾难"发生的时候他还是婴儿,并不会对"大灾难"的发生有感知和记忆,因此他也应被归入第二代的范围,后面可依此类推。本章主要考察第一代人的经历和记忆是否以及是如何向后几代人(这里主要集中于讨论第二、三代巴勒斯坦人)传递的。

第一节 灾难记忆传承中的身份意识传递

1948年后,巴勒斯坦人对自我身份的感知主要是由对土地的强烈归属感和对过往生活的深刻怀念构成的。这是比较松散的、无组织的、自发性的认同形式。此时,巴勒斯坦人民分散各地,群体成员之间的互动交往因缺乏物理空间基础而受到阻碍,因此巴勒斯坦人群体主要依靠其成员对共同的故土和历史经历的固执渴望与归属感来维系,即一个源于共同灾难经历的记忆群体。这种记忆群体的持续和发展,首先需要的就是加强和巩固作为群体凝聚力核心的记忆。记忆不被放弃或遗忘,群体才有可能持续存在并发展。没有领导机构的组织和引导,这段记忆将如何传述下去,则很大程度上依赖于作为第一代灾难亲历者的巴勒斯坦人们如何看待这段经历和自己的巴勒斯坦人身份。

一、第一代巴勒斯坦灾难亲历者的灾后反应

"大灾难"发生后的一段时间内,巴勒斯坦人的主要问题是生存。

第四章 巴勒斯坦"大灾难"记忆的传承和认同的发展

频繁迁移成为逃亡在外的难民的生活主题,这与家乡的稳定生活形成鲜明对比。即便是有了住所之后,无论是在难民营里等待救济,还是在他国千方百计地维持生计,生活仍笼罩在失去和受害的悲伤氛围里。此外,由于各东道国的种种特殊政策,巴勒斯坦难民很难真正融入当地社会,在很多场合都能感受到自己与当地人民的差异,且这种疏离感与日俱增。逃亡生活的种种苦楚促使巴勒斯坦难民更加渴望回到巴勒斯坦,回到过去的正常生活状态,这也加深了他们对巴勒斯坦的认同,强化了巴勒斯坦人的身份意识。

那些留存在以色列境内的巴勒斯坦人虽然没有离开历史上的巴勒斯坦区域,但其中部分人同样失去了家园,成为自己家乡的流离失所者。一个人即便只是在战争时期短暂离开了家园,或者躲藏到附近的村镇或居所,仍旧会被认定为"缺席的人",其财产也会被认定为"缺席者的财产"而被没收充公,这意味着他们同样失去了家园、土地和财产,其痛苦和沮丧不难想象。即便是那些仍旧住在自己家里的巴勒斯坦人,也不得不面对自己由原来社会中的多数人口骤然变为被异族文化和人群包围的少数人口。以色列境内的巴勒斯坦人在灾后近20年内遭遇了土地充公、种族歧视、高失业率和低收入等无产化过程。长期处于以色列军事统治之下的巴勒斯坦人在全方位的歧视对待之下,会保留其对巴勒斯坦的归属感似乎也在情理之中。

然而,各处面对上述种种困境的巴勒斯坦人,对巴勒斯坦人身份和记忆的外在反应却不尽相同。有的人选择压抑和沉默,或是为了更快更好地融入当地社会,并继续未来的生活之路,而不是沉浸在对往日的缅怀中裹足不前;或是因往日的经历太过悲痛和伤怀而强制遗忘、不忍提及。著名学者爱德华·W. 萨义德的父母无疑属于第一类,在回忆中,他的父母很少提及巴勒斯坦的过往:"母亲从来不提他们发生了什么变故……只有一次父亲用他典型的、一言以蔽之的方式说明巴勒斯坦的整个状况,说萨比尔(صابر)和他的家人'失去了一切',过了一会儿,

巴勒斯坦：记忆与认同

他加了一句：'我们也失去了一切。'……'过去的就过去了，无可挽回；明智的人现在和未来可做的事多得很'……"① 萨义德说"我至今无法理解，巴勒斯坦和丧失巴勒斯坦的悲剧支配了我们好几代人的生命，影响到我们认识的每一个人，深深改变了我们的世界。而我父母竟可以那样完全按下不表、不论，甚至不提……然而他们生于巴勒斯坦，长于巴勒斯坦"。② 这一类巴勒斯坦人尽管经历灾难，但选择放下过去，着眼未来。从表面上看，他们逃避和拒绝了巴勒斯坦人的身份及其带来的不良局面，但事实上谁都不曾逃出灾难带来的巨大影响和后果，所以萨义德的母亲因其巴勒斯坦护照或通行证在出入境时屡遭麻烦，而他父亲逝世后希望在深爱的他乡求片土地安葬也未能如愿，尽管他们在当地居住多年并做出诸多贡献，但是仍被视为外乡人，没有人愿意出卖一小块土来实现他临终的愿望。

第二类也不愿提及巴勒斯坦及过往生活的人则通常是因为经历太过惨痛，回忆曾经过于残忍。来自利达的尼森（Nison）表示："我祖母从不谈论那场灾难，除非我们问她。我现在能想象，如果我们问她的话她很可能会惊叫……过去的记忆他们不愿意再打开，因为再度打开对他们来说太过痛苦。"③ 所有亲历过巴勒斯坦"大灾难"的人的相关记忆几乎都是痛苦悲伤的，很多人不愿意再回想那段被迫离开故土、颠沛流离的苦难经历，希望通过遗忘来继续今后的生活，减少过去灾难对自己的影响。但事实上，遭遇创伤的记忆不容易忘记，强制遗忘、避而不谈只是部分亲历者应对创伤和悲痛时进行自我保护的一种反应。

---

① ［美］爱德华·W. 萨义德，彭淮栋译：《格格不入》，生活·读书·新知三联书店2004年版，第133—134页。

② ［美］爱德华·W. 萨义德，彭淮栋译：《格格不入》，生活·读书·新知三联书店2004年版，第136页。

③ Zefari Ali, *A Narration Without An End: Palestine and The Continuing Nakba*, the Forced Migration and Refugee Unit of The Ibrahim Abu-Lughod Institute of International Studies by Birzeit University, 2013, p. 68.

第四章　巴勒斯坦"大灾难"记忆的传承和认同的发展

过度深刻的伤痛导致的不提及往事并不代表遗忘了过去。相反，这种过度的伤痛反而会在潜意识里固化曾经的经历和记忆，使其更不易被遗忘，继而在无形中强化人们对过往的执着。正如巴勒斯坦作家法瓦兹（Fawaz Turki）所经历的那样，他试图逃离巴勒斯坦及其巨大的影响，前往远隔好几个时区的澳大利亚，似乎记忆也开始从脑海中褪去。"当我19岁到达澳大利亚的时候，我仿佛是在逃离，追寻一种'在家感'的替代物。我想逃离我的根，我不想让它像我在贝鲁特成长期间那样一直困扰我，或让它每天砸到我的脸上。我不想让其他人总是提醒我的过往。"① 去往澳大利亚是他尝试跳出自己过去的方式，但"一段时间之后，我发现我无处可逃。因为过去总会找回来，就像是一种疼痛，一种连病人自己都不知道的疾病所引起的疼痛……就像我在印度洋游泳时，嘴里的海盐咸味会将我带回我们自己古老的海洋——地中海……"② 因此，法瓦兹最后在他的回忆录中总结道："我只知道对于我们那一代巴勒斯坦人来说，我们在巴勒斯坦的最后一天，是我们开始将自己定义为巴勒斯坦人的第一天。那些橄榄树、土地、石屋、海洋、传统舞蹈、婚礼上的欢呼等，所有的东西都还呆在它应该存在的地方，一起连接成一个和谐的整体。没有人想到去定义它，直到我们被迫从那里割离。"③

实际上，更多的巴勒斯坦人并不愿意就此沉默，更愿意通过不断讲述、重复过去的生活和经历来证明自己的来处与身份，并希望后辈们能了解这段对于巴勒斯坦人来说异常关键的历史时期和事件，以期人们能吸取教训，努力奋斗，恢复巴勒斯坦人的合法权益。"我们要把我们被驱逐的故事代代相传，这样巴勒斯坦问题才不会被遗忘。我们会继续直到难民们讨回自己的权利。难民们不会放弃。"④ "我的孩子们都知道他

---

① Fawaz Turki, *Reflections on Al - Nakba*, Journal of Palestine Studies, Autumn 1998, p. 10.
② Fawaz Turki, *Reflections on Al - Nakba*, Journal of Palestine Studies, Autumn 1998, p. 11.
③ Fawaz Turki, *Soul in Exile*, New York Monthly View Press, 1988, pp. 17 - 18.
④ Ala Abu Dheer, *Nakba Eyewitnesses: Narrations of The Palestian 1948 Catastrophe*, Palestine Media Unit of Public Relations Department by Annajah National University, 2007, p. 53.

巴勒斯坦：记忆与认同

们来自这个村子。我们的村子是在1948年4月28日被占领。我会一直提醒他们。"[①] "我的确希望我能回到我的村子、我的家，这个念头从未从我的脑海中消失过。就算把全世界都给我当作补偿，我也不会同意放弃我的土地。即使我只是一个年迈的女人，我仍旧怀有希望，特别是年轻的难民们，他们有决心维护自己的权利，我一直告诉他们关于我们的土地。我们的土地不是荒无人烟的，不是像犹太人所说的那样'一块空地给无家可归的犹太民族'……"[②]

诸如此类的话语频繁出现在巴勒斯坦人的各类口述、访谈和回忆录中。他们通过回忆和讲述向后代、向世界传达他们眼中的历史真相和历史正义；并通过向后代时时讲述过去的生活、灾难，在后代们心中植入巴勒斯坦人身份认同；且希望借此告诫后代们不要忘记历史，不要遗忘自己的根，要继续奋斗以维护自己的合法权利。

二、灾难记忆的多途径传递

第一代亲历"大灾难"的巴勒斯坦人对于灾难的记忆是一种直接经历的记忆，而此后出生的巴勒斯坦人对于灾难的记忆则是一种间接记忆。他们大多出生在以色列、难民营或异国他乡，并未亲眼见证巴勒斯坦的陷落和人民颠沛流离的过程。因此，他们对于巴勒斯坦和1948年"大灾难"的记忆属于"记忆的记忆"（或称为"故事的故事"），不是对自己所经历事物的直接回忆，而是对所接收到的信息的再记忆。因此，考察巴勒斯坦的灾后几代人获取巴勒斯坦历史和故事的途径，这实际上解答了巴勒斯坦灾难记忆是如何进行代际传递的问题。

---

① Ala Abu Dheer, *Nakba Eyewitnesses*: *Narrations of The Palestian 1948 Catastrophe*, Palestine Media Unit of Public Relations Department by Annajah National University, 2007, p. 99.

② Ala Abu Dheer, *Nakba Eyewitnesses*: *Narrations of The Palestian 1948 Catastrophe*, Palestine Media Unit of Public Relations Department by Annajah National University, 2007, p. 111.

第四章　巴勒斯坦"大灾难"记忆的传承和认同的发展

　　父辈们"记忆中的家园"成为后代们"想象中的家园"。在第二、三代巴勒斯坦人成长的过程中，父母、亲友和其他巴勒斯坦人所讲述的旧时巴勒斯坦成为他们建构自己的过去叙事的核心来源。父母亲友长年累月回忆并讲述的旧日美好家园，以及他们讲述中所传达的深刻思乡之苦，在后辈心中留下了关于家乡——巴勒斯坦的美好画面。尽管他们从未亲眼见过，但是对于巴勒斯坦已生出一种熟悉感和亲切感，那个地方令他们心驰神往。出生于1968年的巴勒斯坦人萨拉赫·穆罕默德（صلاح محمد）记得父母是这样描述巴勒斯坦的："我父母会把巴勒斯坦说得好像它是一个很大的国家，或者是一个天堂，那里有你能想到的一切。他们会对我们说起生活的美好，说起他们的财富，说起他们的传统以及他们曾是如何如何的幸福。"[1] 来自约旦的第二代难民马吉德（ماجد）记得很多关于巴勒斯坦的事情："我记得很多美好的事物，但我从未见过，所有事物都是我听说的，但是如此美好……例如，他们首先会告诉我那个地方有多美，那里的人们有多好。我记得曾听说在我祖父位于比特·萨夫尔（بيت صافور）的房子旁有一棵很大的树，你从树下走过会闻到一种很特别的味道，一种甜味，一种类似于茉莉花香的气味……"[2]

　　此外，有时候人们还会用一些对巴勒斯坦人具有特殊意义的词语来为后代们取名，提醒他们关于巴勒斯坦的过去经历。乌姆·巴斯勒（أم باسل）说："我被叫作哈吉拉（هاجرة），提醒着我们的迁移。这并不是说我需要它来提醒我关于我们如何在自己的土地上被驱赶的事情，因为我经常从父母那里听到我们家乡的故事。他们会告诉我关于那片土地的一切，关于他们种的作物、他们如何生活、他们吃什么，因此那里的生活在我

---

[1] Dina Matar, *What It Means to Be Palestinian: Stories of Palestinian Peoplehood*, I. B. Tauris & Co. LTD, 2011, p. 116.

[2] Juliane Hammer, *Palestinians Born in Exile*, University of Texas Press, 2005, p. 52.

的脑海中清晰而生动。"① 巴勒斯坦的形象就是这样在父辈们绘声绘色又饱含深情的故事中无声无息地植入一代又一代巴勒斯坦后人的心中。

父辈的回忆和叙述不仅是巴勒斯坦后代了解故土的主要方式,同时也是他们了解"大灾难"详细经过的主要途径。出生于英国的巴勒斯坦人艾伦(Allen)说:"我的家来自于西耶路撒冷的卡塔蒙,他们在卡塔蒙有很长的居住史……我们在1948年被迫撤离……每个人都知道代尔亚辛,如果你不离开,也会发生同样的事情……我不清楚细节,但我知道我们是害怕才逃走的,我们离开的时候以为我们会回来的。我们家庭故事的一个重要部分就是我们离开的时候都没来得及收拾任何东西,一切都发生得太快了。"② 考察巴后代们对于"大灾难"经过和父辈逃离原因的叙述可以发现,他们的论述与作为亲历者的父辈们的论述基本保持一致,没有明显差异,可见父辈亲友的传述对于后辈们了解历史具有重要影响,并由此实现了灾难记忆和家族来源的代代相传。

1948年"大灾难"后,无论是处在巴勒斯坦地区的内部还是外部,巴勒斯坦人主要是以群居状态生活,特别是在难民营中的巴勒斯坦人,来自同一个地方的人通常会相邻居住,互相帮助以渡过难关。即便不是来自同一个地方的巴勒斯坦人,他们身处异国他乡,来自共同的巴勒斯坦,有着共同的历史经历、文化和传统,也更趋向于形成一个个巴勒斯坦社区。这种社群生活进一步促进了回忆行为的相互触发、影响以及记忆内容的传递,也有助于形成小范围的统一记忆叙述和回忆角度。这不仅促使巴勒斯坦个体之间的联系更为紧密,更促进了共同记忆的世代流传。

因此,即便自己的父母、亲人从不提起巴勒斯坦的曾经,也不曾解

---

① Dina Matar, *What It Means to Be Palestinian: Stories of Palestinian Peoplehood*, I. B. Tauris & Co. LTD, 2011, p. 69.

② Zefari Ali, *A Narration Without An End: Palestine and The Continuing Nakba*, the Forced Migration and Refugee Unit of The Ibrahim Abu-Lughod Institute of International Studies by Birzeit University, 2013, p. 54.

第四章 巴勒斯坦"大灾难"记忆的传承和认同的发展

释现在的生活因何而起,但很多年轻一代的巴勒斯坦人并不是独居,周围人总免不了会谈论、提及这一重大历史事件和过往经历。比如爱德华·W.萨义德的父母虽很少谈及过去,但他也未能从巴勒斯坦灾难的后续影响中免疫。他的姑姑纳碧哈不仅自己全身心地投入巴勒斯坦事业中,且总是滔滔不绝地向他们讲述有关巴勒斯坦的一切,尽力不让他们忘记巴勒斯坦的苦难,这也构成爱德华对巴勒斯坦问题的最初感知和了解。像爱德华的姑姑纳碧哈女士这样的巴勒斯坦人并不少见,因此巴勒斯坦人这种传统的聚居生活对于巴勒斯坦灾难记忆的传播具有很大的推动作用。

此外,巴勒斯坦的诗歌、小说、绘画等文艺作品以及报纸、电视、互联网等传媒方式,也成为巴勒斯坦后辈了解父辈经历和巴勒斯坦灾难的另一重要方式。有些亲历1948年"大灾难"的巴勒斯坦人因各种原因而不愿向子孙后代提及过往经历,但这通常并不能妨碍年轻一代的巴勒斯坦人了解巴勒斯坦的过去,并积极参与到巴勒斯坦人群体的现在和未来的建设中。特别是随着20世纪70年代巴勒斯坦很多政治团体的崛起,很多巴勒斯坦年轻人会通过广播新闻、学习交流和书报杂志等途径了解巴勒斯坦的事情。"我们能有限地获取书、报纸、杂志等出版物,此外,我们过去常阅读那些地下出版物……我们还能设法收看和收听一些电视频道或广播电台,它们每天播报很多关于西岸和加沙地带的事件、新闻。"[1] "我开始痴迷于新闻,比其他任何人都感兴趣。我曾经早晚都听新闻播报。"[2]

另外,尽管巴勒斯坦人大部分居于难民营或处于以色列严苛的军事统治下,但普遍非常重视教育,会竭尽所能地将孩子送去学校或其他私

---

[1] Dina Matar, *What It Means to Be Palestinian: Stories of Palestinian Peoplehood*, I. B. Tauris & Co. LTD, 2011, p.170.

[2] Dina Matar, *What It Means to Be Palestinian: Stories of Palestinian Peoplehood*, I. B. Tauris & Co. LTD, 2011, p.65.

人教学点接受教育。学校、社团等学习交流场所也成为巴勒斯坦人宣传历史文化和爱国精神的地方，年轻一代大多在接受科学文化知识的同时也受到有关历史、政治等方面的思想启蒙。不少年轻人都是在进入学校之后才开始真正了解巴勒斯坦的历史和当前处境。马娜勒（منال）说："在拿撒勒，我们从未感觉自己是少数民族，因为周围主要是阿拉伯人。只有当我进入大学以后，才感觉到自己不一样，才意识到以色列是占领军。"[1] 1966年生于加沙的第二代难民穆斯塔法（مصطفى）表示自己是伴着巴勒斯坦的故事成长的，"在早年，我的主要关注点是教育，我喜欢上学。过去我常常走路上学，尽管要走一个小时，但放学后，都飞快地跑回家收听广播上的晚间新闻"。[2]

可见，巴勒斯坦的后代在其成长过程中通常浸没在各式各样的巴勒斯坦故事中，很少有人能完全阻隔关于巴勒斯坦的一切。大部分人从其父母亲友、周围社群、学校私塾、书报杂志等途径主动或被动地接收有关巴勒斯坦过去的信息。那么，面对这些丰富鲜活却又大同小异的历史故事，巴勒斯坦灾后几代人又将如何看待呢？

三、灾后两代巴勒斯坦人对"大灾难"经历和记忆的态度

"大灾难"之后出生的很多巴勒斯坦人都是伴着父母或祖父母等长辈们的巴勒斯坦故事长大的。他们从这些故事中了解到的不仅是一段历史或一场战争，而是自己家族的根源，也是自己当前生活的起因。特别是从父母或祖父母等亲密家族长辈关于曾经的家乡的完美描绘中，后辈们不仅了解了故乡的地理位置、风景风貌，更是在内心深处埋下一种对

---

[1] Dina Matar, *What It Means to Be Palestinian: Stories of Palestinian Peoplehood*, I. B. Tauris & Co. LTD, 2011, p. 173.

[2] Dina Matar, *What It Means to Be Palestinian: Stories of Palestinian Peoplehood*, I. B. Tauris & Co. LTD, 2011, p. 175.

第四章 巴勒斯坦"大灾难"记忆的传承和认同的发展

故乡的渴望和向往。对比自己当下的处境,那个从未见过的故乡似乎才是自己真正意义的家。例如,来自侯赛因难民营的巴勒斯坦人艾布·玛安(أبو معان)在父母和周围人对巴勒斯坦描述的反复熏染下非常期待能亲眼见一见神奇的巴勒斯坦:"每个人都只谈论巴勒斯坦。爸爸会跟我们说那片土地,告诉我们如何准备厚重彩礼迎娶我母亲……我们伴随着'想象的巴勒斯坦'成长,它只是一幅图画,但却是一幅有着精髓和意义的图画;是一个渴望见到、渴望回到的神奇的地方。"[1]

1948年5月出生于贝鲁特的埃琳感到自己如同从树上被砍掉:"我本应该在耶路撒冷出生的,父母都已经为我准备好了婴儿房,他们4月离开,我5月出生……我母亲总哀叹巴勒斯坦的丧失,哀叹她家由富转贫……我的成长伴随着这种苦涩的悲伤……我感觉到这种空虚和痛苦是由于巴勒斯坦的失去……我感觉自己像是从树上被砍掉了,我的心里有一种负担,因为不断有人告诉我有一件叫作'巴勒斯坦大灾难'的事情发生了,它不会离开,会伴随一生。然后,你就这么生活,感受着这种失落,感觉从其余的世界和你的大家族中被割离。我妈妈让我觉得我可以成为在任何地方成长的任何人,但在我内心深处,我不知怎么感觉无法与任何地方相联系……没有心中的巴勒斯坦,我哪儿都去不了。"[2]在这里,对于埃琳来说,"家"这个词已不再局限于父辈们所居住的家园,而是整个巴勒斯坦。整个巴勒斯坦都已化为自己的一部分,但又被人夺去。这种对于家、对于巴勒斯坦的强烈渴望不可能由外力强加形成,更多是基于父辈记忆、情感的传承以及周遭环境的影响。可见,后代们在继承和认同关于家(巴勒斯坦)的记忆的同时,也在无形中承继了对故土的爱恋和归属感。

---

[1] Dina Matar, *What It Means to Be Palestinian: Stories of Palestinian Peoplehood*, I. B. Tauris & Co. LTD, 2011, p. 68.

[2] Dina Matar, *What It Means to Be Palestinian: Stories of Palestinian Peoplehood*, I. B. Tauris & Co. LTD, 2011, p. 64.

巴勒斯坦：记忆与认同

同样，考察巴勒斯坦后两代人对于1948年"大灾难"以及父辈逃亡经历的叙述可以看出，他们的说法与第一代亲历者的叙事内容和角度基本一致。大部分人会采用父辈的说法，主要围绕状况的惨烈、气氛的恐怖、以军的残暴等方面来讲述自己关于灾难的记忆，强调父辈不是自愿离开，而是被以军驱逐或因恐惧而逃离。对于这些事情，他们并未亲身经历或见证，又或者逃亡时因年纪太小而尚不记事。因而，当他们被问到关于1948年"大灾难"的时候，大多数人会客观地讲起父母曾经多次陈述的细节。这反映出后辈对于长辈相关说法的深信不疑。然而，与第一代亲历者回忆时的激动状况相比，后两代人则显得更加理智和冷静。这或许可以归结为听来的故事必然不如亲身体验来得震撼、刻骨，但这些听来的故事实际上已足以令他们感受到其中的悲惨和不公，也足以让他们明白造成当下困境的根本原因。因此，大部分人表示自己永不会忘记这段屈辱历史，会不懈努力以谋求恢复合法权利和历史正义，并会继续把这些故事讲给子孙后代听，让它们世代流传下去，因为它们是改变巴勒斯坦人目前处境的根源，也是主要的依据和工具。

在美国长大的第三代难民马拉克（ملاك）的一段话最能代表很多巴勒斯坦年轻人对此的想法："我认为我们这一代人在选择哪些故事不被遗忘，在保证我们的后代们听到发生了什么，并使他们不忘记我们祖辈的故事等方面起着突出的作用……所以，我认为确保我们的后代都能听到所发生的事实真相是我们的责任，是我们第三代人的责任。等我有了孩子，我一定会告诉他们我真正的家是阿巴赛，告诉他们我的祖辈们发生了这样或那样的事。"[①] 另一位第三代巴勒斯坦人害怕这些关于巴勒斯坦的故事被遗忘，于是选择将其植入孩子的记忆中："我的丈夫来自阿纳巴，我总是给我的孩子们讲起我们的村子……如果你和我女儿坐

---

① Zefari Ali, *A Narration Without An End：Palestine And The Continuing Nakba*, The Forced Migration and Refugee Unit of The Ibrahim Abu-Lughod Institute of International Studies by Birzeit University, 2013, p. 70.

第四章　巴勒斯坦"大灾难"记忆的传承和认同的发展

一起,她会告诉你关于巴勒斯坦灾难、难民回返以及我们为何必须回返等所有事情。她讲这些的时候,你会感觉她是一个老妇人……我们必须告诉孩子们他们真正来自哪里,否则,这些故事会随着我们在地球上的逝去而消失。"[1] 由此,巴勒斯坦人就这样主动并有意识地确保了巴勒斯坦历史和灾难记忆在后代中的长存不忘。

尽管巴勒斯坦后两代人对于父辈的故事和记忆主要表现为接受与传承,但是仍有部分人对于父辈当年离开家园的做法表示遗憾、不赞同甚至埋怨。例如,第二代难民维夫格的讲述中就有这么一段话:"……我出生在贾拉祖恩难民营,随后搬至比拉,但它并不是我的家乡,这和'与家人一起生活在自己的土地上'是不一样的。我的家人现在四分五裂:有的住在难民营,有的在约旦,有的在美国。要是我们留在我们的土地上的话,大家肯定是待在一起的。"[2] 他认为目前家人分散的局面是最初父母离开了家园造成的,因此不禁惋惜和感叹要是父母当初没有离开那片土地的话,生活显然就不会是现在的模样,因为至少家人们都会在自己的土地上一起生活。虽然灾后出生的巴勒斯坦人在听到第一代父辈的悲惨遭遇时更多的是同情、哀叹以及义愤填膺,但也有不少年轻后代会表现出不满,诸如"那是你的土地,至少为之战斗一下""你们为什么要离开,为什么不反击""为什么你们最后会沦落到难民营"等观点和情绪在他们讲述父母故事的时候难免会出现。

尽管有时候存有这些遗憾和分歧,但从总体上看,巴勒斯坦后代对于灾难故事的记忆和讲述与前辈基本上保持着一脉相承的基调,这些从父辈流传下来的与故土和来历相关的记忆构成他们对巴勒斯坦及自我来

---

[1] Zefari Ali, *A Narration Without An End*: *Palestine And The Continuing Nakba*, The Forced Migration and Refugee Unit of The Ibrahim Abu‑Lughod Institute of International Studies by Birzeit University, 2013, p. 72.

[2] Zefari Ali, *A Narration Without An End*: *Palestine And The Continuing Nakba*, The Forced Migration and Refugee Unit of The Ibrahim Abu‑Lughod Institute of International Studies by Birzeit University, 2013, p. 51.

源归属的基础认知。在这里，父辈向子孙后代传递的不仅是有关过去的经历、故事和记忆，更是在不断地告诉和提醒后代：他们原本来自巴勒斯坦；他们的家园不是现在的难民营或他乡，而是那个什么都可以有的完美的巴勒斯坦；他们并非一直是以色列的少数民族，而是世世代代享有自由、尊严的主体民族；他们并非世代无根漂泊的难民，曾经有家，有国，有幸福生活……因此，第一代巴勒斯坦人的故事中传递的是子孙后代的来源和历史，这是人类社会中确认个体位置与身份的基础，即巴勒斯坦人传递并传承的其实是一种归属于巴勒斯坦的认同意识。从上文考察后两代巴勒斯坦人对于父辈记忆的承袭和情感认同可以看出，这些记忆已经为巴勒斯坦人身份意识的传承打下了坚实的基础。承继先辈的记忆虽然伴随着后代们的整个成长过程，其潜移默化的影响力不可忽视，但这些故事终究只是关于祖辈和群体过去的回忆，这些记忆要想内化为后来的巴勒斯坦人进行自我身份定位的核心元素，尚需与后辈们自己的生活经历相结合。

第二节　亲历困苦对身份意识的强化

一个人的身份认知既包含血统、地域语言和宗教等原生元素部分，也会随着个体所处社会环境的改变而改变。个体周围社会环境和社会关系的变化通常会引发个体对自我身份定位的反思，从而发生身份认同的重新建构。原有的某些成员身份也许会随着社会框架的消失而消解，而新的社会环境和社会关系的出现也会导致新群体身份的产生。

巴勒斯坦人群体在1948年"大灾难"之后遭遇了原有地域、社会关系、经济生活等多方面的瓦解，人民在新的社会环境中面临各种现实困境，在他人社会中被一种陌生感和疏离感所包围，难以融入。同时，对过往生活和土地的深厚感情与深刻记忆也总是伴随着他们当下的生

第四章　巴勒斯坦"大灾难"记忆的传承和认同的发展

活,提醒着他们的巴勒斯坦属性,限制了他们对新群体的归属感的形成,进而减缓了认同意识的转变。这显然只适合于解释第一代巴勒斯坦人对其巴勒斯坦人身份的认同和执着。对于灾后出生的第二代、第三代巴勒斯坦人来说,他们大都在难民营、以色列或其他阿拉伯国家出生并成长,父辈的记忆灌输和谆谆教导在他们定位巴勒斯坦的过程中发挥着关键性作用,但还应将他们自己的生活环境与现实经历的作用纳入考虑范围。

进入现代特别是1948年以后,巴勒斯坦这个群体就从未逃离过苦难、战乱和灾祸。因此,如果说对于历史上的巴勒斯坦和1948年战争及逃亡的经过,后两代人只能根据父母的讲述来想象和揣摩的话,那么之后的那些磨难和战祸则无需想象,因为他们本来就身在其中,以不同的方式经历着"大灾难"产生的后果,并参与、见证和体验着连续不断出现的新劫难。这些苦难艰辛的亲身经历也影响着他们对自我巴勒斯坦人身份的感知和认同,进而促进了巴勒斯坦人群体认同的持续和强化。其影响主要包含以下几个方面:

一、共同的疏离感增进巴勒斯坦人的群体归属感

1948年后的巴勒斯坦人没有领土、国家可以依附和认同,在20世纪70年代以前也几乎处于无组织、无领导状态。对于之后出生的巴勒斯坦人来说,巴勒斯坦到底是什么?或许只是父辈故事中的一个地方、传说中的故乡,只存在于故事和想象中。对于1949年出生于拉马拉(رام الله)的艾哈迈德(أحمد)来说,10岁时他认识到巴勒斯坦是一个不能提的禁忌:"我在安曼上学时不允许提巴勒斯坦这个名字……有一件事我记得特别清楚,当时我正在教室里复习,老师来检查我的作业,因为我犯了一个错误,然后他问我'你从哪儿来?'我回答'巴勒斯坦'。他用藤条打了我,并让我面壁站着。接着他又问我同样的问题,每次我

巴勒斯坦：记忆与认同

回答巴勒斯坦时，他都打得更加用力。于是，我意识到提'巴勒斯坦'这个名词是一个禁忌。"① 后来，他认为："巴勒斯坦，于我而言，与痛苦和劫难相连，做一个巴勒斯坦人意味着成为'他人''外国人'，我们的阿拉伯朋友让我们感觉不一样，我们不得不被分隔开来。"② 生于科威特的巴勒斯坦人塔里克（طارق）表示自己并不是难民，且在科威特属于中上阶层，父亲是巴勒斯坦人但甚少谈论巴勒斯坦。他是通过国际学校的同学和朋友才与巴勒斯坦产生联系的，但并不了解巴勒斯坦人及其历史，早期并不认为自己是巴勒斯坦的一分子。但他认为自己在科威特和美国都未真正融入当地社会："我知道我并未融入科威特，显然也没有融入美国……我显得很不一样……"③

这并不仅仅是某一个人的经历，而是很多巴勒斯坦人的共同感受——"不一样"。以色列境内的巴勒斯坦人虽是以色列公民，但要么是自己家乡的流离失所者，要么是多方面受限制、隔离的阿拉伯少数民族，无法享有所有公民权益。同时，他们也无法和外部的其他阿拉伯人交往互动，因此深感被隔离、孤立。巴勒斯坦难民的主体部分迁往加沙地带和约旦河西岸，随后西岸并入约旦，约旦给予巴勒斯坦难民约旦国籍，但在很多文件中禁止使用"巴勒斯坦"这个词语。第二代难民马吉德（ماجد）回忆说："一个巴勒斯坦人在约旦生活很难，因为机会有限，不像约旦人，约旦人是在自己的国家，而巴勒斯坦人不会把约旦当作自己的国家那样行事，因为那不是他的国家。在很多小事情上，他们会让你知道这不是你的国家，特别是在一些政府活动或军事活动中。"④

---

① Dina Matar, *What It Means to Be Palestinian: Stories of Palestinian Peoplehood*, I. B. Tauris & Co. LTD, 2011, pp. 81-82.

② Dina Matar, *What It Means to Be Palestinian: Stories of Palestinian Peoplehood*, I. B. Tauris & Co. LTD, 2011, p. 83.

③ Juliane Hammer, *Palestinians Born in Exile – Diaspora and The Search for A Homeland*, The University of Texas Press, 2005, p. 26.

④ Juliane Hammer, *Palestinians Born in Exile – Diaspora and The Search for A Homeland*, The University of Texas Press, 2005, p. 51.

第四章　巴勒斯坦"大灾难"记忆的传承和认同的发展

埃及控制下的巴勒斯坦人,其活动也受到限制。而逃往其他国家的巴勒斯坦难民也在求职、投资和土地所有权等多方面受限。在除了约旦以外的阿拉伯国家中,政府发放给他们特殊的卡片来鉴别"巴勒斯坦难民",即使他们在那里是有名望的工程师、教师、商人或技师,但在东道国的眼中永远是外国人。①

事实上,身处各国各地的巴勒斯坦人在现实生活中都能从某些方面感觉到自己被视为"外国人",感觉自己和当地人"不一样"。如同生于黎巴嫩的第二代难民伊萨姆(عصام اليمني)所言:"与很多生活在难民营的巴勒斯坦人一样,我们的巴勒斯坦人身份不是由地理定义的,而是由'我们和我们的黎巴嫩邻居不同'这个事实来定义的……正是这些隔离使我们成为巴勒斯坦人。"② 这种疏离感也是几代巴勒斯坦人共同的感受,它阻碍了巴勒斯坦人对当地社会归属感的发展,但也从另一方面促进了他们对巴勒斯坦归属感的增强。即便是对那些从未见过巴勒斯坦的后几代人而言,这种疏离感也有助于增进他们对想象中的巴勒斯坦的渴望和热情。

二、日常生活的艰辛加强了巴勒斯坦人对共同的过去和命运的感知

对于很多巴勒斯坦人特别是农民来说,丧失土地意味着丧失生活来源。即便是那些富足家庭,"大灾难"同样对他们的生活产生了翻天覆地的影响。很多人表示逃离之时什么都没带,或者只带了少数几件衣服和毯子,以为数天之后即可返回,却从未想到"一走就是几十年,再也回不去"。逃难途中的饥饿、困窘、艰辛自然不可避免,但随后在难民

---

① [美]爱德华·W. 萨义德,金玥珏译:《最后的天空之后:巴勒斯坦人的生活》,中信出版社2015年版,第15页。
② 来自"巴勒斯坦记忆——流亡中的巴勒斯坦人的故事"官方网站主页:https://memoriesofpalestine.com/portfolio/issam-al-yamani/。

巴勒斯坦：记忆与认同

营得到国际社会救助或在其他地方安顿之后，生活状况也未有多少实质性的改善。"在安曼，我们一开始住在一个洞里，用我们带的一张毯子挂起来当作门……后来搬到难民营，里面泥泞、潮湿，冬天更是残酷。我记得只能光脚走路。那是一个贫苦的童年。"① 灾后出生的第二、三代人几乎是在这样的环境中出生，并继续着艰苦的生活。

"一个帐篷里面有15人到20人，睡觉的时候，你的脚挨着他的头，他的头挨着另一个人的脚……男性在一边，女性另一边……我还记得我们开始去一个大帐篷里上学的时候，我们就坐在地上，什么都没有，有时候老师有一把椅子。我们就是这样开始我们的生活。"② 这段描述基本反映了大部分第二、三代巴勒斯坦人从小生活和成长的难民营的真实状况：拥挤、简陋。这也意味着从他们出生的那一刻起，难民营的生活现实和难民的身份就已降临在他们身上，因此难民营的含义远不止是一处住所。"难民营就是一切。当你只是个孩子的时候，你不得不去想象难民营就是一切，除它以外别无他物。那里就是世界的尽头。我对它既爱也恨，是它使我成了我。难民营就意味着等待：排队等候食物，等着联合国派发新鞋子，每天醒来排队等着上厕所、洗漱。难民营意味着独立，在那里你肩上的担子很重……"③ 难民营对于年轻的巴勒斯坦人来说，就是他们的整个世界。这种困窘的生活引起年轻人的疑问和思考，疑惑为什么其他人可以安稳地住在家里，而他们只能挤在难民营？而答案就在于父辈所讲述的灾难故事中，他们是在体验着那场灾难的后果，这进一步拉近了他们与巴勒斯坦和那场灾难的距离。对于他们来说，那场灾难尚未结束，因为他们仍在体验着失去巴勒斯坦的恶劣后果。

---

① Dina Matar, *What It Means to Be Palestinian: Stories of Palestinian Peoplehood*, I. B. Tauris & Co. LTD, 2011, p. 67.

② AMP (American Muslims for Palestine), *the Nakba: Preserving Our Narrative*, 2010, p. 55. AMP 官方网站如下：www.ampalestine.org。

③ 来自"巴勒斯坦记忆——流亡中的巴勒斯坦人的故事"官方网站：https://memoriesofpalestine.com/portfolio/ziad-abbas/。

第四章 巴勒斯坦"大灾难"记忆的传承和认同的发展

与此同时,难民营也是巴勒斯坦人相互建立联系、产生团结感的场所,因为它把来自共同的土地、有着共同遭遇和情感的人们集中在一处,而且来自同一个地方的人一般会就近安置。在艰苦的环境下,人们更趋向于团结互助,建立一种亲密感。因此,难民营就像一个超级大家庭或一个社区,在这里原来的部分社会关系得以延续并加强,也同时促成了新的社会交往和集体情感。这里的每个人都有着共同的愿望,即改变现状回到巴勒斯坦。因此,它可被视为巴勒斯坦认同感快速发展的沃土和场所。正如著名作家法瓦兹·图尔其(Fawaz Turki)所言,很多人第一次感觉自己的巴勒斯坦人身份也许是发生在难民营中:"如果我小时候离开海法的时候还不是巴勒斯坦人,我现在是了。作为一个无国籍的人成长在贝鲁特,大多数时候是生活在难民营里。我并没有觉得自己是生活在'阿拉伯兄弟'之间,没有觉得自己是阿拉伯人、黎巴嫩人,或者是个别作家所说的'南叙利亚人'。我是一个巴勒斯坦人。而这意味着我是一个局外人、外国人、难民、负担。"[1]

在被占领区,生活也不是安稳如初,即便是那些有幸保留自己房子和财产的巴勒斯坦人也并没有过着美满的生活。在以色列的压迫政策之下,所有留下的巴勒斯坦人都在不同程度上失去了安全感和自由度。随着被占领状态的延续、政府封锁的加强,人们不断地反抗,迎来的是更加严苛的镇压和统治。"我对艺术感兴趣,但我们都不能用巴勒斯坦的旗帜的颜色……即使是在绘画方面,以色列都会干预……有时候我们都没有铅笔来画画或写字……他们开始加紧封锁,士兵们会随意叫停我们,检查我们的包……情况变得越来越糟,人们只能在早上去工作一个小时……被占领的悲剧是我们的大背景,每天提醒着我们的身份和可能发生在我们身上的事情。当你看到又一栋房子被摧毁,又一家人无缘无故变得无家可归的情景,怎么可能无动于衷?当你看到成千的巴勒斯坦

---

[1] Fawaz Turki, *The Disinherited*, Monthly Review Press, 1972, p. 8.

巴勒斯坦：记忆与认同

人因被占领而逃离这个国家时，又怎能不绝望？一些人不会回来了，也永远回不来了，因为他们想要的不过是家的安全感而已。"① 1966年生于耶路撒冷的穆罕默德·穆格拉比（Mohammad Mughrabi）这种发自内心的呐喊反映并代表了以色列境内的巴勒斯坦人的心声。因为以色列早期实行压迫性隔离政策，境内的大部分巴勒斯坦人很难建立对以色列的认同，这不但强化了他们对巴勒斯坦的认同，而且引起巴勒斯坦人各种形式的抗议和对自己权益的抗争。

三、后续数次战乱的亲历体验增强巴勒斯坦人共同的创伤记忆

除了日常体验着失去巴勒斯坦之后的艰辛生活，后几代巴勒斯坦人也亲身经历了数次战乱。其中影响最大的应属1967年6月5日的第三次中东战争，也称六·五战争。它不是1948年后阿拉伯国家和以色列之间发生的第一次战争，也不是最后一次，但其影响却甚为深远，特别是对于巴勒斯坦人来说更是至关重要。这次战争的失败致使以色列占领了加沙地带、约旦河西岸、西奈半岛、东耶路撒冷和戈兰高地等地，再次导致50多万巴勒斯坦人流离失所，其中有将近一半难民已是第二次逃离家园。② 这次战争在阿拉伯语中被称为 النكسة （译为：挫折、倒退、阻碍），战期仅为6天，以色列就大获全胜。由此，以色列巩固了其在中东地区存在的现实地位，大大地打击了包括巴勒斯坦人在内的所有阿拉伯人的信心和期望，也加剧了阿以矛盾并导致中东问题复杂化。

这次战争造成巴勒斯坦史上的第二次大逃亡，加剧了巴勒斯坦难民问题。第一代难民在经历1948年"大灾难"之后不到20年再度经历劫

---

① Dina Matar, *What It Means to Be Palestinian: Stories of Palestinian Peoplehood*, I. B. Tauris & Co. LTD, 2011, p. 148.

② 数据来自联合国官方网站巴勒斯坦专题网页：http://www.un.org/chinese/peace/palestine/focus/refugee/refugee.htm。

第四章　巴勒斯坦"大灾难"记忆的传承和认同的发展

难,特别是对那些遭遇二次逃亡的难民来说,其痛苦程度无以复加。"1967年是个巨大的失败……我都无法形容我们的心情。那是一种混杂着深深的哀伤、失望、愤怒和苦涩的感觉。耶路撒冷被占领是个真正的悲剧、终极悲剧,到今天仍是如此。"① 1933年出生的巴勒斯坦人萨米娅(سامية)说出其余人的心声,她挺过了1948年"大灾难",而在1967年却未能避免流离失所的命运。

对巴勒斯坦影响重大的战争还有1982年6月6日爆发的黎巴嫩战争,又称第五次中东战争。以色列发动此次战争的主要目的之一是想剿灭其心腹之患——黎巴嫩境内日益壮大的巴勒斯坦解放组织。战争获胜方仍然是以色列,其不仅重创了巴解组织,还占领了黎巴嫩1/3的国土。战后,以色列侵略军联合黎巴嫩右翼分子对贝鲁特西南部的夏蒂拉(شاتيلا)和萨布拉(صبرا)两个巴勒斯坦难民营展开了血腥屠杀。其恐怖程度令全世界震惊,巴勒斯坦人更是被恐惧和绝望完全笼罩,即便是那些远隔重洋的人也不例外,有的人仅看到电视报道里的画面就已崩溃。

战争和失败就这样不断在第一代巴勒斯坦人的生命中重现,并不停穿插于后两代巴勒斯坦人的成长经历中,用第二代难民埃琳(ألين)的话来说:"我的人生就好像不停地被战争打断,有1967年战争、1970年安曼内战、1973年战争、1975—1990年间的黎巴嫩内战以及1982年以色列入侵黎巴嫩。每次都感觉会是个转折之战,结果每次都以不同的方式打击我,影响我的行动。"②

连绵不绝的战火不断增加巴勒斯坦人这个群体的不幸。每一次的战乱都在增添新的生离死别,使更多的巴勒斯坦人失去家园,但也使得其

---

① Dina Matar, *What It Means to Be Palestinian: Stories of Palestinian Peoplehood*, I. B. Tauris & Co. LTD, 2011, p.108.
② Dina Matar, *What It Means to Be Palestinian: Stories of Palestinian Peoplehood*, I. B. Tauris & Co. LTD, 2011, p.64.

巴勒斯坦：记忆与认同

区别于其他地区的阿拉伯人的独特性在持续加强。世界上没有哪个群体像巴勒斯坦人一样在不到100年的时间内遭遇了这么多集体性劫难。对于他们（无论是哪一代人）来说，灾难都从未结束。灾难已经是他们历史中不可或缺也无法忽视的一部分。后几代巴勒斯坦人都以自己的方式参与和经历了1948年"失去巴勒斯坦"这场没有尽头的灾难。随着自己的成长，他们逐渐发现要感受父辈那从天而降的悲惨遭遇已经不需要靠想象了，因为悲剧从来不是巴勒斯坦人历史中的突发事件，而是一种常态。就像第二代难民哈姆宰（همزة）总结的那样："我没有经历代尔亚辛大屠杀，我经历的第一场灾难是在1967年，而且直到今天我还在继续见证灾难。当今的灾难远比以前的那场灾难更糟糕、更严重……"[1]

与此同时，这些悲惨经历也让很多巴勒斯坦后代开始理解和同情当初父辈被迫离开家园的苦楚，让他们与父辈和巴勒斯坦的联系更为紧密，这也促进了他们对自己巴勒斯坦人身份的接受和认同。此外，这些战争和祸患，以及由此造成的巴勒斯坦的悲惨遭遇，在巴勒斯坦人眼中都是非常不正义的。这种非正义更能激起年轻人心中的悲愤情绪，进而增强其对巴勒斯坦的感情。生活在智利的巴勒斯坦人希海姆（سهام）的观点代表了很多巴后代的想法，她说："对于我来说，占领就是不正义。我的愤怒和承诺都是关于它的。我脑海中的画面就是隔离墙、边境警察的8小时审问，以及弥漫在我家乡的绝望和无力感。很多人只看见巴勒斯坦人的暴力，却完全不知道我们每天在被占领下遭遇了些什么……"[2]当被问及自己是巴勒斯坦人还是智利人时，她回答说："我的内心深处是巴勒斯坦人，但也是智利人……这是我没法选择的……智利国家队踢球的时候，我也会在人群中穿上智利T恤，但如果它是对战巴勒斯坦国

---

[1] Zefari Ali, *A narration Without An End：Palestine and The Continuing Nakba*, The Forced Migration and Refugee Unit of the Ibrahim Abu‐Lughod Institute of International Studies by Birzeit University, 2013, p. 56.

[2] 来自"巴勒斯坦记忆——流亡中的巴勒斯坦人的故事"官方网页：https：//memoriesofpalestine. com/portfolio/siham‐el‐massou/。

第四章 巴勒斯坦"大灾难"记忆的传承和认同的发展

家队的话，我一定会穿上巴勒斯坦T恤在家观赛。"① 很多时候，那些在异国出生且生活不错的巴勒斯坦后代会认可自己有两种身份，但是对巴勒斯坦的感情会更深一些，因为它正长期受到威胁、被占领，它使人感觉自己应与巴勒斯坦站在一起抵抗不公，恢复正常生活。

同时，战乱和占领在巴勒斯坦的持续与反复有时候也会在客观上促进各部分巴勒斯坦人之间的沟通与交流。比如1967年战争后，加沙地带和约旦河西岸被以色列占领，但却使得这两个地区的巴勒斯坦人和以色列的巴勒斯坦人相互之间得以有机会进行交流，不再受到阻隔。这实际上为巴勒斯坦人个体之间的共同情感和同属感的培养做出贡献，促进了巴勒斯坦人统一体的发展。这个时期是很多巴勒斯坦人自从1948年前后离开巴勒斯坦之后第一次有机会回去看看，虽然故乡已物是人非，但是在这样的探访后，巴勒斯坦人的思乡之情有增无减。萨米娅的回忆就体现了各部分巴勒斯坦人在这一时期得以互访和交流的情形："其间，我们突然开始谈论并梦想着去看看我们在海法和雅法的家。绿线不再是分隔线。加利利的人是最先来参观的，他们警告我们和以色列的'蜜月期'不会持续太久，并告诉我们他们被占领、土地充公和非法拘禁的故事。事实上，当我们回去看的时候，的确亲眼见到以色列对巴勒斯坦的压迫。只有屈指可数的房子保持原样没动，'蜜月期'确实没持续太久。"②

四、回访故土的寻根之旅增强巴勒斯坦人的悬置感

对于后几代巴勒斯坦人来说，还有一种个人体验在其培养对故土和

---

① 来自"巴勒斯坦记忆——流亡中的巴勒斯坦人的故事"官方网页：https://memoriesofpalestine.com/portfolio/siham-el-massou/。

② Dina Matar, *What It Means to Be Palestinian: Stories of Palestinian Peoplehood*, I. B. Tauris & Co. LTD, 2011, p.109.

巴勒斯坦：记忆与认同

巴勒斯坦人群体的感情方面也发挥了很大作用，那就是回访家园。他们多数人生活在异国他乡，除了父母的讲述和电视媒体的播报之外，巴勒斯坦或许只是一种情感和信念，是很抽象的。部分人后来有机会回到巴勒斯坦，回到故乡，这种置身其中的经历在他们的记忆中对他们身份意识的发展起着重要的作用。

关于回访故乡，巴勒斯坦人有着不同的看法和心情。有的人将之视为寻根的一种方式，可以亲眼见一见父母口中那个美好的家园和土地，也可以探寻自己的来处，因而十分乐意前往。然而在得以回访故土之后，他们却有着不同的感悟：

有高度觉悟型的。比如，现居圣地亚哥的第二代难民卡洛斯·艾布·萨利姆（كرلوس أبو سالم）去过巴勒斯坦4次，"能回去是一种特权，我非常清楚很多流亡中的人根本办不到。我每次到那儿，就感觉是回到了家。在巴勒斯坦的时候，我拜见家人，吃儿时的食物，听我们在智利婚礼上跳舞时播放的同样的音乐。巴勒斯坦人是我身份里的一部分……我是智利人，但我也是巴勒斯坦人……事实上，当我第一次面对以色列的边境管理时，我从未有过那么深的感觉自己是巴勒斯坦人。"[1]

有后知后觉型的。例如，穆罕默德·奥斯曼（محمد عثمان）小时候拜访故乡时懵懵懂懂的，长大之后才明白那次旅行的意义："我最早的记忆是去拜访耶路撒冷附近的一个小村子——一块墓地和一些巴勒斯坦房子的残留废墟……我父亲特别想在那里把我们的历史教给我们……作为一个小男孩，去到一个到处是手端枪械的士兵的国家，那时候我不懂这些含义。我的曾祖父给我们看他被毁的房子的钥匙，但我当时并不明白它对于他的重要意义。只是在长大后，通过看新闻、与更多亲戚交

---

[1] 来自"巴勒斯坦记忆——流亡中的巴勒斯坦人的故事"官方网页：https://memoriesofpalestine.com/portfolio/carlos-abusleme/.

第四章 巴勒斯坦"大灾难"记忆的传承和认同的发展

流,我才终于弄明白当时的巴勒斯坦正在发生什么。"①

有感到高兴的。"如果你问我,我会说我一生中最美好的时刻之一就是我90年代去拜访并住在巴勒斯坦的时候。那感觉是如此美好,因为没有人会再说我是一个外国人了。人生第一次,再没有人告诉我要继续自己的命运,否则就会回到那个不再属于我的家乡……我不想变得不现实,但是巴勒斯坦真的有一种世界上其他任何地方都没有的独特的气味。它会在你过桥的时候问候你,给你温暖。"②

也有感到悲伤的。哈桑·艾哈迈德(حسن أحمد)终于鼓起勇气回去的时候,发现魂牵梦绕的故乡早已物是人非:"我去了伊吉利利和塞得娜·阿里,我母亲在那儿出生,结果那两座城早已不存在了。伊吉利利完全不在了,连块砖都没有。而我母亲出生的那座城,还矗立着的也唯有清真寺了。它在岸边,很漂亮,是开放的,人们可以在里面做礼拜。它很小,但很干净。站在里面,我真的倍感伤心,因为我似乎都能看见我母亲,那个两三岁的小女孩,在院子里玩耍……"③

此外,对于回访这件事,第一代人反应也不甚相同。部分人抵抗不住浓浓的乡愁,总还是愿意回去看看,原籍雅祖尔(يازور)的乌姆·哈桑(أم حسن)便是其中之一。她在1967年战争之后去了村里,看到的景象是:"那里几乎是空的,大部分墓地都被移走了,我们只找到一座墓地还在那儿立着。那儿有一些以色列的工厂,以及变成废墟的几间房子。雅祖尔周围的大部分村落也完全消失在地图上了。我们没有找到我们的房子,只找到警察局的废址,此外,村里其他的一切都已消失或残破不堪。我感到我需要大哭才能释放心中的伤感。于是,我和从约旦陪

---

① 来自"巴勒斯坦记忆——流亡中的巴勒斯坦人的故事"官方网页:https://memoriesofpalestine.com/portfolio/mohammad-othman/。
② Dina Matar, *What It Means to Be Palestinian: Stories of Palestinian Peoplehood*, I. B. Tauris & Co. LTD, 2011, p. 68.
③ AMP (American Muslims for Palestine), *The Nakba: Preserving Our Narrative*, 2010, p. 52, 官方网页:www.ampalestine.org。

我们一起来的堂兄坐在地上大哭了一场。堂兄带了一把泥沙回了家。"①其实，由于以色列的地貌改造计划，很多回乡的巴勒斯坦人看到的大约都是面目全非或残破不堪的局面。这时他们发现自己只能立于老家的废墟中，这种沉痛是任何语言都无力表达的。带一包泥土回家是很多巴勒斯坦人都做的事。有的人因入境许可、健康状况或难以面对心中痛楚等原因而未能成行，会托亲友带回家乡的泥土以暂解思念之苦。泥土在这里代表的是曾经未能保住的家园，寄托的是浓浓的思乡之情。

对于第一代人来说，房子可以被推倒夷平，地貌可以面目全非，但曾经生活的故乡的记忆却是无法抹去的。因此，随着时间的推移、年龄的增长，很多人一生最大的夙愿就是能够回到家乡，害怕客死他乡。这种对巴勒斯坦的深爱和渴望必然会在一定程度上促进子孙后代对巴勒斯坦的情感，因此有的后代即便从未去过巴勒斯坦，也不会削弱对巴勒斯坦原本存在的情感归属。而对于那些曾经去过或已迁回的巴勒斯坦后代来说，回到巴勒斯坦的亲身体验即便是触目伤怀，也能加深他们对巴勒斯坦这块土地和巴勒斯坦问题的感受与理解，并启发他们对于自己作为巴勒斯坦人的含义的深思。只有当他们切实地明白作为巴勒斯坦人的实质和义务，知晓巴勒斯坦问题的核心之所在，才有可能投身到争取群体合法权利和利益的事业中去，让未来问题的解决成为可能。

第三节 传承和发展中的巴勒斯坦认同表达

1948年失去巴勒斯坦的悲剧让巴勒斯坦人民成为一个拥有共同记忆的群体，使其具备了共性和特性。但1948年之后，这个群体是慢慢消失还是逐渐发展，则有赖于它的共性和特性是增强还是减弱。从前文

---

① Ala Abu Dheer, *Nakba Eyewitnesses: Narrations of The Palestian 1948 Catastrophe*, Palestine Media Unit of Public Relations Department by Annajah National University, p. 138.

第四章　巴勒斯坦"大灾难"记忆的传承和认同的发展

可以看出，作为群体最大共性的关于巴勒斯坦和灾难的记忆在代际之间得到很好的传承，而这种记忆的传承则构成巴勒斯坦人子孙后代的身份意识基础。同时，连绵不断的战乱和磨难在巴勒斯坦这块土地上重演，而且离散异乡的巴勒斯坦人也面临着形式不同的艰苦遭遇。这些事件和经验的积累进一步使得世世代代的巴勒斯坦人走上了与其他地区阿拉伯人不同的历史道路。他们带着不幸、悲苦的标签，总是与其他人显得不一样，由此这个群体的独特性就显得愈加鲜明和深刻。这两方面的综合作用保障着这个群体的存续和发展。但随着时间的流逝和历史的演进，巴勒斯坦人群体身份的表达方式也会产生变化，那么这种身份意识在记忆的传递过程中是如何发展和演变的呢？

一、沉默与消失

在"大灾难"后的数年内，尽管巴勒斯坦人有了共同的历史经历和共同的命运，具备成为一个独立群体的基本条件，但事实上在此期间外界似乎听不到巴勒斯坦人的声音，这个群体似乎消失了。从表面上看，它根本不具备成为独立群体的客观条件。从外部来看，巴勒斯坦人隐没在其他各国的社会中，假以时日便有可能"消融"其中。巴勒斯坦著名历史学家拉希德·哈立迪（رشيد خالدي）将1948年至1964年巴解组织成立之间的这段时期称为"失去的岁月"（the lost years）。[①] 他认为在这段时期内，对于大多数人来说，巴勒斯坦人作为一个独立的行为体或人民已经从政治地图上消失了。造成巴勒斯坦人"沉默"和"消失"的因素主要有内部和外部两方面的。

在1948年后的几年里，巴勒斯坦人的第一要务是生存。这段时期内，基于灾难的惨烈程度，绝大部分巴勒斯坦人还沉浸在惊愕、悲痛和

---

① Rashid Khalidi, *Palestinian Identity: The Construction of Modern National Consciousness*, Columbia University Press, New York, 1997, p. 178.

巴勒斯坦：记忆与认同

难以置信当中。吸收和消化这场深度创伤经历需要时间，因而他们不能及时发出自己的声音。同时，在巴勒斯坦战争发生之前，巴社会处于一种分歧明显的状态，没有机构或组织可以完全代表人民的意愿。战后，随着主体社会结构的分崩离析，原本活跃在政治领域的组织和个人也一并失去了影响力。换言之，此时的巴社会正处于没有任何形式的领导的状态。人们除了克服困难、努力存活之外，主要忙于重建家族或地域等社会关系，以及新建难民营内部或外部的互动联系。人们对灾难经历的讲述成为一种普遍现象，通过这样的回忆和讲述向他人以及后代传达并强化巴勒斯坦的形象及意识。这个过程中，尽管部分家长会避免向孩子提及巴勒斯坦及其历史，但是孩子们仍可通过多种渠道了解信息。也就是说，此时期的主题是共享和传递记忆，但这种行为是在小范围或小集体内进行的，具有独立、分散的特点。此外，灾后巴勒斯坦人分布在多个地域，分散而居，互相沟通困难，难以就历史、诉求和意识等问题形成独立的统一表述。尽管他们共享对巴勒斯坦故土的思念和回返家园的强烈愿望，但这些共同情感及愿望缺乏有效的宣传和动员，无法被外界所了解和重视，更无法被加工提炼后发挥其政治效用。这些都是造成被动沉默现象的主要内部因素。

外部因素则主要表现在两大方面：首先，在强大、系统的犹太受害叙事阴影下，巴勒斯坦人作为"受害者的受害者"的叙事无人倾听。在犹太方的系统宣传和运作下，当时的欧美社会充满了对犹太大屠杀和大流散的同情与帮扶意愿。虽然这种同情犹太民族的主流观点的形成还牵涉很多经济、政治等利益因素，但无论是从道德还是利益上来说，在犹太苦难叙事的强势主导之下，巴方的悲剧都显得无足轻重，被冷漠对待。特别是犹太人"一片没有人民的土地给一个没有土地的人民"的响亮口号之下，原本在这块土地上居住的那些没有名字的原住居民自然就被忽视和遗忘。在这种情境下，巴勒斯坦人要在国际社会发出自己的声音并受到广泛关注和帮助，是一件非常困难的事情。其次，离

第四章 巴勒斯坦"大灾难"记忆的传承和认同的发展

散中的巴勒斯坦人在其居住所在地都是作为被边缘化的少数群体而存在的。面临东道国的种种限制，很多地方不鼓励甚至压制独立的巴勒斯坦话语和意识的形成，这进一步压抑了巴勒斯坦人的自我表达和统一发声。

在内外因素的影响下，此时期巴勒斯坦人难以形成统一的独立叙事，部分零散的话语也无法被外界听到和重视，以至于在很多领域特别是在政治舞台上很难听到巴勒斯坦人自己的声音，所以在外界看来巴勒斯坦人似乎"消失"了。这种"消失"，正如前文拉希德·哈立迪所言，主要是指在政治领域的隐没。因此，此时巴勒斯坦认同主要建立在对过往生活的执念以及对返回家园的渴望等感情基础上，其政治意义与影响力十分有限。此时期的巴勒斯坦人群体更像是一个由经历和记忆相连的群体，不具有明显的政治功能。

二、从沉默到抵抗

一般而言，对于一个群体，特别是一个成员分散且互相交往受阻的群体来说，长期的压抑和失败的经验会导致两个结果：要么解体，要么反抗。巴勒斯坦人这个群体属于第二种。巴勒斯坦人身份的内涵从沉默接受到奋起反抗的转变主要得益于新一代巴勒斯坦人政治意识的提高、周边阿拉伯国家民族主义运动的影响和巴社会领导力量的出现。

从上文的论证可以得出，第二、三代巴勒斯坦人对巴勒斯坦这块土地和巴勒斯坦人群体的认同主要源自于父辈们潜移默化的教导、周围环境的影响和自我的亲身经历等几个方面。但也不难发现，他们并不是一味地继承父辈们的意愿和想法，而是有着自己的见解和看法。20世纪60年代以后，第二代巴勒斯坦人开始成为巴社会的主要力量。他们与前一个时期的主要力量——父辈们的被动和沉默不同的是，愿意为了自己的身份和权利而奋斗。就像下面这位巴勒斯坦人所说的，他们那一代

巴勒斯坦：记忆与认同

人和前辈们对巴勒斯坦的归属感是一样的，只是策略不同："我认为我们这一代人拥有和父辈一样的归属感或比他们更强烈的归属感。……斗争的方式改变了，但目的没变。关于巴勒斯坦，我们这代人和父辈们有一样的看法，但是在策略和方式方面我们是不一样的。"①

教育的坚持是新一代巴勒斯坦人提升思想觉悟的主要途径之一。流亡途中的巴勒斯坦人面临种种困难，虽然联合国难民救济工程处提供的援助对他们而言如同杯水车薪，但其中提供的基础教育服务对很多巴勒斯坦儿童和年轻人的成长发挥了不小的作用。虽然只是基础性教育，且教育条件非常简陋，但难民们仍对教育保持了高度热情。一位志愿者教师回忆说："我以为，对于失去了所有财产的难民来说，唯一的出路就是学习。我也认为存在一种强烈的感觉，感觉我们正在用我们的双手把握住所有事情，建设我们自己的未来。"② 罗斯玛丽（Rosemary Sayigh）在其调查中发现，"在难民营贫困单调的生活中，学校是希望的动力之源，是通往不同未来的窗户。学校被认为是民族发展的关键，是通往进步、科学的钥匙，也是实现祖国复兴的关键之所在。老师们变成流亡社团中的领导和向导，竭尽全力创造'新一代'……我们相信，除了教育别无他法。我们曾晚上到街上在路灯下学习。"③ 虽然这只是初级阶段的教育，也不是每个人都能够上学，但这是后面进一步深造学习的基础，也为巴勒斯坦培养了不少知识分子和技工，其中很多人在后来的民族运动中发挥着重要的作用。

这一时期巴周边的阿拉伯国家的民族主义运动也影响并刺激了巴勒斯

---

① The Forced Migration and Refugee Unit, *Palestinian Refugees: Different Generations, But One Identity*, The Ibrahim Abu - Lughod Institute of International Studies of Birzeit University, 2012, p. 24.

② Baruch Kimmerling and Joel·S. Migdal, *Palestinians: The Making of A People*, Harvard University Press, 2003, p. 236, cited in Cossali and Robson, stateless in Gaza, Ⅱ.

③ Rosemary Sayigh, *The Palestinians from Peasants to Revolutionaries*, Zed Books Ltd, p. 124.

第四章 巴勒斯坦"大灾难"记忆的传承和认同的发展

坦人独立的民族意识。20世纪50年代,由埃及总统纳赛尔（جمال عبد الناصر）推行的泛阿拉伯主义席卷了整个阿拉伯世界,受到阿拉伯人民的广泛欢迎和拥护,以阿拉伯联合共和国的成立为其显著标志。灾后的巴勒斯坦人特别是老一辈,大都将回归家园、击败以色列的希望寄托在以纳赛尔总统为代表的阿拉伯民族主义运动上。第二代巴勒斯坦人中的大部分也在回忆中提到童年时期是在广播里纳赛尔总统热情洋溢的讲话和发言中度过的,这使得巴勒斯坦年轻人感到热血沸腾,对未来充满希望。与老一辈巴勒斯坦人不同的是,年轻人更希望参与其中,成为解放和收复巴勒斯坦的历史创造者。

然而20世纪60年代初期,叙利亚、也门与埃及相继宣布退出阿拉伯联合共和国,阿联解体。在接下来的阿拉伯峰会上,纳赛尔总统未提出任何解放巴勒斯坦的具体计划。与此同时,世界上及周边各国民族独立运动的成功,特别是1962年阿尔及利亚宣布独立,使得很多巴勒斯坦人备受鼓舞,坚定了反抗和斗争的信念。随后,1967年阿以战争的惨败,对巴勒斯坦人而言是一个沉重的打击。这一系列事件的发生逐渐让很多巴勒斯坦人特别是年轻人从泛阿拉伯主义的激情中退却,意识到依靠其他阿拉伯国家和阿拉伯民族难以实现其返回家乡、收复领土的梦想,唯有巴勒斯坦人自己去奋斗才有可能实现。因此,20世纪60年代各巴勒斯坦社团经过10年的压抑和发展,就如同等待星星之火的原野,期待着改变。

在这样的背景下,20世纪50年代末成立的巴勒斯坦民族解放运动（حركة التحرير الوطني الفلسطيني）即法塔赫,因其"坚持通过武装斗争建立以耶路撒冷为首都的独立巴勒斯坦国"的主张而逐渐引起巴勒斯坦人的关注。此外,20世纪60年代吸引巴勒斯坦人特别是年轻人的抵抗组织还有:解放巴勒斯坦人民阵线（الجبهة الشعبية لتحرير فلسطين）、巴勒斯坦民主解放阵线（الجبهة الديموقراطية لتحرير فلسطين）、穆斯林兄弟会（جمعية الأخوان المسلمون）等。在这一时期,很多巴勒斯坦人不顾一切地加入各种抵抗组织或武装游击队的训练营,并不在意所加入组织的政治主张或立场,而是受到民族主义的感召渴望加入斗争,只要其最终目标是解放巴勒斯坦,回到家园。此时,巴勒斯坦解放组织简称巴解组织,1964年正式成立,后在亚西尔·阿拉法特（ياسر عرفات）的领导下逐渐成为吸引巴勒斯坦人的主要政治机构,领导民众为争取自己民族权力而斗争,将巴勒斯坦社会带入武装抵抗阶段。

随着教育水平和政治意识的提高,20世纪六七十年代很多巴勒斯坦人纷纷投身于巴勒斯坦抵抗运动。东道国的强力压制和1967年的失败加速了这一进程。六·五战争之后,巴勒斯坦人因对泛阿拉伯主义失望而把希望转向法塔赫所组织的游击队（فدائي）。海报中的游击队员标准形象是：头戴巴勒斯坦头巾,手握冲锋枪,象征着巴勒斯坦人的坚持、奋斗和抵抗。在后来的叙事中,该形象与1936年大起义中的战士形象联系在一起,一起被塑造为"巴勒斯坦的英雄"。这种在当时十分盛行并被追捧的英雄形象吸引和动员了非常多的年轻人加入抵抗运动和游击队行列。从第二代难民也是游击队英雄之一的穆罕默德·马哈茂德（محمد محمود）的回忆中即可看出当时巴勒斯坦社会对游击队的欢迎和喜爱："我永远不会忘记当我穿着制服端着枪回到难民营时的心情。我妈妈跑在我前面,告诉每一个人说她的儿子是一个游击队员……每个人都喜欢游击队员,男孩、女孩和老人都喜欢你,这种喜欢很天真、深刻和纯净。如果你跟某人说想娶他们的女儿,他们连问也不问就会直接把女儿交给你。我会穿上我的衣服在难民营的街上转,人们会让我停下,并触摸我,就像是在触摸一个宗教人士的大袍。"[①]

20世纪六七十年代各种形式的武装抵抗运动的发展标志着巴勒斯坦进入了全面抵抗阶段。巴勒斯坦领土在1967年后几乎全部被以色列占领,然而这也是巴勒斯坦社会在1948年之后第一次连成一体。虽然

---

① Dina Matar, *What It Means to Be Palestinian: Stories of Palestinian Peoplehood*, I. B. Tauris & Co. LTD, 2011, p.102.

第四章 巴勒斯坦"大灾难"记忆的传承和认同的发展

整个被占区处在以色列的严苛统治之下，但各部分巴勒斯坦之间的沟通交往却得以实现，进而更有利于联合抵抗。巴解组织领导着巴勒斯坦人民在被占领土上开展各种形式的武装斗争，以在巴勒斯坦领土建立独立国家为最高目标。至1974年，巴解组织被阿拉伯首脑会议确认为巴勒斯坦人民的唯一合法代表，随后以观察员身份参加了联合国会议，且被阿拉伯国家联盟接纳为正式成员。由此，巴勒斯坦开始由记忆群体向政治群体发展，巴勒斯坦人的身份具有了抵抗的特征，并开始具有政治性。

三、从抵抗到和谈

巴解组织自成立后，领导并实施了大大小小的针对以色列的抵抗和斗争，带领巴勒斯坦人民从被动压抑走向主动反抗，用巴勒斯坦爱国主义填补了巴勒斯坦人的思想空档。当巴勒斯坦人相信在巴解组织的领导下或许能实现返回家园、救赎民众的梦想时，却遭遇了1982年黎巴嫩战争的重创。当时，巴解总部和领导层被迫逃离黎巴嫩，贝鲁特的巴难民遭到以军血腥屠杀，很多巴勒斯坦人对巴解感到失望。援引一位巴勒斯坦人的话来说："我过去曾梦想着自己某一天也加入巴勒斯坦人对以色列人的反抗斗争中，但1982年以色列的入侵终止了这个梦。黎巴嫩被侵略、夏蒂拉和萨布拉被袭击、巴解组织撤离，这一切是一场噩梦。"[1] 由此，巴勒斯坦人意识到巴解组织不可能在短期内解决难民问题和领土被占领问题。

抵抗一直在持续，直到1987年巴勒斯坦第一次大起义的爆发引发了巴勒斯坦抵抗运动的高潮。1987年12月8日，一辆以色列的卡车在加沙地带的贾巴里亚难民营（مخيم جباليا）撞死了4名巴勒斯坦人。尽管广播称这是一场事故，但关于"这根本不是事故，而是针对两日前在加

---

[1] Dina Matar, *What It Means to Be Palestinian: Stories of Palestinian Peoplehood*, I. B. Tauris & Co. LTD, 2011, p. 149.

沙市场被刺死的以色列人的报复行为,是故意谋杀事件"的传闻在巴勒斯坦人中间迅速流传。于是在第二日死者的葬礼上,巴勒斯坦人自发聚集,向以军投掷石块抗议,以军开火也未能驱散人群,由此点燃了此次大起义,并一直持续到1993年《奥斯陆协议》(《临时自治安排原则宣言》)的签署。此次起义被认为是民众自发行为,未有资料证明是某机构或组织的提前策划,一般认为巴解等抵抗组织是在后期才适时加入并引导行动的。起义爆发后迅速扩散至西岸,形成被占领土范围内的全民起义,其主要形式为投掷石块、抗议游行和罢工等。

此次起义与以往不同的地方是,青少年在其中发挥了重要作用,"投掷石块的孩子"(قطاع غزة)成了广泛传播的巴勒斯坦抵抗行为的代表形象之一。他们手握石块对抗以色列军队或坦克的形象经常出现在新闻报道、书报杂志的封面,在国际社会引起巨大反响,使巴勒斯坦问题得到国际社会的更多关注。通过很多"投石块的孩子"的口述故事可以看出,他们很多人在童年时期受到父母和周围社会的灾难故事以及政治意识的影响很大,但大起义的发生才真正让他们真切地感受到被占领的状态和作为巴勒斯坦人的意义。他们的形象和上一辈的游击队员的形象一样,被塑造为巴勒斯坦抵抗运动的英雄和烈士,用手里的石块、坚定的信念对抗以方的坦克和大炮。因此,此次起义又被称为石头起义(انتفاضة الحجارة)。

这次起义的原因被认为主要是巴勒斯坦人被以占领下的生活变得越来越艰难:经济状况持续恶化,没有独立经济;随意搜身检查、无故殴打逮捕等日常骚扰羞辱行为;强收土地、强制驱逐和扩建定居点等种族隔离政策;主要活动范围在境外难民营的巴解组织等抵抗机构对被占地区巴勒斯坦人苦难的忽视和无力;其他阿拉伯国家在巴勒斯坦问题上的疲软和敷衍等。同时,这次完全自发的大范围的民众起义在世界范围引起关注:让国际社会有机会了解巴勒斯坦问题的真相以及被以色列占领下巴勒斯坦人的苦难生活,有助于赢得国际社会的支持和帮助;让巴解

第四章　巴勒斯坦"大灾难"记忆的传承和认同的发展

组织等政治领导机构意识到被占区民众的巨大力量，应致力于改善和解除被占区巴勒斯坦人的困境；让美、以等国以及国际社会不得不认识并承认巴勒斯坦人的存在，以及被占区巴勒斯坦人也是巴勒斯坦人群体的一部分……

这次起义在巴勒斯坦历史上具有分水岭意义，将巴勒斯坦问题推向国际社会，昭示着巴勒斯坦问题进入一个新的阶段，即和谈阶段。1988年11月15日在阿尔及尔举行的巴勒斯坦全国委员会第19次特别会议通过了《独立宣言》，宣布在巴勒斯坦建立首都为耶路撒冷的巴勒斯坦国。建国后，联合国大会通过决议，以"巴勒斯坦"的称谓替代原本的"巴解"的名称。此后，巴勒斯坦国得到联合国绝大多数会员国的承认，但它不是联合国正式会员国，没有投票表决权，只具有观察员地位。尽管如此，这仍被视为巴勒斯坦人民民族解放事业的一次重大胜利，标志着巴勒斯坦社会正式成为一个政治统一体。随后1993年《奥斯陆协议》的签署则标志着巴勒斯坦问题正式进入下一个阶段，即和谈阶段。

这一阶段，巴勒斯坦大起义的爆发以及巴勒斯坦国的宣布建立，标志着巴勒斯坦人的身份认同从隐形转变为显性，由感情和记忆群体转向政治群体。但这不是终点，而是新的起点，巴勒斯坦人争取领土、自治和主权等方面的权利抗争之路仍旧艰巨而漫长。

总而言之，本章主要考察在1948年"大灾难"的基础上，巴勒斯坦人记忆和身份意识的传承与发展。第一代巴勒斯坦人的身份认知主要来源于自己亲历的过去和对故土的深厚感情，这不难理解。但在巴勒斯坦没有领土、国家，人民也离散流亡的情况下，后几代巴勒斯坦人没有这种情感和记忆，他们又是如何建立与巴勒斯坦的联系的，这是本章解决的重点。因此在本章，笔者主要研究的是1948年至1993年这段时期巴勒斯坦人身份意识的发展情况，因为这是巴勒斯坦这个群体维持下去的一个关键时期。在此主要关注第二、三代巴勒斯坦人是如何延续这种巴勒斯坦人的身份认同的，以及这种身份认同有何发展变化。

巴勒斯坦：记忆与认同

通过上文的论述，我们可以大致将第二代巴勒斯坦人视为"抵抗一代"，将第三代巴勒斯坦人视为"革命一代"（或"起义一代"）。首先，无论是第二代还是第三代巴勒斯坦人，他们对巴勒斯坦人这一身份的认同感主要源自于父辈们关于"失乐园"般美好过去生活和流离辗转的逃亡经历的反复讲述。这种记忆故事在他们成长过程中被不断重复，且受到父辈深入骨髓的乡愁的感化和影响，进而在他们心中培养出一种对故乡天然的期盼、热爱和对灾难的痛心、反思，这是他们对自己巴勒斯坦人身份的最初感知。其次，难民营和被占领下的生活现实与想象中巴勒斯坦美好生活的强烈对比，学校、周边社会等空间的集体话语和政治宣导，以及成长过程中直接或间接经历的战乱和冲突事件，这些都进一步强化与巩固了他们本已有所感知的巴勒斯坦人身份意识。此外，外部世界的排斥和刻板印象也很大程度上影响了第二、三代巴勒斯坦人对其他社会或族群的认同。

此外，我们发现每个时期或每一代人所认同的巴勒斯坦人的内涵并不完全一致。在20世纪60年代以前，巴勒斯坦人社会的主要力量是经历灾难的第一代，他们所认同的巴勒斯坦人身份的内涵主要表现为对过去和土地的执着，因此在他们这里，巴勒斯坦人意味着记住过去和浓浓的乡愁。而20世纪六七十年代是巴勒斯坦社会由沉默转向抵抗的时期，而且有了巴解组织等机构的领导。作为这一时期新生力量的第二代在传承父辈的历史和记忆之时，也承袭了对自己的来源（即父辈记忆）中和想象中的巴勒斯坦的认同。同时，他们在结合自身的社会成长经历和意识教育培养的过程中理解到生活不应只有过去，还应以过去为鉴思考如何创造或改变未来，从而为此时期的巴勒斯坦人身份增添了"依靠巴勒斯坦人自己不屈抗争"的内涵和意义。此外，巴解组织在这一阶段逐渐发展为国际公认的巴勒斯坦人的合法代表，因此巴勒斯坦人社会和群体变得不仅依赖于感情和记忆，而且开始具有政治性特点。20世纪80年代开始的第三代巴勒斯坦人，在秉承前人的基础上，一面通过回访故

第四章　巴勒斯坦"大灾难"记忆的传承和认同的发展

土将记忆和现实中的巴勒斯坦联系起来，一面通过教育和传媒等途径全面了解和认识了巴勒斯坦问题。同时，有人也亲身经历了黎巴嫩战争、巴勒斯坦大起义等重大历史事件。这些经历使得第三代巴勒斯坦人选择继续全面抵抗，其代表形象"投掷石块的孩子"更是被刻画为抵抗英雄。而影响最为深远的第一次大起义，其和平抵抗形式、民众团结度和广泛参与度等都表达了巴勒斯坦人对自己身份的坚定与维护。即便是一些在异国他乡过着体面生活的巴勒斯坦人，也在内心为巴勒斯坦保留着重要的位置。

随后，巴勒斯坦宣布建国，无论是否拥有实际领土、主权和完全自治，都是巴勒斯坦历史上重大的进步，因为这证明巴勒斯坦人这个群体开始拥有一个国家的政治名称，这也是历史上巴勒斯坦人第一次有了一个类国家层面的领导机构和政治代表。无论如何，这都将有利于巴勒斯坦人身份的有效建构和维护。20世纪90年代巴以和谈的开启代表着巴勒斯坦问题进入和谈的新阶段。无论是和平抵抗、武装抵抗还是和平谈判，都是巴勒斯坦人这个群体为了争取自己合法权益而采取的抗争方式，其抗争结果不仅关系着巴勒斯坦人的当下生活和未来的各项权益，也关系着巴勒斯坦人能否发展为民族国家的公民身份，以及巴勒斯坦人群体存在的合法性。

― 第五章 ―

后奥斯陆时期巴勒斯坦集体记忆与认同的建构

巴以之间《奥斯陆协议》的签订标志着巴勒斯坦问题进入一个新阶段，巴以争端进入和谈阶段，取得阶段性成果，即巴勒斯坦赢得部分区域的部分自治权。这代表着巴勒斯坦人这个群体本身和其集体认同也发生了变化，由此具有了政治内涵和意义。随后，根据协议成立了巴勒斯坦民族权力机构（السلطة الوطنية الفلسطينية），作为国际上巴勒斯坦人的唯一合法代表。

在此之前，巴勒斯坦人对巴勒斯坦的认同和归属，与通常情况下自上而下的集体认同建构过程不同，它是自发的，是自下而上的，是民众社会实践中的自主性建构，缺乏国家机构的组织和引导。随着巴勒斯坦人争取合法权利的斗争方式的转变，群体认同的内涵也发生了改变。构建现代国家必然伴随着建构统一的国家认同。所以，要建立独立的巴勒斯坦国，需要培养巴勒斯坦人对巴勒斯坦国的认同感，而这只能由国家机构或类国家机构来完成。1988年，巴勒斯坦宣布建国但尚未入联。巴勒斯坦民族权力机构成为临时自治政府和巴勒斯坦人的唯一合法代表。

由于巴勒斯坦群体认同的发展与历史记忆有着紧密的关系，随着时

第五章 后奥斯陆时期巴勒斯坦集体记忆与认同的建构

间的流逝，如何抵抗遗忘并重构灾难记忆成为维系和发展巴勒斯坦人群体认同的主要力量。记忆过去可以不断地将所有巴勒斯坦人拉回那个共同的灾难时刻，并将这种"不正义""不公平"感带回当下，促使巴勒斯坦人的后代持续奋斗以求恢复常态和正义，由此维持与增强巴勒斯坦人对巴勒斯坦的归属感。记住过去也是巴勒斯坦人克服内部差异、维持统一认同的有力途径。因此，本章主要考察当代巴勒斯坦人是如何通过建构集体的过去来强化统一的巴勒斯坦认同的。

第一节 节日纪念对群体认同的强化

节日的定期重复保障了群体历史中具有特殊意义的知识和经验的流传与传承。通过参与节日庆典活动时身体和心理的双重刺激，一个群体的文化记忆得以传达到每一个群体成员的心中，并唤起成员对群体的热爱和信仰，成员的群体身份归属感也得以巩固与强化。节日是文化记忆的载体，节日里所举行的仪式庆典等活动均是对文化记忆的实践。通过这些实践活动，人们不仅是在周而复始地重复某个特定的历史时刻或事件，而且是在当下的情境下重新理解与解读这段记忆，为之赋予新的意义和活力。因此，节日纪念是维系集体记忆的最佳方式。在巴勒斯坦社会中，除了传统宗教节日和现代国际纪念日之外，已形成一系列具有独特历史意义的纪念节假日——灾难纪念日（يوم ذكرى النكبة），以纪念1948年失去巴勒斯坦的巨大灾难；挫败日（يوم النكسة），以纪念1967年六·五战争惨败后的二次流亡经历；烈士纪念日（يوم الشهيد），以缅怀在抗以战争中牺牲的巴勒斯坦烈士等。

在巴勒斯坦人每年进行的纪念活动中，声势最为浩大的应属每年5月15日的灾难日纪念活动。值得注意的是，这一天正好是纪念以色列建国的独立日的第二天，意在强调犹太复国主义所实现的建国梦事实上

巴勒斯坦：记忆与认同

是建立在践踏巴勒斯坦人合法权利的基础之上，从而否认以色列建国的合法性。以色列的建国等于巴勒斯坦的亡国，以色列人民的欢愉却是巴勒斯坦人民永恒的伤痛。因此，虽然巴勒斯坦战争并不是在5月15日这一日结束，巴勒斯坦人民的集体逃亡也并非发生在这一日，但巴勒斯坦人民却认为以色列建国后的这一日是巴悲剧的开始，它象征着巴勒斯坦人真正失去了自己的领土、家园和国家，因此这一日被认定为巴勒斯坦人悲惨命运的标志。

每年5月的这一日，世界各地的巴勒斯坦人都会以各式各样的行为来纪念巴勒斯坦的"大灾难"。在以色列、加沙、西岸和各大难民营中的巴勒斯坦人会组织或参加游行、集会、默哀等非暴力活动，甚至有时候在西方一些大城市还会爆发支持巴勒斯坦的游行活动。这些在加沙和西岸的游行示威活动通常会导致巴勒斯坦人与以军的摩擦和冲突。2011年的灾难日出现一种新的纪念活动，来自加沙、西岸、黎巴嫩、叙利亚等地的巴勒斯坦人纷纷涌向以色列边界，试图跨越边界，回到自己的土地上。参与的巴勒斯坦人大多是年轻人，他们不顾以方的警告，攀爬翻越铁丝网，声称他们只是要"回家"而已。这次"回家游行"证实了对于大多数巴勒斯坦人来说，回到巴勒斯坦的家的念头仍是推动当下巴勒斯坦斗争的动力，这个梦想已经成为共同的悲哀、痛苦和希望的集体记忆的一部分。① 从这些年轻人的行为中也可以看出，巴勒斯坦的年轻人并没有忘记数十年前发生在巴勒斯坦人身上的遭遇，也再次凸显了争取巴勒斯坦难民回归权的必要性。

随后在2012年的灾难日纪念游行当中，加沙和西岸的很多示威游行者开始向以方检查站点的士兵投掷石块，"回敬"他们的当然是催泪瓦斯和橡皮子弹。诸如此类的纪念活动与小范围的摩擦和冲突在每年的5月15日都会发生。各地的巴勒斯坦人，无论男女老少都举着国旗、

---

① Jaber Suleiman, *Trapped by Denial of Rights, Illusion of State: The Case of The Palestinian Refugees in Lebanon*, Al-Shabaka, 2012.

第五章 后奥斯陆时期巴勒斯坦集体记忆与认同的建构

拉着横幅加入游行队伍，表明他们对灾难的记忆从未消退。灾难日也已变成巴勒斯坦人记忆的一个重要纪念日。因此，灾难日对于巴勒斯坦人来说，不仅是对苦痛过往的纪念，也能进一步增强这种记忆。

此外，灾难日纪念也是巴勒斯坦领导机构用来激发民众热情、号召民众团结一心的动员手段。同时，它也是向世界揭示巴勒斯坦人所遭遇的不公与苦难的机会，向世界证明了巴勒斯坦人民争取自我合法权利、恢复历史正义的决心从未动摇。例如，法塔赫副主席马哈茂德（محمود العالول）在第69届灾难日纪念活动中发表演讲称："今天是为了纪念史上对巴勒斯坦人民所犯下的最大罪行，一些势力共谋占领了我们的领土，将我们驱逐，但我们绝不会罢休，我们要坚持斗争直到实现人民回归的目标……我们保留着回归的权力，回归的思想将代代相传……"① 巴勒斯坦国总统马哈茂德·阿巴斯也表示："巴勒斯坦人民绝不会翻过灾难这一页，除非他们合法的民族权利得到全面、充分、明确的承认，首先就是回归权和命运自决权。"②

随着灾难纪念日在每一年的循环往复，灾难记忆被不断地重复和现时化，使得1948年的"大灾难"成为巴勒斯坦人永恒的当下。巴勒斯坦人无时不在强调他们的灾难从未结束和远离，他们的后代也从未逃离过灾难的后果和影响，因为土地被占领的持续、定居点的扩展、隔离墙的存在，以及经常发生的拘禁徒刑，这一切都意味着巴勒斯坦人的灾难仍在继续。因此，灾难日所蕴含的能量巨大，它所重复的记忆和激发的热情都可以成为强化巴勒斯坦人民族认同的力量，成为建国事业和反以斗争的武器。

挫败日（يوم النكسة）是每年的6月5日，以纪念在1967年战争中巴勒斯坦的加沙、西岸和耶路撒冷东城被以色列占领，并由此导致巴勒斯

---

① 阿语原文请见 http://www.alghad.tv/الفلسطينيون-يحيون-ذكرى-النكبة-ال69وي/。
② 阿语原文请见 http://www.alghad.tv/الرئيس-الفلسطيني-لن-نطوي-صفحة-النكبة/。

巴勒斯坦：记忆与认同

坦史上的第二次大流亡。其纪念形式、活动组织和纪念意义都与灾难日大体相同，因为其纪念的本质都是土地被占领、人民被驱逐的悲痛记忆，在此不再赘述。然而，需要注意的是，巴勒斯坦历史上的这两次重大悲惨遭遇都逐渐发展成对应的纪念日，通过每年的集体性回忆及纪念活动实践，得以留存于巴勒斯坦人的个人记忆和集体记忆之中，并频繁出现在巴勒斯坦的集体话语之中，成为巴勒斯坦群体中世代相传、影响当下并指引未来的记忆，由此实现了从交际经验记忆到群体文化记忆的升华。

另外，巴勒斯坦的烈士纪念日（يوم الشهيد）是每年的1月7日，以纪念那些为国牺牲的烈士。该节日最初是为了纪念死于1965年1月1日的巴勒斯坦第一位英雄艾哈迈德·穆萨（أحمد موسى）。他是第一位在游击队行动中献身的巴勒斯坦人，因而成为巴勒斯坦革命爆发的标志。因此，烈士纪念日同时也是为了纪念巴勒斯坦武装革命的爆发。此节日始于1969年1月7日，后成为国家烈士纪念日，纪念所有为了巴勒斯坦事业而牺牲的巴勒斯坦人。这些为国牺牲的英雄不仅有青年人，还有妇女、儿童和老人。人们在这一日缅怀那些为了巴勒斯坦事业前仆后继的先烈英雄，并用自己的方式向他们致敬。在这一日，烈士们为国献身的爱国情怀和革命精神得到传承和弘扬，激发后辈们继续投身于争取自由、独立、难民回归等合法权利的正义事业中。纪念节日使得革命先烈的爱国情怀和献身精神一代代传承。

传统节日或纪念日是一个文化的重要标志和载体，它标志着一个群体历史上的重要事件或人物，承载着世代流传下来的历史经验积累，它是一个群体文化记忆的重要组织形式。人民通过参与节日的各种庆典和纪念活动，得以重温对群体具有重要意义的过去的经历，理解群体历史文化中重要的记忆符号，进而确认自我在群体及历史进程中的位置，从而加深对自我群体的身份认同。因此，节日的纪念绝不仅仅是记忆的重复，更是群体认同的深化和加固。节日就像是集体记忆的外置提醒器，

第五章　后奥斯陆时期巴勒斯坦集体记忆与认同的建构

将个体从个人空间拉入集体的领域和思维中，促使个体以集体的视角来看待历史、当下和未来，从而强化个体作为集体一分子的身份意识。节庆历法是规划和引导集体行为的一个重要方面。所以，从一个群体的传统节日可以看出对该群体具有重要意义的事件、人物或思想、价值等信息。

由此可见，如果不想让巴勒斯坦的后代们遗忘过去的悲惨遭遇，节日纪念是最好的记忆方式，所以巴勒斯坦领导机构每年都会周而复始地策划和组织灾难日、烈士纪念日、挫败日等纪念活动。这些活动不仅使得巴勒斯坦的过去记忆得以传达给后代和外部世界，同时把巴勒斯坦人的身份意识深植于巴勒斯坦人的内心，激发着他们为了这个身份的合法权益而奋斗献身。此外，这些节日年复一年地在巴勒斯坦社会得到隆重纪念和广泛关注，也说明这些节日背后所承载的历史事件和历史意义对于巴社会来说具有非常重要的意义，是他们群体历史中不可遗忘的一部分，也构成他们群体身份的一部分，不可忘也不能忘。因此，当被问及何时对自己巴勒斯坦人的身份感知最强烈时，巴勒斯坦人特别是年轻人会回答说："灾难日纪念活动的时候……特别是在（节日）游行当中，我更能感觉到我的归属。"[1]

第二节　历史记忆建构对群体认同的提升

马克思说："人即使不像亚里士多德所说的那样天生是政治动物，无论如何也天生是社会动物。"社会中，一个人的身份事实上主要是由个人在社会中大大小小的群体中所扮演的角色和所处的位置构成的，因此个人的认同依赖于群体身份。一个人的身份认同归根结底只是个人在

---

[1] The Forced Migration and Refugee Unit of The Ibrahim Abu‐Lughod Institute of International Studies, *Palestinian Refugees: Different Generations But One Identity*, Birzeit University, 2012, p. 19.

巴勒斯坦：记忆与认同

社会生活中所确立的对特定群体的归属感的总和。同时，社会群体是一个社会建构物，离不开个体，离不开群体成员作为个体的社会经验和知识，群体由此形成自己的同一性和独特性。个体对这个群体的归属感越强烈，该群体的同一性和独特性就越稳定与持久，而对群体成员的吸引力或内聚力也就越强大。由此，成员对该群体的归属感即认同感也就越强烈。可见，群体与个体及群体认同与个人身份之间是一个相互依存、相互增强的关系。巴勒斯坦人这个群体也是如此。它是否强大，取决于巴勒斯坦人对这个群体的归属感和认同感的强烈程度。

巴勒斯坦人群体和其他很多社会群体一样，是社会建构物，是属于"想象的"共同体，是人们在社会交往的过程中形成的。独立的巴勒斯坦人群体的形成与灾难的独特经历和记忆紧密相关。在社会互动中巴勒斯坦的阿拉伯人经历了分类、比较和区分等过程，进而形成独立的巴勒斯坦人这个群体。它从最初的记忆群体发展到巴勒斯坦民族权力机构领导下的政治群体的过程，很多时候其实是一个自下而上的认同发展过程。巴勒斯坦人这一集体身份最初是由社会民众自发性的记忆和情感来维系与发展的。然而，随着时间的推移，特别是进入政治群体的新阶段后，由领导机构通过一些外部手段来强化这种群体意识，并将其植入成员们的意识中，是非常必要的。制定并发动节日纪念是其中的一个重要手段。此外，重视并推广历史文化书写也是一个非常重要的途径。

群体领导机构通过历史文化书写来建构一个有关群体过去的统一叙事，对内有助于发展群体内部成员的统一性和团结性，对外有助于强化群体的独特性和存在合法性。"社会中集体的典型做法是以发生在过去的事件作为自己的统一性和独特性的支撑点。社会需要'过去'，首先是因为社会需要借此来进行自我定义……'只有使过去复活，一个民族才能存活'。"[①] 所以，建构一个群体过去的统一叙事对于强化巴勒斯坦

---

① ［德］扬·阿斯曼著，金寿福、黄晓晨译：《文化记忆：早期高级文化中的文字、回忆和政治身份》，北京大学出版社2015年版，第136页。

第五章 后奥斯陆时期巴勒斯坦集体记忆与认同的建构

人的身份认同意识,对于群体的持续与稳定都有着非常重要的作用,这是巴勒斯坦人由记忆群体发展为政治群体后的当务之急。

巴勒斯坦人群体在巴解组织和巴民族权力机构的领导下,正在努力实现由自然形成的社会群体发展为民族国家等政治意义上的统一体的转变。在以色列和西方部分大国一再否认巴勒斯坦人在政治意义上的存在合法性的背景下,巴勒斯坦人急需一个自己的关于巴勒斯坦"过去"的历史叙事来说明其历史起源和变迁历程,以证明其存在合法性和历史延续性。考察巴勒斯坦的历史叙事,我们可以发现巴勒斯坦的历史建构主要突出迦南时期、阿拉伯帝国时期和近现代时期这三个时期,它们构成巴勒斯坦人群体的历史连续线。

一、迦南时期的阿拉伯属性建构

巴勒斯坦的古代历史可以追溯至史前远古时代,但在巴历史叙事中主要突出和强调的是迦南时期。首先,巴历史强调当代巴勒斯坦人的祖先是巴勒斯坦这块土地上经考古证实的最早的本土居民——迦南人(الكنعانيون)。在古代,巴勒斯坦这块地域被称为迦南之地。迦南人早在公元前3000多年[1]就已在此定居,并创造了繁荣的迦南文明,早于以色列人在此地定居。巴勒斯坦著名历史学家穆斯塔法·穆拉德(مصطفى مراد الدباغ)在其所著的第一本巴勒斯坦百科全书《我们的祖国——巴勒斯坦》(بلادنا فلسطين)中论证"犹太人战胜迦南人并实现在巴勒斯坦的定居是经过了很长时间的斗争才逐渐完成的,而且仅实现了大部分地域的短期统治"[2]。

---

[1] 关于这个时间,有的研究者认为是公元前3000年初,有的认为是公元前3000年中叶开始,更有的研究者甚至指出早在公元前7000年以前此地就已有迦南人的存在。但无论如何,巴方叙事中共同的观点是:在巴勒斯坦这块土地上已知的最早居民是迦南人,且迦南人建立了此地的第一个文明即迦南文明。

[2] مصطفى مراد الدباغ، بلادنا فلسطين – الجزء الأول، دار الهدى، طبعة جديدة في عام ١٩٩١، الصفحة ال٥٦٣.

巴勒斯坦：记忆与认同

其次，诸如迦南人、腓尼基人、阿莫尔人等巴勒斯坦地区的古代居民事实上都可归根于阿拉伯人。无论是迦南人还是旧约圣经中的阿莫尔人（الآموريون），事实上都是阿拉伯人，他们是于公元前 4000 年至前 3000 年之间从阿拉伯半岛迁移至巴勒斯坦的阿拉伯人（即著名的迦南人—阿莫尔人大迁移）。而他们实际上是同一个大部落的两支，其中阿莫尔人留居在沙姆的东南地区（约旦东部），而迦南人定居在沙姆地区的海滨地区和西南地区（即巴勒斯坦）。由于这些迦南人，该地区被称为迦南之地，这是该地区的第一个名字。[1] 纵览巴勒斯坦历史著作不难发现，巴历史学者皆努力证明迦南地区古代居民的阿拉伯属性。权威历史学家们认为："阿莫尔人、迦南人、耶布斯人（اليبوسيين）和腓尼基人都是从阿拉伯半岛来的。当前，巴勒斯坦人的主体部分特别是农村人都是这些古代部落的后代，或者是伊斯兰征服此地后定居于此的阿拉伯穆斯林的后代。"[2]

由此可见，古代巴勒斯坦的历史叙事倾力建构当代巴勒斯坦人民的起源——迦南人的阿拉伯属性，强调以色列人第一次入侵迦南并定居于此之前迦南人业已在此生活了 2000 余年，建立了自己的灿烂文明，且后来的希伯来文化在很多方面都借鉴和吸收了迦南文明。这一方面肯定了巴勒斯坦人与巴勒斯坦这块土地的历史联系，建构了巴勒斯坦人群体的历史起源和历史连续性，维护了巴勒斯坦人群体的存在合法性及其对巴勒斯坦土地的天然权力；另一方面，也否认了犹太人与巴勒斯坦领土的历史关联，驳斥了以方"巴勒斯坦是犹太人的固有家园"的说法。犹太人选择巴勒斯坦建国的主要理由是犹太人的祖先在巴勒斯坦生活过，且其先祖大卫王曾于公元前 11 世纪在此建立过名为以色列的王国。而巴方历史叙事则否认了以色列建国的这一历史依据，因为迦南人比古代犹太人更早定居于该地区，而且其定居时间比犹太人更长，所以巴勒

---

[1] مصطفى مراد الدباغ، بلادنا فلسطين – الجزء الأول، دار الهدى، طبعة جديدة في عام ١٩٩١، الصفحة ال ٥٦٣.
[2] 巴勒斯坦信息中心：https://www.palinfo.com/news/2006/9/13/تاريخ-فلسطين-قبل-الإسلام.

第五章　后奥斯陆时期巴勒斯坦集体记忆与认同的建构

斯坦应是迦南人而不是犹太人的固有家园。继而，巴历史强调迦南人的阿拉伯属性，事实上是将古代迦南人与现代巴勒斯坦阿拉伯人联系起来，用以证明现代巴勒斯坦人是迦南人的后代。这不仅为现代巴勒斯坦人的身份认同提供了种族起源依据，为巴勒斯坦人群体的合法性提供了历史支撑，而且表明了作为迦南人后代的巴勒斯坦人，比起长期消失于该地区的古代犹太人的后代，更是这片土地的合法拥有者，更有资格生活在这片土地之上。

因此，众多巴勒斯坦历史学者纷纷呼吁："犹太人宣称对巴勒斯坦拥有历史权利是毫无根据的、无理的、错误的……他们仅在古代一段时间内知道巴勒斯坦，只是短期拥有其部分土地，且他们的统治是薄弱而间断性的……罗马人将他们击溃之后，犹太人在巴勒斯坦完全消失了，一直到20世纪末犹太人在巴勒斯坦史上都是完全空白的。犹太人进入巴勒斯坦又离开，和其他进出巴勒斯坦的民族别无二致。而阿拉伯人与巴勒斯坦的联系和历史权利则是长久的、明显的、毫无争议的。阿拉伯人一直存在于巴勒斯坦，他们从历史之初，从世界上有犹太人之前，直到今日，一直生活在巴勒斯坦，从未离开。所以，是阿拉伯人，而不是犹太人对巴勒斯坦这块土地拥有历史性权利。犹太人回到巴勒斯坦并建立犹太国家是违背历史的，是世上史无前例的荒谬之事。"[1]

2011年伊斯兰权威机构埃及爱资哈尔（الأزهر الشريف）发布的关于圣城耶路撒冷的文件中宣告："阿拉伯的耶路撒冷源远流长，有着6000多年历史，它是由耶布斯阿拉伯人于公元前4000年修建，早于伊卜拉欣时代2100年，早于先知穆萨（موسى）的犹太教2700年……先知穆萨的旧约是在（古代）以色列人入侵迦南之前以象形文字出现于埃及，100多年后才出现希伯来语，因此犹太教和希伯来语与耶路撒冷和巴勒斯坦没有关系。此后，希伯来人在耶路撒冷仅短暂地存在了不超过415

---

[1] مصطفى مراد الدباغ، بلادنا فلسطين – الجزء الأول، دار الهدى، طبعة جديدة في عام ١٩٩١، الصفحة ال٨-٩.

年，即公元前 10 世纪的大卫和所罗门时代，在此之前，阿拉伯的耶路撒冷早已建立并经历了 30 个世纪的历史……"①

任何一个群体都有自己的起源神话，为群体成员提供身份来源基础。这些关于群体起源的故事或叙述不一定是客观发生的史实，应归于记忆范畴。其真实性或虚构性并不重要，重要的是群体成员相信其真实性，并据此来指导生活着的当下和未来。巴勒斯坦关于古代迦南时期的历史叙事的建构正好为巴勒斯坦人提供了历史来源依据。只有具有重要意义的过去才会被回忆，而只有被回忆的过去才具有重要意义。② 我们不难看出，巴叙事之所以选择迦南时期作为自己的历史起点，是因为这段记忆的复活可以服务于巴认同，为其提供身份合法性，同时可以否认犹太人占领巴勒斯坦的合法性。因此，大力宣传和普及迦南的历史记忆不仅有助于增强巴勒斯坦人对于巴勒斯坦的历史正义感和归属感，进而完善、丰富甚至加固其身份意识，而且有利于增强巴勒斯坦人群体的共性和凝聚力。

二、阿拉伯帝国时期伊斯兰属性的凸显

公元 7 世纪伊斯兰帝国的建立将巴勒斯坦正式纳入阿拉伯伊斯兰大家庭，并且在此后很长一段时间里，巴勒斯坦都是作为其中的一分子而存在，没有独立的巴认同出现。那么，这一时期何以成为巴历史认同建构的重要时期呢？究其原因，伊斯兰时期构成古代迦南和现代巴勒斯坦人之间重要的连接体，证明现代巴勒斯坦人群体是古代迦南人的后代这一历史连续性。

毋庸置疑，在巴勒斯坦进入现代以前，它一直被视为阿拉伯世界的

---

① فضيلة الإمام الأكبر أ.د.أحمد الطيب، وثيقة الأزهر عن القدس الشريف، مجلة الأزهر، نوفمبر ٢٠١١م

② ［德］扬·阿斯曼著，金寿福、黄晓晨译：《文化记忆：早期高级文化中的文字、回忆和政治身份》，北京大学出版社 2015 年版，第 73 页。

第五章　后奥斯陆时期巴勒斯坦集体记忆与认同的建构

一部分，因此该地区的居民只有阿拉伯人这一统一身份。而这一身份之所以存在，是因为伊斯兰大扩张将其纳入阿拉伯帝国的版图之内。中世纪，阿拉伯帝国的崛起和繁盛将阿拉伯人这一身份迅速推广与普及，帝国广大疆域内的人民几乎逐渐被称为阿拉伯人，巴勒斯坦地区的居民也不例外。而且，这段历史时期相较于迦南时期更近，较易得到考证和证实，因此对于巴勒斯坦地区的居民来说，他们阿拉伯人身份几乎毫无异议。以色列和西方部分国家目前仍不承认巴勒斯坦人的存在就是基于这一点，认为该地区的居民是阿拉伯人，而非独立的巴勒斯坦人。既然这一时期巴勒斯坦地区居民的阿拉伯人身份得以确立，那么作为阿拉伯人的迦南人是本地区阿拉伯人的祖先这一说法就显得比较容易被接受。因此，这一时期在巴历史中起着承前启后的作用，既继承了阿拉伯的迦南人的含义，也确立了此后巴居民的阿拉伯人身份。阿拉伯人身份是独立的巴勒斯坦人身份发展的前提，是建构巴勒斯坦认同意识引导下的巴勒斯坦历史叙事中不可缺少的一部分。

实际上，这一时期的巴勒斯坦历史叙事几乎是和阿拉伯叙事重合的，因为此时期巴勒斯坦人是阿拉伯民族中的成员。然而，它对于巴认同的建构并非无足轻重，不少巴学者借助耶路撒冷重要的宗教地位以及人们对圣城的热爱和保卫精神将巴勒斯坦刻画为一个特殊的宗教单元来构建巴的整体概念，从而证明巴认同早在犹太复国主义之前就已存在。拉希德·哈立迪（راشد الخالدي）在考察巴勒斯坦现代民族意识的建构过程中就采用了这一模式，他认为："（巴）现代民族主义是植根于一种对耶路撒冷和巴勒斯坦作为一个神圣共同体的长期关切态度，这是一种对可感知的外部威胁的反应。19世纪末欧洲势力和犹太复国主义的入侵只是这类外部威胁中最新近的事例而已。"[1] 因此，他认为巴勒斯坦的群体意识事实上早在犹太复国主义和现代欧洲殖民之前就已显现，其

---

[1] Rashid Khalidi, *Palestinian Identity: The Construction of Modern National Consciousness*, Columbia University Press, 2009, p. 28.

主要依据就是耶路撒冷的圣城地位。

除了在历史连续性和宗教重要性方面的作用之外，哈马斯还常借这段历史中先知穆罕默德从麦加迁移至麦地那的故事来激励离开巴勒斯坦的巴勒斯坦人，意指他们将来也能重返巴勒斯坦。另外，哈马斯号召巴勒斯坦人回归伊斯兰教，强调巴认同中的伊斯兰因素，也将这段时期包括巴勒斯坦人在内的阿拉伯人的鼎盛状态作为现代痛苦遭遇和困难现状的对比和希望，以此将伊斯兰教和人民生活幸福度联系在一起，主张拥护伊斯兰教的宗旨和核心必定能恢复旧日的辉煌和荣耀生活。因而，它主张巴勒斯坦人当下困境的解决方法就藏于伊斯兰教中，号召人民重新回归纯正的伊斯兰传统，在伊斯兰旗帜下团结一致，通过"圣战"赢回巴勒斯坦，保卫伊斯兰文化。

由此我们可以发现，巴勒斯坦一方关于近现代以前的时期的叙事主要为巴勒斯坦人建构了一个阿拉伯伊斯兰的过去。巴勒斯坦和阿拉伯学者一方面从宗教经典、考古发现和语言文字等各方面力证巴勒斯坦的阿拉伯伊斯兰属性，进而主张巴勒斯坦阿拉伯人才是这片神圣土地的合法继承人；另一方面否认犹太人与巴勒斯坦的历史关联，认为以色列所宣称的很多历史事件、地点和人物等历史关联都是想象的、虚构的，甚至也是源于阿拉伯的。

在此，无需考证这些历史的真实性，而是应该透过这种历史建构行为来探究巴勒斯坦人的思想和意愿。巴勒斯坦人将整个历史阿拉伯化和伊斯兰化的最主要目的应在于为自身身份提供合法性依据。这是因为，明确、独立的巴勒斯坦人身份是晚近才成型的，与其他国家公民的身份不一样，巴勒斯坦人的身份在很长时间里缺乏国家体系赋予的政治内涵，而且缺乏一种证明其身份合法性的历史连续。所以，巴方历史叙事必须为自我身份建构一个符合自身利益的过去。将现代以前的那段历史阿拉伯伊斯兰化而不是巴勒斯坦化是符合巴勒斯坦人独立身份意识发展过程的。此外，将巴勒斯坦置于更大的阿拉伯伊斯兰的背景下，也有利

第五章　后奥斯陆时期巴勒斯坦集体记忆与认同的建构

于借助阿拉伯和伊斯兰的强大力量来抵抗犹太复国主义的侵略。

三、近现代时期的巴勒斯坦特性的强调

近现代的历史建构以建构独立的巴勒斯坦人身份概念为主要特点。有了阿拉伯伊斯兰的早期历史，现代巴认同的萌芽和发展就显得符合历史发展规律，而非凭空想象。阿拉伯伊斯兰的身份意识和归属认同是巴独立认同产生的沃土和根基。巴勒斯坦近现代时期的历史充满了反抗西方殖民主义和犹太复国主义运动的不懈斗争，和欧洲殖民主义的发展关系密切。可以说，巴勒斯坦人在近现代史中经历了无数次的失败和打击，特别是1948年战争的失败对巴勒斯坦人产生了前所未有的影响。令人惊奇的是，这些失败和打击反而促发了巴独立认同的成型和增强。这一时期的历史建构不再突出其阿拉伯身份，而是无时无刻不强化和凸显巴勒斯坦的独特，号召和强调独立的巴勒斯坦人身份的存在，动员人们去认同这个身份并为实现该身份的合法权利而奋斗。

在近现代阶段的历史建构过程中，现代巴勒斯坦的边界得以确立。巴历史书写在这一边界的形成和普及当中发挥了重要作用，历史学家穆斯塔法·穆拉德（مصطفى مراد الدباغ）这么描述巴勒斯坦的地理位置："巴勒斯坦——我们的祖国，坐落在西亚，位于北纬29°30′—33°15′，东经34°15′—35°40′之间，西邻地中海，东邻叙利亚、约旦，北部与黎巴嫩、叙利亚接壤，南邻西奈和亚喀巴湾……陆地面积约27009平方公里。"① 瓦利德·哈立迪在其《为了不遗忘：以色列1948年破坏的巴勒斯坦村庄和烈士名录》中收录了多幅地图和村庄图片，更加直观、详细地描绘了现代巴勒斯坦的地理地貌等内容，这些村庄和地点也共同组合成一个巴勒斯坦整体的边界，与穆斯塔法等其他历史、地理和记忆类

---

① مصطفى مراد الدباغ، بلادنا فلسطين – الجزء الأول، دار الهدى، طبعة جديدة في عام ١٩٩١، الصفحة ال١٥-٢١.

巴勒斯坦：记忆与认同

书籍所勾勒的地理范围重合。

代表着现代巴勒斯坦地域范围的"英属巴勒斯坦托管地"地图也频繁出现在巴公司、机构、学校等地的广告或简介中。借助电视节目、书籍、报纸、书报、网络等现代传媒手段的传播，现代巴勒斯坦的地图广泛地植入了巴社会的公共话语和巴勒斯坦人脑海中。这些地图不仅体现了巴勒斯坦独立单元的凸显，更代表了巴勒斯坦人在1948年战争中丧失的领土和生活。对于巴勒斯坦人来说，地图既代表了美好的过去，又展示了未来的希望。地图所代表的现代巴勒斯坦地域边界的确立实际上象征着巴勒斯坦人群体边界的确定，将巴勒斯坦人群体的过去、当下和将来带入具体的领土范畴和明确的历史进程。

基于这个被巴勒斯坦大众广泛接受和认同的地域边界，以色列的建国被认为是殖民主义对巴领土的侵略。巴勒斯坦人守卫国土和家园的失败被认为是必然结果，因为他们面对的是强大的西方殖民主义势力对犹太复国主义的支持与合谋。这种殖民主义阴谋论的典型例证就是为犹复运动侵占巴土地提供了最初法律依据的《贝尔福宣言》。爱德华·W.萨义德表示："关于《贝尔福宣言》，最重要的是它为犹太复国主义宣称对巴勒斯坦拥有所有权的行为提供了法律基础……这个宣言是由一个欧洲国家对一块非欧洲的土地在完全不考虑本土多数居民的存在和愿望的情况下做出的。而且该宣言将这一块土地承诺给了另一个外族群体，以便这个外族群体可以将这块土地作为犹太人的民族家园……《贝尔福宣言》理所当然地认为一个殖民主义国家拥有更大的权利去处置它认为合适的领土。"[1] 面对比自己强大数倍的以色列和西方殖民主义势力，巴勒斯坦人所做的一切牺牲、冲突和斗争都被刻画为英勇的反殖民主义侵略抵抗行为。因此，1936—1939年的巴勒斯坦人大起义在众多历史记载和文学创作中被描绘成巴民众团结一致反抗英国殖民主义的英雄赞

---

[1] Edward W. Said, *The Question of Palestine*, Random House in the United States, 1980, pp. 15–19.

第五章　后奥斯陆时期巴勒斯坦集体记忆与认同的建构

歌。后续的一系列巴以冲突和战争也大多采取同样的方式被书写为反以反殖的正义斗争。

这种思维模式在巴民众中具有强大的动员力量，武装抵抗成为巴解放运动中主要的斗争方式之一。缠着头巾、端着机枪的巴抵抗战士和做着胜利手势、手握石块的巴青少年形象几乎随处可见，成为巴抵抗斗争的标志性形象。后期，巴解组织选择政治谈判的策略虽然取得一些成就，但从哈马斯崛起并获得越来越多民众支持率的情况可以看出，巴勒斯坦人民并未放弃武装斗争和反以反殖的立场。哈马斯将这种抵抗斗争和伊斯兰"圣战"联系起来，号召人们团结在伊斯兰的旗帜下，消灭以色列，最终实现巴勒斯坦全境的解放并在巴全部领土上建立以耶路撒冷为首都的巴勒斯坦国。无论哈马斯的斗争目标能否实现，它都在很大程度上反映了巴勒斯坦人对现代巴勒斯坦边界和反以斗争正义性的认同。

此外，除了武装抵抗之外，巴勒斯坦人身份的存在和认同也被认为是一种抵抗以色列殖民主义的行为。巴勒斯坦人认为，只要巴勒斯坦人群体继续存在，其对巴勒斯坦领土的权利被剥夺的事实就不会被遗忘，那么以色列继续占有巴领土的合法性就难免受到质疑。在屡次失败的阿拉伯国家与以色列的战争中，巴勒斯坦人意识到其阿拉伯认同并不能导向自我难题的解决。而且，在自身武装力量与以色列差距甚大的情况下，只有通过强调独立的巴勒斯坦人群体认同，才能凸显巴领土对巴勒斯坦人民的不可或缺性和解决巴问题的必要性，才能使国际社会认识到巴勒斯坦人群体才是丧失权利的苦难受害者，才是"受害者的受害者"，继而赢得外部世界的支持和援助，进而坚持这场持久战直至巴问题的合理解决。

可见，在近现代引导巴勒斯坦独立认同的叙事和全民抵抗形象的建构过程中，历史文化书写发挥了不可忽视的作用。穆斯塔法·穆拉德(مصطفى مراد الدباغ) 通过超过7000页的鸿篇巨制向巴勒斯坦人展现了"想

巴勒斯坦：记忆与认同

象的巴勒斯坦"的城市、村镇、部落等全部细节，为巴勒斯坦人保存了一个现实、独特、完整的巴勒斯坦历史全貌。此类书籍通过其历史事件和活动区域的记叙，实际上为巴勒斯坦人勾勒出一个地理边界和群体边界，刻画了一个阿拉伯大背景下独立、独特的巴整体图景。阿里夫·阿里夫将巴勒斯坦描绘为巴勒斯坦人的"失乐园"。详述灾难的事实经过是为了记住和保存巴勒斯坦人保卫家园的奋战和付出的代价，是为了让子孙后代和外部世界了解巴勒斯坦的事实真相和巴勒斯坦人的悲惨遭遇，更是为了有朝一日能回返家园和权利回归。格桑·卡纳法尼（غسان كنفاني）的文学作品广泛传播并深受读者喜爱，使巴勒斯坦人民日复一日伤痛绝望的悲剧现实得以在世界各地读者的眼前真实展现。他不仅是一位伟大的文学家，更是一位用笔和思想战斗的巴勒斯坦斗士。他一边向世人传达巴勒斯坦人所遭遇的人间悲剧，一边号召巴勒斯坦人团结、反思、奋斗。爱德华·W.萨义德一直被认为是巴勒斯坦问题在西方的代言人，他将巴勒斯坦人的流亡经历和争取自决权的斗争展示给西方社会，以改变巴勒斯坦人在西方人眼中的恐怖分子印象。著名巴勒斯坦抵抗诗人马哈茂德·达尔维什的作品几乎全是关于巴勒斯坦人的认同、抵抗、流亡、回归权，以及以色列的侵略、封锁等内容的，为分散各地的巴勒斯坦人描绘出一个记忆和想象中的家园形象，字里行间充满的思乡之情和民族使命感鼓舞并激励着巴勒斯坦人为了民族解放和独立而抵抗奋战。

总之，无论是阿里夫·阿里夫的"失乐园"，还是马哈茂德·达尔维什的"乡愁"和"抵抗"，无不在凸显巴勒斯坦的整体感和唯一性，建构巴勒斯坦人民的命运共同体，呼吁人民共同奋斗以改变悲剧命运，争取民族权利。

建构论认为，过去并不是原封不动存在的，而是人们从当下的情境和利益出发而建构的。任何一个群体所建构的过去都是从对我群体是否有利这一点出发的，巴勒斯坦人群体当然也不例外。在巴勒斯坦人对历

第五章　后奥斯陆时期巴勒斯坦集体记忆与认同的建构

史的建构中，无论是对古代巴勒斯坦地区原住居民迦南人的阿拉伯属性的宣称，还是早期阿拉伯伊斯兰集体身份的凸显，以及近现代对独特巴勒斯坦特性的强调，无不在证明巴方对巴领土拥有天然的合法权利。这是巴民族解放斗争正义性的依据和基础。这种从阿拉伯叙事到巴勒斯坦独立性叙事的发展和转变为巴勒斯坦人建立了一个有着历史连续性和发展合理性的群体形象，从而加强了人们对巴勒斯坦人历史及属性的认知和了解，有助于巴勒斯坦人身份意识在人们脑海中的强化和具体化，由此增强人们对巴勒斯坦人这个群体的认同与归属。

第三节　传媒技术的发展对个体的群体认同的巩固

在建构主义的视角下，身份认同是可建构的，群体认同也是可建构的，而且在很多时候，一个群体需要有意识的建构行为来维护和加强群体认同。也就是说，群体可以通过外部手段将那些影响和促进成员归属感的经验、知识和记忆等内容植入成员的思想意识中，从而实现成员的集体意识和归属感的培养与巩固。这些外部手段中，除了上文提到的进行节日纪念活动和历史文化书写等以外，另一个重要手段便是利用现代传媒技术的发展来影响和引导群体成员的认同意识。在独立的巴勒斯坦人群体形成和发展的各个阶段，报纸、期刊、广播等传媒手段在传播集体意识和深化集体归属等方面都发挥着主要的作用。特别是巴民族权力机构成立之后，电视、互联网等现代大众传媒手段飞速发展，成为巴领导机构宣传和动员人民的主要手段。

一、传统媒体在群体认同建构过程中的作用

以报纸为代表的传统媒体在巴勒斯坦政治文化生活中起着重要的作

巴勒斯坦：记忆与认同

用。1908年，巴勒斯坦地区创办了不少于15份阿拉伯报纸和期刊，直到一战爆发时新增了约20份报纸与期刊。[1] 其中最重要的包括纳吉布·纳萨尔（نجيب نصار）的《凯尔麦勒周报》（صحيفة الكرمل），以撒·和优素福的《巴勒斯坦》（صحيفة فلسطين）（عيسى داود العيسى），以及乔治·哈比卜（جورج حبيب حنانيا）的《耶路撒冷》（صحيفة القدس）等。

尽管早期巴勒斯坦地区的报业还处于初级阶段，"有估计称巴勒斯坦的阿拉伯报纸在一战之前年销售量仅为约5000份，这相对于当时该地区的65万人口来说比例很小"，[2] 但其影响范围却并非仅限于此。因为当时同一份报纸常常会在公共场所手手相传，或者被当众念诵，特别是在城外的农村，会被读给不识字的农民听。所以，这些报纸和杂志的兴起对巴社会特别是一些大城市的文化生活产生了不小的影响。这些报纸和杂志登载了政治、文化、宗教、经济等多方面的信息。它们通过发行和传播，一方面将西方科技工业的新发现、新发明介绍给当地人民；另一方面也将政治、文化、认同等思想引入巴社会，引起人民对自我社会位置，以及阿拉伯伊斯兰文化在世界文化中的位置的思考和反思。

一战结束后，包括巴勒斯坦在内的阿拉伯社会经历了各种挑战和冲突，此时阿拉伯社会兴起不少倡导社会全面改革的运动。在此过程中，报纸和杂志逐渐演变成一种政治工具。在巴勒斯坦社会面临英国殖民统治和犹太移民的背景下，巴勒斯坦报业在内容和立场上发生了很大变化，成为表达独立愿望、反对殖民主义和犹太复国主义立场的有效工具。各类报纸对犹太复国主义和殖民主义的关注日渐增多，关于国内外政治、武力冲突等大事件的播报也日渐频繁。著名学者拉希德·哈立迪（رشيد الخالدي）考察了一系列主流阿语报纸的文章后发现："1908年之

---

[1] أ.د. عامي أيالون ود. نبيه بشير، مقدمة: تاريخ الصحافة العربية في فلسطين، أرشيف الصحف العربية من فلسطين العثمانية والانتدابية ، وموقعها الرئيسي هو http://web.nli.org.il/sites/nlis/ar/jrayed/Pages/History-of-the-Arabic-Press.aspx

[2] أ.د. عامي أيالون ود. نبيه بشير، مقدمة: تاريخ الصحافة العربية في فلسطين، أرشيف الصحف العربية من فلسطين العثمانية والانتدابية ، وموقعها الرئيسي هو http://web.nli.org.il/sites/nlis/ar/jrayed/Pages/History-of-the-Arabic-Press.aspx

第五章　后奥斯陆时期巴勒斯坦集体记忆与认同的建构

后,阿语报纸中对犹太复国主义殖民运动给巴勒斯坦以及周边地区居民带来的威胁的关注与日俱增。"[1] 犹太复国主义相关事件是当时巴勒斯坦地区主要报纸和杂志报道与传达的主要内容之一。被认为是巴勒斯坦最早的媒体人之一的纳吉布·纳萨尔（نجيب نصار）在其创办的《凯尔麦勒周报》（صحيفة الكرمل）上发表了16集犹太复国主义专辑，成为最早警示阿拉伯人重视犹太复国主义威胁的人之一。

此外，英国统治期间对巴勒斯坦教育的推广和支持，也在一定程度上促进了巴社会思想文化领域的进步和繁荣，一批诗人、文学家和历史学家脱颖而出，而报纸和杂志就成为这些学者表达思想观点的主要途径。随着民族主义运动在巴勒斯坦的发展，学者及政党人员通过报纸和宣传单等传媒方式开展动员群众反对犹复、反对殖民主义，并传播号召统一的爱国思想等民族主义活动。由此，报纸和杂志所发挥的作用不再局限于报道事件本身，而是开始引导和启发群众的政治思想和意识，所以当时报纸上经常出现"殖民主义""犹太复国主义""战争""阿拉伯主义"等带有明显政治色彩的词汇。

1948年巴勒斯坦"大灾难"发生后，巴大部分媒体和报纸生产机构或遭到重创，或迁移出境，且处于埃及、约旦和以色列的相关不同法律政策的统治下，报纸和杂志等本地传统媒体在巴社会中的影响力暂时减弱。然而，随着时间的推移，到20世纪60年代特别是法塔赫和巴解组织成立之后，离散各地的巴勒斯坦媒体人重启或新办了为数不少的报纸和杂志。基于巴勒斯坦人群体独特的悲惨遭遇，政治和革命成为此时期巴报纸的核心内容。例如，1959年巴勒斯坦民族解放运动创办的杂志《我们的巴勒斯坦》（فلسطيننا）是其号召抵抗和革命的主要媒介；格桑·卡纳法尼（غسان كنفاني）1964年创办的半月刊《巴勒斯坦》（فلسطين）具有阿拉伯民族主义的特征，是在各阿拉伯国家的巴民众中传播最广泛的

---

[1] Rashid Khalidi, *Palestinian Identity*: *The Construction of Modern National Consciousness*, Columbia University Press, 2009, p. 121.

巴勒斯坦：记忆与认同

报纸；以及巴解组织创办的《被占领的祖国》(الوطن المحتل)、法塔赫创办的《法塔赫日报》(جريدة فتح) 和杂志《革命的巴勒斯坦》(الثورة)、(مجلة فلسطين)、解放巴勒斯坦人民阵线的《民众报》(الجماهير) 等数十种报纸和杂志皆具有明显的政治性，大部分是由巴勒斯坦各政党和武装组织创办的。①

可见，报纸等传统媒体成了巴各大政治组织政治理想的宣传工具和号召民众斗争抵抗的动员手段。此外，巴政治组织机构也通过这些媒介将巴勒斯坦人的悲惨命运和艰难现状传播到外部世界，成为外部世界了解巴勒斯坦人现实处境和民众意愿的主要途径。而且，报纸和杂志等印刷品也是散居各地的巴勒斯坦人了解和掌握巴勒斯坦整体情况与民族斗争当下进程的有效方式。这些报纸对巴勒斯坦事件和巴以冲突的密集关注与定期播报，将巴勒斯坦深深地植入各地巴勒斯坦人的记忆和日常生活中，使"巴勒斯坦"这个词及其丰富内涵成巴勒斯坦人当下经历和生活的一部分。

及至《奥斯陆协议》签署之后，巴勒斯坦民族权力机构得以成立，尽管其自治权力有限，但在教育和传媒方面享有充分的自由。巴方得以创办独立的报纸、电台和电视台等媒体，以巴方的价值和利益为出发点传播主流政治意识，宣扬独特的巴历史文化价值观，建构统一的群体认同。当下巴官方或半官方的传统媒体主要有：《日子》(الأيام)、《耶路撒冷》(القدس)、《新生活》(الحياة الجديدة)、《使命》(الرسالة)、《巴勒斯坦》(فلسطين) 等报纸（其中前三份报纸是官方媒介，或隶属于巴权力机构，或与其关系密切；后两份报纸隶属于哈马斯，宣扬哈马斯的政治意识观念）；"世代"(فلسطين)、"旗帜"(فلسطين)、"巴勒斯坦的明天"(الغد الفلسطيني)、"未来"(المستقبل)、"青年电台"(إذاعة شبل) 等 41 家电台；"和平"(السلام)、"新

---

① 更多信息详见巴勒斯坦国家信息中心 - 瓦法 (مركز المعلومات الوطني الفلسطيني - وفا) 网页《灾后巴勒斯坦报刊杂志统计表》(صحف ومجلات ونشرات فلسطينية صدرت بعد النكبة (في الشتات))，http：//info. wafa. ps/atemplate. aspx? id =4422。

第五章　后奥斯陆时期巴勒斯坦集体记忆与认同的建构

黎明"(الفجر الجديد)、"祖国"(وطن)等5家公共电视台、31家私人电视台；以及"半岛台"(الجزيرة)和"阿拉比亚"(العربية)等主流外国电视台。

随着全世界进入信息时代，这些由报纸、电台、电视、影视制作和电讯通信等组成的巴传统媒体已然成为巴社会信息网的主要构成。根据本尼迪克特·安德森"想象的共同体"观点，传媒信息网的广泛传播和全面覆盖是现代群体成员实现相互联系的必备条件。巴传统媒体作为现代人生活中不可缺少的部分，其输出的有关巴勒斯坦历史文化和政治意识的文字、声音和图像等信息构成一个巴民众相互交往联系的隐形空间，潜移默化地将群体意识和爱国情感植入巴民众的心中。

二、新媒体对群体认同建构的影响

以网络为主要代表的新媒体席卷全球，巴勒斯坦自然身在其中。尽管巴媒体发展仍处于起步阶段，但网络的普及还是大大促进了巴历史记忆和认同意识的传播与发展。借助网络，巴勒斯坦的声音得以更快、更直接地传达到外部世界。由于网络和通信技术的快速发展，散居各地的巴勒斯坦人更容易跨越地理距离，实现成员之间的交往联系。因此，搭乘新媒体快速发展的"列车"，巴勒斯坦人如若善加利用，则可以使之为建构统一的巴勒斯坦认同做出贡献。

首先，网络成为巴勒斯坦人保存和传播历史记忆的场所。有了网络，个人记忆和集体记忆的互动更加频繁和便捷。任何一个人都可以在网络上发表自己的记忆故事，使之成为集体记忆中的一部分，并影响他人的个人记忆。这种个体记忆之间的相互影响和作用也是一个群体集体记忆产生、变迁及其与个体记忆交叉作用的过程。网络普及后，个体与个体、个体与集体之间记忆的交叉影响和相互促进的现象变得更加普遍和容易，从而使记忆的保持与储存更加稳定、安全，有助于抵抗遗忘。

巴勒斯坦人在网络上建立了多个记忆数据收集库，其中"记忆中的

巴勒斯坦：记忆与认同

"巴勒斯坦"（فلسطين في الذاكرة）被认为是最大的巴勒斯坦人专属网站，被称为每一个巴勒斯坦人的网上家园，里面包含超过 3000 小时的有关巴历史的 600 多次记忆口述记录。还有"巴勒斯坦灾难百科全书"（الفلسطينية）、"（موسوعة النكبة）、"西岸巴勒斯坦"（الضفة الفلسطينية）等巴记忆信息网站，都旨在收集、保存并传播那些对巴勒斯坦人具有重要意义的历史事件和经历经验，使外部世界和巴勒斯坦人后代了解巴问题的根源与真相。

其次，网络变成巴勒斯坦人争取合法权益的斗争工具。一方面，关于巴勒斯坦人特别是巴难民困苦生活的报道通过网络，有助于形成和传播巴勒斯坦人受害的苦难形象，从而引起世界人民反思其产生的原因和思考解决途径。另一方面，网络的发展便利了巴勒斯坦人群体内部及其与外部世界的联系，有利于巴勒斯坦人在行动和意识方面保持统一性。通过考察发现，巴勒斯坦人多次举行的诸如罢工、游行等抵抗活动都是通过脸书（Facebook）或推特（Twitter）等社交网络工具发起、动员并召集的。

此外，网络也成为传播和强化巴勒斯坦认同的有效方式。由于网络和现代数字化传媒的快速发展和普及，有关巴勒斯坦历史记忆的信息在网络上随处可见，巴勒斯坦人的悲苦生活也得到快速、直观的展现，而且世界各地巴勒斯坦人的即时交往也变得更加便捷。因此，这些发展变化将群体内部的共性进一步普及化，有助于促进巴勒斯坦人团结协作、休戚与共的群体意识的发展。然而，由于全球化时代信息大范围地快速流动，网络等新媒体的普及也可能会侵蚀和弱化群体特性。那么，巴领导层如何利用新媒体技术来输出和深化巴民众的群体认同和爱国精神，将是一个重要的问题。

由此可见，在巴勒斯坦独特的历史进程中，民众认同意识的发展与传媒技术的进步有着紧密联系。无论是报刊、广播、电视等传统媒体，还是以互联网科技为基础的新媒体，其输出和传播的文字、声音与图像等内容符号在信息交流的过程中均起着沟通、引导、建构与推广社会文

第五章 后奥斯陆时期巴勒斯坦集体记忆与认同的建构

化价值和意识观念等作用。一个媒体所承载并传播的文化内容实际上提供了一套价值观念、道德意识和行为规范，作为信息接收者的读者经过理解、比较和反思之后，要么因不相容而弃之并转向其他媒体，要么不自觉地适应、分享和认同。因此，每个媒体的受众基本上共享着相似的价值标准、经验期待和未来畅想，而媒体本身及其输出的文化价值就像黏合剂，将受众成员联系在一起，促进群体凝聚力的产生。纵观巴勒斯坦的各类媒体，尽管其具体内容和侧重思想不尽相同，但强调巴勒斯坦人合法权利和巴勒斯坦人斗争正当性的基本立场是一致的。因而，这些媒体的快速普及和发展为巴勒斯坦文化的传播、巴勒斯坦人之间的交流与联系、巴勒斯坦人身份意识的发展和增强做出不小的贡献。

然而需要注意的是，各类传媒科技的发展并不会必然指向其促进社会团结和巩固群体认同的作用。相反，它也可能导致社会不稳定因素的凸显和社会群体内部矛盾的加剧等消极影响。它是一把双刃剑。媒体内容的价值选择与受众社会主流价值相符，并得到国家各类法律、行政手段的支持，这时候较有可能发挥媒体的积极作用。当权力的介入和公众主流价值不符之时，则无法发挥媒体对社会和人群的积极影响。虽然巴勒斯坦国家构建历程尚未完成，但巴权力机构等政治组织在巴社会中发挥着类政府功能。它在通过各类官方或非官方媒体引导人民的认同意识，并号召人民投入建国大业的过程中，应当重视媒体传播与民众主流价值观念之间的动态关系。如何在信息化的今天运用媒体传播的飞速发展增强巴勒斯坦人的集体认同，从而促进巴勒斯坦人建国事业的全面实现，这是值得巴方认真思考的问题。

综合来看，巴勒斯坦认同的建构过程主要依赖于节日纪念、历史话语建构和媒体传播等建构方式。节日纪念凭借其重复性和现时化功能，通过民众的广泛参与和亲身体验，巩固对自我身份意识有着重要意义的记忆内容，从而为群体身份意识的巩固与持续提供动力之源。建构关于群体历史的统一叙事将群体置于人类历史发展的大背景下，为群体来源

巴勒斯坦：记忆与认同

和历史发展轨迹的认知提供合法性依据，从而完善了群体成员所认同的身份的形象和内涵。媒体发展是传播群体意识的有效途径，它可以通过对输出内容的筛选及对传播方式的选择来传达包含特定价值理念与思想意识的信息，进而实现对民众心理和认识的引导与建构。因此，它也是能够增强群体内部成员对群体的认同感及归属感，增强群体内部凝聚力的有效工具。

纵观现代巴勒斯坦社会的节日纪念日历可发现，除了现代国际节日和伊斯兰传统庆典之外，其传统节日的纪念主要源于20世纪的重大历史事件。因为1948年丧失巴勒斯坦的灾难是当下巴群体和巴社会存在的源头，此事件前后巴勒斯坦人的悲剧和奋斗都在一定程度上导致或影响了巴社会的现状。对此过程中重大历史事件和典型人物定期循环的纪念，等同于对巴勒斯坦人群体同一性和独特性的不断提醒与强化，从而促进和强化了巴勒斯坦人的身份意识。

一个社群存在的合法性依据往往来源于该群体的历史连续性，而历史连续性主要来源于对群体历史的叙事建构。因此，巴勒斯坦人将群体的起源追溯至史前时期，坚持其祖先是如今可证的最早定居于巴勒斯坦地区的迦南人，这一历史建构解释了巴勒斯坦人的起源。同时，强调迦南人是阿拉伯人的叙事建构和相关伊斯兰宗教叙事的凸显，将现代巴勒斯坦人和古代迦南人联系起来，构成巴勒斯坦人历史的连续性叙事。

最后，在现代巴勒斯坦人身份意识的传播、维系和发展过程中，现代媒体技术发挥了重要作用，是散居各地的巴勒斯坦人实现沟通联系的工具，也是他们将巴勒斯坦人这个群体想象为一个共同体的社会条件。在合理利用的前提下，现代媒体的发展会是促进巴勒斯坦人群体意识增强与群体凝聚力提升的有效手段。

综上所述，在以政治谈判为主的后奥斯陆时期，建构一个全体巴勒斯坦人都认同的群体形象对该群体的现在和未来而言都异常重要。在争取群体的政治权利和建国事业中，建构巴群体内部统一的群体认同是增

第五章 后奥斯陆时期巴勒斯坦集体记忆与认同的建构

强群体凝聚力和软实力的主要手段。因此，本章考察了当下巴勒斯坦认同的主要建构方式。

因为巴认同与其集体记忆具有紧密关系，所以建构巴认同的第一种主要方式就是节日纪念。通过节日纪念的循环往复和纪念活动的重复开展，复活和强化的不仅是某段记忆本身，而是记忆所承载的群体经历、经验、知识和情感的总和。通过每年节日纪念的持续实践，群体历史文化的复兴、传播和传承得以实现。节日所承载的群体的历史经验和文化记忆是每个成员群体认同的基础和实质。所以，纪念活动的参与和实践是群体成员增强群体归属感的有效方式。举行节日等纪念活动也是将集体价值观念和身份意识植入成员的脑海并扎根于心的有效方式。例如巴社会每年隆重纪念的灾难日（يوم النكبة），很多人表示在这一天对巴身份的感知最强烈。在这一日，巴勒斯坦人不仅重新回到造成当下困境的起点时刻，而且将那一刻的经历和情感带回当下，从而实现了过去和当下的联结。这一日对纪念活动的参与，无论是置身于游行行列的亲身参与，或是与家人和亲友互诉思乡之情的情感体验，抑或是阅读一段灾难故事或观看活动转播的间接经历，诸如此类的参与行为都将各地巴勒斯坦人与巴勒斯坦联系在一起，也将巴勒斯坦人每个个体联结在一起。

建构巴勒斯坦认同的第二种主要方式是建构历史叙事，因为集体过去是一个群体存在的基础和合法性来源。巴群体所建构的历史叙事的主要特点是久远历史时期的阿拉伯化与现代时期的巴勒斯坦化。巴勒斯坦人称巴勒斯坦的最早居民迦南人是阿拉伯人，是现代巴勒斯坦人的祖先。强调迦南人的阿拉伯属性实际上是在证明巴勒斯坦人才是巴勒斯坦领土的合法继承者，而不是犹太人。伊斯兰时期在巴历史叙事中也比较突出，因为通过这一时期的历史叙事和宗教故事，突出了耶路撒冷的宗教神圣性，从而证明了巴勒斯坦人有史以来对巴领土的深厚感情。但是进入现代以后，巴历史叙事则强调其巴勒斯坦属性而淡化其阿拉伯性，旨在增强巴勒斯坦人群体的整体感，建构独立的巴勒斯坦人群体认同。

巴历史从古至今的发展连续性的建构为巴群体的存在提供了合法性依据，使得巴群体的产生成为历史必然。同时，这种历史连续性也将现代巴勒斯坦人的历史经历置入更长更广的人类历史进程，进而证明现代巴勒斯坦人的悲惨遭遇不是历史自然发展的结果，而是需要巴勒斯坦人自己奋斗和全人类予以帮助支持的历史非正义事件。这种历史叙事的建构完善了巴勒斯坦人的身份来源和归属。

第三种主要方式是通过媒体传播。巴勒斯坦社会中，以报纸为首的传统媒体和以网络为主的现代新媒体通过其文字、图像和声音等内容将巴勒斯坦独特的历史文化、价值观念、主流意识等群体文化内容传播开来，促进了巴勒斯坦人对群体文化的认同。同时，媒体内容的传播为巴勒斯坦人营造了一种共同感，这种共同感体现在使巴勒斯坦人个体认为或想象自己和他人处于共同社会，说着共同的语言，关心共同的事件讯息，有着共同的价值观念等。此外，媒体的快速发展特别是网络和数字通信的普及，促进了巴勒斯坦人个体之间的交往，使地理上的距离不再成为巴成员之间交往的阻碍。这种跨越地理距离的交往行为创造了一个想象中的共同家园，每个巴勒斯坦人都可以在里面自由交流、相互联系，由此增强了巴勒斯坦人之间的同属感和对集体的归属感。另外，媒体也是一个快速、有效的召集、动员途径。因此，巴领导机构应重视媒体的良好运用，使其在传播巴勒斯坦文化、增强巴勒斯坦人向心力和动员巴勒斯坦人团结奋斗等方面发挥积极作用。

—— 第六章 ——

集体记忆对统一巴勒斯坦认同的影响

第一节 巴勒斯坦认同的现状及其面临的挑战

进入巴以和谈阶段后，巴勒斯坦人群体正式具有政治意义，成为一个政治层面的社群。从上文论证可见，在巴勒斯坦人身份意识的维系过程中，历史记忆的传承在其中扮演了非常重要的角色，是一切现状的源头，形成每一代人对巴勒斯坦的第一印象和感知。但记忆和意识在传承过程中也并非一成不变，每一代人在坚守历史记忆和接受原初身份的同时，也拥有自己的见解和斗争方式。这意味着巴勒斯坦人的身份建构过程不是稳定不变的，而且身份认同本身也可能会因社会环境的不同而产生变化。那么，在这个全新的时代背景下，巴勒斯坦人身份认同会如何发展变化呢？

很多研究表明，在《奥斯陆协议》签署之后，巴勒斯坦人对于自己作为巴勒斯坦人这一身份的认同感仍旧强于他们对宗教和部族民员等身份的认同感，但是和前20年相比有少许减弱趋势，其原因主要在于和平进程的受挫和经济环境的恶化。特别是2000年阿克萨起义被认为埋葬了《奥斯陆协议》，这是和平谈判长期僵持的后果，也造成和谈进程的彻底中断。随之而来的是以色列对部分巴勒斯坦地区的重新占领，并在加沙和西岸设置军事路障，将巴勒斯坦人的活动区域切割成一个个小板块，生活和交往皆受到极大影响。同时，以色列在巴勒斯坦人地区实行各种铁腕政策，使巴勒斯坦人备感受挫和屈辱。

另外，巴勒斯坦人的经济状况持续恶化，失业率高涨，其经济生活对以色列的依赖度不降反增，这使得人们对巴领导机构的认同感降低。而且，《奥斯陆协议》中完全未提及以色列境内的巴勒斯坦人群体，使得他们感受到一种在以色列社会和巴勒斯坦社会中的双重边缘化，因而削弱了他们的巴勒斯坦认同感，但在以色列和巴勒斯坦两者中间，绝大部分人仍会选择巴勒斯坦。此外，巴勒斯坦人不相信以方会撤退，且《奥斯陆协议》忽视了很多关键问题，例如难民回归问题、巴勒斯坦领土问题、巴勒斯坦人活动自由等，因此该协议的签署遭到部分巴勒斯坦人的批评和抵制，其中爱德华·W. 萨义德和马哈茂德·达尔维什都曾明确表示对巴解组织签署协议的不满。

在这期间，宗教认同也有所增强。这一方面是由于1987年第一次巴勒斯坦起义期间成立了一个伊斯兰抵抗运动组织（حركة المقاومة الاسلامية），简称哈马斯，该组织倡导伊斯兰宗教认同。一个人在不幸和绝望的时候，通常都会诉诸于宗教寻求精神支持和动力。巴勒斯坦人在持续的压抑和打击下，转而投靠哈马斯也在情理之中。此外，对于绝大部分信奉伊斯兰教的巴勒斯坦阿拉伯人来说，宗教本身就是他们生活中必不可少的一部分，在他们心中占有非常重要的位置，事实上他们的穆斯林身份一直存在，在现实生活受挫之时，他们选择跟随哈马斯并不是偶然之举。

尽管研究表明新时期各部分巴勒斯坦人对巴勒斯坦的认同仍然很强烈，这仍是他们的主要认同形式，但要形成统一的巴勒斯坦认同，却面临着不少挑战：

第六章　集体记忆对统一巴勒斯坦认同的影响

一、当下离过去越来越远

"当我们距离属于我们过去的巴勒斯坦越遥远，我们的身份就越不稳定，我们的生活就越受到打扰，我们的存在就越断断续续。我们什么时候成为'一个民族'？什么时候开始不再是'一个民族'？抑或我们正在成为'一个民族'……"① 这里，萨义德强调了一个事实：距离过去越遥远，我们的身份就越不稳定。因为巴勒斯坦民族国家建构尚未完成，过去的巴勒斯坦是巴勒斯坦人身份合法性的来源，也是巴勒斯坦人建国抗争的依据，所以其重要性不言自明。1948年至今已经过去了半个多世纪，作为亲历灾难事件的第一代人已经逐渐逝去，带走了多少有关过去巴勒斯坦和灾难经历的故事和记忆？记住和回忆不会长久，遗忘不可避免，回忆是人类抵抗遗忘的行为。尽管人们努力保存和传承记忆，但是仍无法阻挡遗忘发生。随着时间的推移，巴勒斯坦人对最初的情感和记忆势必产生变化，进而影响其身份认知。因此，如何保存前辈故事是统一巴认同建构所面临的一大难题。

二、巴解和哈马斯引导的不同身份内涵

巴解和哈马斯是巴勒斯坦社会的两大主要政治力量，对巴勒斯坦身份的定义起着关键作用，然而它们的指导思想却有着极大的不同。其中，巴解倡导世俗主义的民族认同，曾主张通过武装斗争消灭以色列，并在整个巴勒斯坦地区建立一个统一、独立的现代国家，后期指导思想有所调整，主张运用一切手段在西岸和加沙地带建立巴勒斯坦国。在巴解出现之前，巴勒斯坦人对巴勒斯坦的认同和巴勒斯坦人身份的认同可

---

① ［美］爱德华·W. 萨义德著，金玥珺译：《最后的天空之后》，中信出版社2015年版，第42页。

以说是模糊、感性、无组织和不统一的。巴解成立后，则尝试将这种认同引导为政治意义的民族认同或国家认同。

作为当时巴勒斯坦人的唯一合法代表，巴解在1988年宣布建国。《巴勒斯坦国民宪章》就巴勒斯坦的疆域、性质、认同、象征等各方面做出明确定义：第一，巴勒斯坦的地域界限确定应以英国委任统治时期的划分为依据，认为"英统期间划定的巴勒斯坦是一个不可分割的地域单元"；第二，界定了巴勒斯坦及人民的民族属性，即"巴勒斯坦是巴勒斯坦阿拉伯人民的祖国，是大阿拉伯世界不可分割的一部分，巴勒斯坦人民是阿拉伯民族的一部分"；第三，限定了巴勒斯坦人群体的边界，"1947年以前，常居巴勒斯坦的阿拉伯居民都是巴勒斯坦人，1947年后，无论在巴勒斯坦境内还是境外，只要其父是巴勒斯坦阿拉伯人，他就是巴勒斯坦人"；同时，"犹太复国主义侵略开始之前常居巴勒斯坦的犹太人也被认为是巴勒斯坦人"；第四，强调了巴勒斯坦人的合法权利——"巴勒斯坦阿拉伯人拥有在其祖国的合法权益，祖国解放后拥有根据自我意愿和选择的命运自决权"；第五，明确了巴勒斯坦特性——"巴勒斯坦特性是一种永不消失的必然的固有属性，世代相传，犹太复国主义的占领，巴勒斯坦阿拉伯人遭遇劫难而离散，都不能断绝和否认其巴勒斯坦特性和巴勒斯坦认同"；第六，突出巴勒斯坦和阿拉伯的密切关系，重申阿拉伯统一和解放巴勒斯坦是相辅相成、相互促进的两面，解放巴勒斯坦是阿拉伯世界抵抗犹太复国主义和帝国主义的义务，肃清巴勒斯坦犹太复国主义的存在是所有人民和政府的责任和义务；第七，否认分治决议及以色列的建立，这有违巴勒斯坦人民的意愿和天然权利，有违联合国章程各项规定特别是命运自决权，否认《贝尔福宣言》的合法性，强调犹太人对其与巴勒斯坦关联性的说法不符合历史事实；第八，确立武装斗争是解放巴勒斯坦的唯一途径；最后，声明巴解组织是各巴勒斯坦革命力量的代表，负责领导人民为了收复、解放祖国，回归家园并实践自决权而斗争。此外，巴解还创立了包含国旗、国

第六章　集体记忆对统一巴勒斯坦认同的影响

歌等具有现代国家象征意义的标识符号系统。[1]

可见巴解主要倡导的是一种现代民族国家的概念，是一种国家主义性质的认同，其目标是像周边地区阿拉伯国家一样建立一个独立的巴勒斯坦国，并希望通过武装斗争来实现。但需注意的是，它号召这种认同的基础是难民返回家园的强烈渴望和消灭以色列并解放巴勒斯坦全境的未来寄托。基于这种感情共鸣，武装抵抗的热情和牺牲奉献精神才能在很大程度上被激起。因而，这种具有抵抗特征的对（未来可能建立的）巴勒斯坦国的认同是巴解动员全体巴勒斯坦人的主要方式。

然而，后期《奥斯陆协议》的签署标志着巴解背离了武装斗争政策。很多巴勒斯坦人认为该协议对巴方并不公平，忽视了巴以冲突中的根本问题，难民回归家园、领土解放、巴勒斯坦人财产等问题皆未在协议中有所涉及。因而，巴解被认为是以放弃巴勒斯坦人的根本利益为代价来实现其政治目的。这在巴解认同建构的过程中产生了不可忽视的消极影响。尽管部分人认为这是迈向成功的第一步，有利于巴以双方结束长期敌对状态走向和平解决，但不可否认的是，巴解承认以色列，并放弃"武装斗争是唯一途径"的做法遭到很多反对。而后期巴以和谈的不顺、巴解治下人民生活未有太大改善等问题的不断出现和民间不满情绪的积累致使部分人对巴解失去信心，转而支持哈马斯的伊斯兰理念。这进一步造成巴勒斯坦社会的分裂，不利于巴勒斯坦统一认同的形成和巴勒斯坦建国的完全实现。

哈马斯则强调伊斯兰的抗争精神。它反对同以色列和谈，不放弃武力消灭以色列，其主要目标是在巴勒斯坦建立一个伊斯兰国家，主张巴勒斯坦不仅是巴勒斯坦人民的领土，更是伊斯兰的领土。它认为巴勒斯坦的特性与伊斯兰教密不可分。哈马斯将巴勒斯坦人当下的恶劣现实和历史上的失败归结于人们对伊斯兰教本源的偏离，要求人们回归真正的

---

[1] 更多内容请见附录1。

伊斯兰价值，号召人们将巴勒斯坦问题视为宗教问题，应以宗教为出发点来思考解决方法。因而，它将针对以色列进行的武装斗争称为"圣战"（جهاد），组织和策划针对以色列的各种暴力活动。

考察其宪章可发现，它与巴解最大的区别就在于其牢牢抓住伊斯兰作为活动根基和动员力量。哈马斯所宣扬的认同的核心和武器都是伊斯兰，其目标是结束外来占领，收复整个巴勒斯坦地区，而不是部分区域的自治，并否认以色列存在的合法性，决心用武力来实现最终目标。因此，我们可以发现哈马斯和巴解的政治主张不同，特别是后期巴解组织偏向和谈放弃武力之后，两个组织之间更是分歧明显、争斗不断。

2006年哈马斯击败法塔赫赢得全国选举的胜利，由此可看出哈马斯所主张的伊斯兰特征的巴勒斯坦认同得到不少巴勒斯坦人的支持和拥护。当然，这其中也有巴解所领导的世俗政治进展缓慢的原因，但也不排除巴勒斯坦人对伊斯兰身份价值观的肯定以及对"圣战"收复巴勒斯坦的拥护。然而无论是何原因，这两种认同形式的相互竞争，必然减缓了政治层面巴勒斯坦人统一认同的确立，阻碍了巴勒斯坦问题的解决。这既是当下巴勒斯坦身份认同的现状，也是其培养统一认同的难题之所在。

三、各地巴勒斯坦人不同的身份诉求

巴勒斯坦建国所面临的一大难题就是巴勒斯坦人口分布呈分散隔离状态，没有统一的社会经济生活，各板块人口所面临的问题和期望的未来有所不同。这首先表现为流亡海外的巴勒斯坦难民和本土巴勒斯坦人的差异。前者在各国面临不同的政治、经济难题，生活水平高低不一。大部分人仍住在难民营，依靠国际社会的救济生活，且除了少部分人之外，大多未取得寄居国国籍。他们最大的希望就是回到巴勒斯坦故土。

第六章 集体记忆对统一巴勒斯坦认同的影响

因此,他们所认同的巴勒斯坦,代表着有朝一日回归故土的希望。而留在本土的巴勒斯坦人,他们的主要问题则是解决民族矛盾:反抗以色列的打击,实现本地区全方面的自治,发展本土经济,脱离以色列的限制和对以色列经济的依赖。由此可见,海外和本土两部分巴勒斯坦人的主要诉求和奋斗目标存在差异。

对于海外巴勒斯坦人来说,由于长期生活在异国,巴难民与巴勒斯坦本土的社会经济联系甚为微弱。同时,流落各国的巴难民互相之间的联系也不紧密,而是更多地与当地社会相关联。所以,除了回归的希望之外,流亡在外的巴难民与各方的联系都不紧密,这不利于形成统一的社区。由于长期远离故土,回归一再被阻,巴难民在地理、社会、经济等各方面都与巴勒斯坦本土逐渐失去联系,对故土的情感和回归的希望都有可能随着时间的推移而有所减弱。

留在本土的巴勒斯坦人也并非处于统一协作的状态。以加沙地带和约旦河西岸为例,以色列建国后,分别处于埃及和约旦统治下的加沙和西岸存在很大差异。约旦在西岸推行约旦化政策,进行大规模投资,地区经济得到发展,人民生活相对容易。而加沙地带则处于埃及的军事统治之下,并未被视为埃及的一部分,在此居住的巴难民不能移民埃及或其他国家,只能依靠联合国的救济度日,生活极度贫困。两个地区的差距由此产生,尽管在以色列1967年占领了这两个地区之后,它们同处于以色列统治之下,但由于以色列的差异化管理,两地的差距未减反增。到2009年,加沙地带的贫困发生率(33.7%)是西岸(16%)的两倍。事实上,2004年以来,两地贫困发生率的差距日渐增长。2004年至2009年,西岸的贫困率从23%降至16%;与此相反的是,同时期的加沙从原来的30%增至33.7%。[1] 经济贫困伴随着高失业率,2000

---

[1] World Bank, *Poverty in The West Bank and Gaza: A Fragile Recovery*, chapter 2, http://siteresources.worldbank.org/INTMENA/Resources/Poverty_and_Inclusion_in_the_West_Bank_and_Gaza_Chapter2.pdf.

巴勒斯坦：记忆与认同

年的阿克萨起义之前，加沙的失业率是 22%，而西岸只有 9% 的人没有工作。尽管起义和以色列的后续镇压手段影响到两个地区，但加沙地带更为严重，失业率飙升至 50%。①

可见，巴勒斯坦"大灾难"发生 70 年后，加沙和西岸地区的巴难民已经形成两个迥然不同的经济体系，进而产生不同的社会文化体系，也使得两地的巴勒斯坦人之间产生了隔阂与分歧。这种心理隔阂在巴勒斯坦政策与调查研究中心主任政治学教授哈利勒·沙卡奇（خليل الشقاقي）的《加沙与西岸未来的政治与行政关系》（المستقبلية: الضفة الغربية و قطاع غزة）（العلاقات السياسية و الإدارية）中有所体现：西岸很多人认为加沙地带只是一个巨大的难民营，是一个不文明的落后的社会；而加沙很多人则讨厌西岸人的傲慢与歧视，认为西岸人不尊重加沙人。②

此外，2007 年哈马斯控制了加沙，进一步加剧了加沙与西岸等其他地区之间的分裂局面。加沙地带面临恶劣的经济状况、高密度的人口分布、高失业率、高出生率等一系列问题，加之经常遭遇以色列的封锁和制裁，生活条件普遍恶劣。冲突和暴乱的频繁爆发也是造成加沙生活环境恶劣的原因之一。它处在埃及和以色列中间，孤立无援。哈马斯曾一度试图与埃及发展经济往来关系，但未成功。这不仅加剧了加沙与西岸及其他地区的隔离和分裂，而且阻碍了本土巴勒斯坦人形成紧密联系的统一体的进程，从而不利于本土巴勒斯坦人统一认同内涵和目标的确立。

最后，作为以色列公民的巴勒斯坦人与其他地区的巴勒斯坦人的认同诉求也不一样。以色列将自己定义为一个犹太国家，因此以色列境内巴勒斯坦人的存在被视为一种安全威胁。巴勒斯坦人长期处于以色列的压迫性统治政策之下，在公共话语中被边缘化，未能实现现代公民身份

---

① World Bank, *Poverty in the West Bank and Gaza*, http://lnweb18.worldbank.org/mna/mena.nsf/attachments/poverty + report + wbg/$ file/poverty + report.pdf.

② خليل الشقاقي، العلاقات السياسية و الإدارية المستقبلية: الضفة الغربية و قطاع غزة، مركز دراسات القدس، ١٩٩٤، الصفحات ٧٩-٨٩.

第六章　集体记忆对统一巴勒斯坦认同的影响

所拥有的全部公民合法权利。因此，对于以色列境内巴勒斯坦人的认同问题，学术界一般有三种观点：一种观点认为，以色列的巴勒斯坦人正在往以色列化的方向发展，因为他们进行斗争的目的是为了获取完全的、平等的公民权益，以更好地融入并参与到以色列的社会政治生活中，因此这是一种作为以色列人的认同意识；另一种观点则认为，以色列的巴勒斯坦人主要是认同巴勒斯坦，这是一种包含领土、历史和文化等多方面的传统意识的认同，特别是"六日战争"之后他们得以与约旦河西岸及加沙地带的其他巴勒斯坦阿拉伯人重启沟通交往，这使得他们倾向于摆脱身处以色列社会的疏离感而转向更熟悉的巴勒斯坦人群体；第三种观点则认为，以色列的巴勒斯坦人兼具以色列和巴勒斯坦的两种认同，以色列认同表现在政治方面，而巴勒斯坦认同则体现在感情和文化方面，即他们在政治上追求和犹太人平等的公民权利，但在传统文化和感情共鸣方面则更倾向于巴勒斯坦人群体。

以上三种情况也可能同时存在。以色列境内的巴勒斯坦人追求与犹太人平等的完全公民权益的斗争从未停止。1967年"六日战争"也结束了以色列巴勒斯坦人与其他地区巴勒斯坦人的隔离状态，使其相互的交往沟通成为可能。此外，在血统、种族、历史和传统文化等方面，巴勒斯坦人与犹太人有很大差异，然而他们长期共存于一块领土和一个政权之下，完全不受对方影响也不可能。

因此，综合以上所有的观点来看，以色列境内的巴勒斯坦人认同是一种发展中的认同，尚未完全定型，最终发展为对以色列的民族国家认同也是有可能的，但这取决于以色列针对阿拉伯少数民族的态度以及政策的制定与实施。同时，他们对巴勒斯坦的天然情感及历史文化的归属是他们目前认同自己巴勒斯坦人身份的主要源泉和动力，如若得到良好动员和有效利用，也能在巴勒斯坦建国大业中起到重要的作用。目前以色列的政策未做有利调整，巴勒斯坦领导团体也力量有限，且在情况复杂的局势下，以色列的巴勒斯坦人必将继续在其争取以色列平等公民权的同时，也保有对巴勒斯坦事业的支持与期盼，由此表现出以色列巴勒斯坦人的巴勒斯坦认同的特殊性。

综上可见，具有居民分散性特点的巴勒斯坦社会不仅在地理层面分散，而且在政治斗争和未来设想方面也不具备完全统一性。尽管巴勒斯坦人集体经历了1948年"大灾难"之后记忆群体的形成和巴勒斯坦人身份的初步显现，和1967年"六日战争"后巴勒斯坦认同的正式确立和传播，以及在巴解组织的领导下开始全面武装反抗到1988年宣布建国时巴勒斯坦认同的强化，直到20世纪90年代《奥斯陆协议》等的签署代表了巴认同开始向民族国家认同发展。但事实上，巴勒斯坦人们所认同的巴勒斯坦依然没有领土、疆域和国家主权等内容做依托，因此直到21世纪巴勒斯坦人的认同建构过程也尚未完全结束。在21世纪的头10年里，我们发现巴勒斯坦人群体正与巴问题发源时刻的距离拉大，记忆变浅，内部领导力量明显分裂和对立，各地区巴勒斯坦人的历史经历和所面临现状也有所不同，这一切都是当下巴勒斯坦人维系统一身份所面临的现实挑战，也是发展具有更明确意义和内涵的统一巴勒斯坦认同需要克服的难题。

第二节　集体记忆在巴勒斯坦认同建构中的文化内涵

扬·阿斯曼认为，群体是通过记住过去来确认和巩固自己的认同，但并非所有的过去记忆都能促进群体认同的产生和强化，其中产生于晚近的日常交际记忆会随着时间演进过程中载体的消失而消失，因此它对群体认同不会有明显的影响。真正确立和巩固认同的应是文化记忆。文化记忆是关于集体的更久远的过去。它附着在一些客观象征物上，通过节日庆典和仪式展演的不断重复和现时化，被不断地带入当下对群体的当前情境提供依据并启发未来。巴勒斯坦"大灾难"记忆的形成距今

第六章　集体记忆对统一巴勒斯坦认同的影响

已 70 载，尚未超越阿斯曼交际记忆的时间范畴，那么它是否属于对巴认同起关键作用的文化记忆呢？

首先，它并未随着灾难亲历者的逝去而消逝，而是通过文字书写、节日仪式、绘画艺术等外在形式继续对当前社会发挥作用。它没有被遗忘，也没有沦为尘封在档案馆、图书馆、博物馆等地的存储记忆。相反，它进入巴勒斯坦人个体或集体生活的方方面面，成为一种功能记忆或"热"记忆，而且发展出自己独特的符号系统，包括祖屋钥匙、房契文书、植物地貌、难民营等客观实物象征过去，承载记忆，并通过这些象征符号的传播和传承完成记忆的延续和复活。

在巴勒斯坦社会中，"钥匙"已成为巴难民回返权的象征，是巴集体记忆和历史的一部分。家不在了，这把"钥匙"已打不开世界上任何一把锁，但巴勒斯坦人相信它是能打开他们困境的希望。它是巴勒斯坦人曾经在巴勒斯坦安稳生活的证物，说明着自己的来处和归处。"钥匙"成为很多家庭的祖传珍宝，代代相传。"拿好这把钥匙"是很多巴难民的最终遗言，这是他们从巴勒斯坦留存下来的唯一家族财产，也是他们留给儿孙们的唯一遗产。就这样，"钥匙"和其背后的故事、记忆和情感一起被传递给一代又一代的巴勒斯坦人。

实际上，与巴勒斯坦的过去相关的一切物品都成了巴灾难记忆的外化物，比如过去的照片、契约文件、衣物、念珠、盒子等，对于巴勒斯坦人来说都有着特殊的意义，象征着已经回不去的过去和记忆中的家园。而这些物体中，"钥匙"成为巴记忆最主要的象征，它像一把锁，将巴勒斯坦人锁在了那段历史和过去中，无法摆脱和逃离。在每年灾难纪念日的巴勒斯坦人游行队伍中常常能看到人们高举印着巨大"钥匙"图像的招牌横幅，要求"难民重返家园的权利"（حق العودة）。保有这把满载故事和记忆的"钥匙"，就是保存了过去，解释了现在，也点燃了未来的希望。"家的'钥匙'象征着回归，不仅是回到离开的家，而且是回到正常的生活，温暖有尊严的生活，因此'钥匙'成为巴难民生

巴勒斯坦：记忆与认同

活的物质象征和父辈留给子孙后代的最后遗产。"① 诸如"钥匙"等记忆符号系统广泛地存在于巴社会并随处可见，就像一个记忆提醒器，时刻提醒着巴勒斯坦人的过去，从而将过去带入当下的日常生活，成为"从未远离的过去"和"永恒的当下"。

其次，巴勒斯坦灾难记忆随着时间的推移在巴社会中以节日仪式纪念的方式得到不断的展演和重复。在这些记忆中，过去被凝结成流亡、抵抗、殉难、投石等记忆形象。依赖于媒介和政治，这些形象被不断建构、重构、传播、分享和习得，从而建立起群体成员内部互动的记忆。这些记忆形象显然不是自然形成，而是经过人们的选择和改造而形成的对某些特定事件的特别关注，成为记忆中过去的焦点，共同建构起人们主观认同中的"真实的"历史。这种人们记忆中的过去，与客观的无任何情感的真实历史不同。记忆中的过去经过选择和改造，已夹杂了身份认同和利益诉求的内容。因此，巴勒斯坦的流亡生活、抵抗精神等记忆形象指向的是巴群体共同的价值观念、行为模式和政治诉求，是巴群体认同建立的核心之所在。

此外，这些承载着巴勒斯坦认同意识的灾难记忆不仅在巴勒斯坦人民内部通过灾难日、烈士日等节日的游行、集会、会议等形式得到传播、重构和强化，也在国际层面的一些支援巴勒斯坦人民的节日纪念活动中得到宣称和传播。例如，联合国将每年的 11 月 29 日定为声援巴勒斯坦人民国际日（اليوم الدولي للتضامن مع الشعب الفلسطيني）。每年的这一日，位于纽约的联合国总部都会召开巴勒斯坦问题专题会议，各会员国、国际政府组织等机构的代表都在会上就巴勒斯坦问题发言；日内瓦、维也纳、内罗毕等地的联合国办事处也会举办诸如巴勒斯坦展览、文艺活动、讨论会、影片展映等系列活动，以示对巴勒斯坦人民正义事业的关注和支持。中

---

① الفلسطينيين: مقارنة عبر الأجيال، وحدة الهجرة القسرية واللاجئين في معهد إبراهيم أبو لغد للدراسات الدولية بجامعة بيروت، عام ٢٠١٣، الصفحة ١١٠-١١١ أمل زايد، روايات اللاجئين

第六章　集体记忆对统一巴勒斯坦认同的影响

国对外友好协会也每年举办大型"声援巴勒斯坦人民国际日"的招待会等纪念活动，政治、经济、文化等领域的各国代表都会出席活动并讲话，对巴勒斯坦人民争取合法民族权利的正义斗争表示支持和声援。

这些节日纪念活动，实际上为巴勒斯坦人民提供了一个表达和建构一个正面身份形象的平台。通过这些平台，巴勒斯坦人民的历史、文化、政治等各方面内容皆得到传播和解读，特别是巴勒斯坦人民的受害经历故事和悲惨遭遇等灾难记忆都可得到传播和理解，有助于赢得国际舆论支持。通过这些纪念活动在世界范围内的开展，巴勒斯坦人民的流亡、抵抗、奋斗、受苦等特征和形象也可得到世界人民的了解和正视，有利于巴勒斯坦人民正面形象的建立和传达，为巴勒斯坦人的身份定位提供国际舆论和情感的动员影响力，进一步促进巴勒斯坦认同的稳定和固化。

因此，灾难记忆在巴勒斯坦人生活中从未逝去、随处可见，且经历着不断的建构和重构，以适应巴群体的身份诠释和利益诉求，成为巴勒斯坦人"永恒的当下"和身份认同的核心。那么，按照阿斯曼的记忆分类，巴灾难记忆已超出交际记忆的范畴，而进入能对群体认同产生重要影响的巴勒斯坦文化记忆的领域。因此，巴勒斯坦灾难记忆是独立的巴认同形成的基础和关键要素。假设没有这场灾难的发生，那么巴勒斯坦的阿拉伯人或许只会认为自己是阿拉伯人或者南叙利亚人；再者，假设灾难发生后，巴勒斯坦阿拉伯人没有对这场灾难及其之前的那段过去的记忆，那么离散各地的巴勒斯坦阿拉伯人或许会倾向于认同居住所在国的身份和阿拉伯民族的身份。然而，历史的过去没有如果和假设，只有如何看待和记忆某段历史过去。其建构记忆的方式反映着群体的身份意识。巴群体的记忆建构和过去建构反映了现代巴勒斯坦人群体的存在和延续，也反映了巴勒斯坦认同逐渐上升为巴勒斯坦人的多重要素中的主要认同。

综上所述，巴灾难记忆已经成为现代巴勒斯坦文化的一部分，其包含的"钥匙""仙人掌""难民营""房屋废墟"等符号系统已然成为巴独特文化的标记。"流亡""抵抗""献身"等记忆形象构成巴文化的主要特征。通过节日纪念、文艺创作、历史话语建构和媒介传播等途径,关于灾难的巴文化记忆在历史演进过程中实现了永恒的存在。它不但是巴认同产生的源头,也是巴勒斯坦人认同的对象,而且已经内化成巴文化和身份价值中的一部分。

第三节 巴勒斯坦集体记忆和认同建构的现实意义

建立独立的巴勒斯坦国是巴勒斯坦人长期奋斗和抗争的终极目标和核心任务。虽然巴勒斯坦于1988年11月15日正式宣布建国,并已获得近120个国家的承认和联合国观察员国的资格,但没有获得联合国正式成员国的身份,这表明其建国历程尚未结束,还不算一个真正意义上的现代民族国家。建立独立的巴勒斯坦国的斗争不仅是一种政治利益抗争,更是一场群体存在合法性的斗争,为现实社会中客观存在的巴勒斯坦人群体争取其作为一个"人民"(people)或"民族"(nation)的合法身份。因此,巴勒斯坦人的认同建构和国家构建关系紧密。

巴勒斯坦建国路上最大的障碍之一是以色列的强硬反对。巴以双方的冲突核心是双方对巴勒斯坦领土的争夺,双方都认为自己与巴领土有着特别的天然联系。这种关联性代表着自己对巴领土的合法拥有。那么,如何证明自己与巴勒斯坦领土的关联性呢?唯有让"过去"证明,让"历史"说话。

以色列一方证明自己对巴勒斯坦领土的合法所有权的凭据主要有:

第一,根据圣经故事的先祖传说,神已将迦南地(巴勒斯坦)赐予犹太人的祖先亚伯拉罕及其后裔。而且,迦南(巴勒斯坦)是古代以色列王国建国和统治之地。因此,以色列声称19世纪末犹太复国主

第六章　集体记忆对统一巴勒斯坦认同的影响

义选择回到巴勒斯坦建立民族家园是收复故土的正义行为。

第二，耶路撒冷是犹太教的圣城，对犹太人民具有特殊意义。犹太人民无论身在何处，一直心向耶路撒冷。犹太人回归祖先的家园，回到犹太教的中心是民心所向。

第三，犹太人经历了大屠杀和长达1000多年的民族大流散，对于这些悲惨遭遇，国际社会应给予同情和帮助，支持犹太人逃离苦难、躲避迫害的愿望。犹太复国主义主张并积极宣传回到古代的故乡巴勒斯坦建立犹太民族家园才是结束犹太悲剧命运的根本办法。

第四，英国外交大臣贝尔福（A. J. Balfour）于1917年代表英国政府发布的《贝尔福宣言》[①]为犹太复国主义在巴勒斯坦建国提供了国际支持。同时，联合国第181号决议也为以色列在巴勒斯坦的建国提供了法律依据。因此，从以色列的角度，它在巴勒斯坦建国是得到国际支持、收复故土、纠正历史错误、结束犹太民族苦难的正义之举。

针对以色列的叙事，巴勒斯坦则坚持完全相反的见解：

第一，根据伊斯兰教经典，伊卜拉欣（即亚伯拉罕）是伊斯兰教的先知之一，是阿拉伯人和以色列人共同的祖先。在古代以色列人来到迦南地（巴勒斯坦）之前，作为现代巴勒斯坦人先祖的迦南人早已在该地定居并创造了当时很先进繁盛的文明，后来以色列人借鉴和吸收了很多迦南文明的内容。而且，根据穆斯塔法·穆拉德等早期巴勒斯坦历史学家的观点，他们认为："古代以色列王国以及犹太人在巴勒斯坦仅存在了很短的时间，之后便销声匿迹了，在他们之前和之后生活在巴勒斯坦的都是阿拉伯人。所以，巴勒斯坦从来不是犹太人的故乡和家园，犹太人只是巴勒斯坦历史中转瞬即逝的过客而已，对巴勒斯坦领土没有

[①]《贝尔福宣言》的主要内容为："英皇陛下政府赞成犹太人在巴勒斯坦建立一个民族家园，并会尽力促成此目标的实现。但要明确说明的是，不得伤害已经存在于巴勒斯坦的非犹太民族的公民和宗教权利，以及犹太人在其他国家享有的各项权利和政治地位。"

任何权利。"① 因此，在巴勒斯坦人看来，以色列在巴勒斯坦建国实质是殖民主义侵占巴勒斯坦领土的非法行为。

第二，耶路撒冷是伊斯兰教的三大圣城之一和早期穆斯林每日礼拜的朝向，是真主的使者穆罕默德完成登霄，上七重天面见真主的地方，也是伊斯兰教著名的圆顶清真寺（مسجد قبة الصخرة）和阿克萨清真寺（مسجد الأقصى）的所在地。

第三，犹太人所经历的流亡和大屠杀等悲惨遭遇并非由阿拉伯人或巴勒斯坦人导致，因此解救他们的苦难不应以牺牲巴勒斯坦人的合法利益为代价，而应由施害者给予赔偿和解决。而且，犹太人所受的苦难远不及犹太复国主义对无辜的巴勒斯坦人犯下的罪行和制造的悲苦。犹太人从值得同情的"受害者"变成残暴的"施害者"，而巴勒斯坦人则成了"受害者的受害者"，这对巴勒斯坦人的伤害程度和不正义程度远超过犹太人所遭遇的，也超出巴勒斯坦人民的承受能力。

第四，《贝尔福宣言》全然不顾阿拉伯人和巴勒斯坦地区本土居民的意愿和反对，将不属于英国的土地承诺给了不属于巴勒斯坦的犹太人。英国的这种行为完全是慷别人之慨，严重侵害了巴勒斯坦人的合法权益。巴方宣称《贝尔福宣言》本质上是一个针对巴勒斯坦人和阿拉伯人的阴谋。巴方也不承认联合国第 181 号决议，认为其对巴勒斯坦土地的分配不均，偏袒以色列；而且违背了《联合国宪章》关于民族自决权的规定。所以，以色列建国所依赖的法律依据本身就不合法。因此，以色列对巴勒斯坦领土宣称的权利是没有任何理由和依据的，其本质上就是对巴领土的侵占和对巴勒斯坦人民的迫害。

双方所提供的"历史"定然不是过去客观发生过的全部现实。巴勒斯坦这块土地上的历史真相只有一个，巴以双方的历史叙事则建构了两种不同的"历史真相"版本。对比巴以双方有关过去焦点事件的建

---

① مصطفى مراد الدباغ، بلادنا فلسطين – الجزء الأول، دار الهدى، طبعة جديدة في عام ١٩٩١، الصفحة ال٨-٩

第六章 集体记忆对统一巴勒斯坦认同的影响

构,可见双方都将古代的群体起源故事作为自己与巴勒斯坦土地的关联性的原初理由。双方都将各自的宗教经典和先祖传说故事作为古代迦南地区(现代巴勒斯坦)的历史范本。然而,这些说法和内容看上去更像是一种文化记忆,这种历史建构也更像是一种记忆建构。

由此可见,巴以两个群体与领土关联的合法性之争在一定程度上也是记忆之争。巴以对立性的记忆建构是双方各自坚持和认同的"唯一历史"。这种对过去记忆的坚持,实际上是对记忆中所包含的群体经验、价值、知识和情感等内容的坚持和认同,所以这本质上就是一种群体身份意识的坚持。

所以,巴以冲突长期无法解决,双方皆不愿让步,不愿放弃自己所坚持的合法权益,因为这不仅是当下现实利益之争,也是关于群体过去的记忆之争,是群体身份之争。任何一方的妥协不仅表示赖以生存的领土的丧失,更意味着自己身份完整性的缺失,因为双方都认为巴领土是自己的合法家园和故土。家园、故土是每个人的来处,是自我身份建立的基础,不可舍弃。因而,巴以冲突的最后解决也与双方的群体身份认同紧密相关。

如今,巴以冲突的双方力量对比悬殊:以色列国已有70年的历史,各方面发展迅速,成为中东地区工业化和经济发展程度最高的国家;而巴勒斯坦还未真正实现建国梦,虽然在加沙地带和约旦河西岸建立了民族权力机构,拥有了部分主权,但其人口仍然分散而居,难民尚未回归,社会和经济发展缓慢,在国际政治上没有多少话语权。在社会、经济、政治、军事等全方位处于劣势的情况下,面对实力强大却态度强硬的以色列,巴建国历程注定是一场持久战。人民作为构成国家的三要素[①]中的第一要素,是一个国家的基础与核心,是国家政治权力合法性

[①] 当前流行的"国家三要素学说"认为现代国家包括这三个要素。另一广泛的学说认为国家包含四要素,即除了这三要素之外,还应纳入"政府"。对于"政府"这一要素的包含与否,目前学术界尚存争议,未有定论。

的唯一来源。所以，利用好共同灾难记忆这一认同资源团结人民，强化民众认同意识，增强群体凝聚力，保证群体的长久持续和发展，才能为共同利益的抗争和建国大业的奋斗提供动力支援，是应对这场持久战的有效策略。

总而言之，本章首先考察了当下巴勒斯坦人身份认同的复杂现状。调查显示，在当下巴社会中，人们对宗教、家族等方面的认同感有增强趋势。这主要是巴群体当下经历的困难生活现实导致的：流亡难民离开故土的时间已超过半个世纪，当下的社会经济生活状况长期得不到改善，更看不到落实家园回返权的希望；留在巴领土上的巴勒斯坦人在巴解组织和巴权力机构的治理下，社会经济对以色列的依赖度高，失业率、贫困等问题严重，因而对巴解的领导能力产生怀疑，认为其在改善人民生活、解决难民和巴以难题方面贡献甚微。在现实艰难生活中，人们会趋向于"抱团取暖"，所以巴勒斯坦人会重视家族、氏族内部的交往联系和互助团结，从而使得灾难之前巴社会中主要的家族认同在当下开始复兴和凸显。当现实受挫的时候，人们往往向宗教寻求慰藉和解脱。因此，在世俗主义的认同于现实中屡屡受挫，人民生活仍未得到改善的情况下，巴勒斯坦人的宗教认同得以复兴。而且，得益于哈马斯的引导和宣传，越来越多的巴勒斯坦人相信回归伊斯兰的本源是解决巴以问题的希望。因此，哈马斯建构了一种具有强烈伊斯兰属性的巴勒斯坦身份形象。然而，无论如何，尽管诸如宗教、氏族等传统认同形式在巴社会开始复兴，但总体上人们对巴勒斯坦这个整体的认同仍旧处于主导位置。

分析巴勒斯坦人的认同现状可以发现，巴勒斯坦认同当下正处于一个关键时期。巴认同的总体优势还在，但其他多种传统认同形式的再度流行，说明作为主流的巴认同正在开始衰退。究其原因，一是因为当下离巴问题的起源时间越来越遥远，人们对过去的根基性记忆越来越模糊，从而导致当下人们对巴身份本质的了解和认同开始弱化；二是巴身

第六章 集体记忆对统一巴勒斯坦认同的影响

份开始出现分歧,巴解组织和哈马斯分别侧重于世俗性的现代民族概念和宗教性的伊斯兰形象的身份建构,这使得民众不得不重新做出选择,分散了民众的信任和依托,未能形成统一的身份系统,削弱了巴认同在国际政治和巴以冲突中所能发挥的作用;三是巴勒斯坦人内部统一性不足,各地区的巴勒斯坦人身份所代表的利益诉求不一样,且巴群体内部成员之间的交往和了解不够,分歧严重,这不利于统一的巴群体形象和群体未来方向的建构。这几大主要方面既是巴社会当下的主要特征,也是巴认同建构和强化过程中遇到的难题和挑战。

但是,由于灾难记忆和巴勒斯坦认同的密切关系,强化记忆建构或许可以成为克服这些认同难题和挑战的方法。因为对于巴勒斯坦人群体来说,语言、血统、宗教信仰和文化传统都不能构成独立的巴勒斯坦人群体存在的依据,集体记忆才是巴勒斯坦人群体的主要特征。记忆本身就是将巴勒斯坦人个体连接成一个群体的主要因素,同时也是巴勒斯坦人区别于其他地区阿拉伯人的主要特征,因此巴勒斯坦人的群体意识,即巴勒斯坦人的身份意识与其集体记忆关系密切。而且,随着时间的推移,这些记忆已经跨越短时的交际记忆的范畴,变成相对稳定的文化记忆,进而变成巴历史文化的一部分,也是巴勒斯坦人身份的一部分和巴勒斯坦人认同的对象。诚然,经济、周围环境等外部因素对巴勒斯坦人身份意识形成也具有一定的影响,但记忆却是形成巴勒斯坦人群体和群体身份的主要内在因素。在这里,巴勒斯坦人身份认同和记忆密不可分。

因此,围绕巴勒斯坦的历次灾难的文化记忆不仅代表着一种文化抵抗,更具有重要的现实意义。因为在一定程度上,巴以之争也是一种记忆之争,更是一种记忆背后的身份合法性之争。面对比自己强大数倍的以色列,巴勒斯坦人的合法权益的抗争必然充满艰辛和挑战。巴勒斯坦人应充分认识到其集体记忆是证明自己与巴勒斯坦领土关联性的依据,也是以色列在巴勒斯坦建国过程中所犯下的不公正、不正义行为的证据，还是赢得国际社会理解和支持的最佳资源，可以为巴勒斯坦实现建国梦想和获得国际社会承认提供合理性根据。明白巴勒斯坦记忆和认同的紧密关系，了解记忆和认同建构在团结民众、增强群体凝聚力中的文化功能和影响力，或许能为巴勒斯坦建国事业提供一些新的视角和参考。

结　　语

　　巴勒斯坦问题历时已久，是中东地区的热点问题之一，受到国内外学术界的广泛关注。中国学术界也围绕巴勒斯坦的时政、文学、难民、建国等问题进行了大量的研究，并取得较为丰硕的成果。本书的研究主题——巴勒斯坦认同问题，相较而言受到的关注则较少，成果不多，但却具有很重要的现实意义，值得深入研究。

　　为了厘清独立的巴勒斯坦认同的发展轨迹，笔者采用身份认同研究中比较前沿的集体记忆理论视角，并在社会认同理论的指导下以独立的巴勒斯坦认同形成和发展的纵向过程为主线，通过文本分析法和历史文献研究法全面探讨了独立的巴认同的建构过程。本书以巴勒斯坦"大灾难"为基点，通过对巴勒斯坦历史演进过程中集体记忆的沉淀、传承和建构过程的全面分析，重点考察了巴勒斯坦人如何从阿拉伯人的身份中发展出独立的巴勒斯坦认同的过程，探讨了以灾难记忆为主的巴勒斯坦集体记忆如何通过记忆的传承和建构影响巴勒斯坦认同的维系和发展。

　　集体记忆视角在国内巴勒斯坦问题乃至中东问题的研究领域都属于一次全新的尝试。通过将巴勒斯坦认同的发展和集体记忆的建构这两者相联系的创新思路，本书最后得出以下论点：

　　一、独立的巴勒斯坦认同真正确立是在1948年"大灾难"发生之后。"大灾难"发生前，巴勒斯坦社会内部分歧严重，农村和城区人民的身份意识不同步。其中，农民的主要认同有家族、村庄、宗教和血统等传统元素；城区居民则前期主要表现为奥斯曼认同，后期转变为阿拉伯认同。在犹太人大量移民巴勒斯坦之后到"大灾难"前夕，社会中曾出现过建立巴勒斯坦国的想法，但未发展为主流思想，因而并未形成独立的巴勒斯坦人的统一身份。"大灾难"后，虽然巴勒斯坦的阿拉伯人离散流亡各地，消失于世界地图并隐入了其他社会环境下，但是共同的灾难经历、对故土的思念和现实的困境反而将地理上分散的巴勒斯坦人连成一个整体。同时，这也促使巴勒斯坦人在阿拉伯人大群体中得以凸显，具备了构成一个独立群体所需的共同性和独特性，是形成独立的巴勒斯坦认同的必备条件。

二、巴勒斯坦历史中曾一度流行的南叙利亚认同在本质上依然是阿拉伯认同。南叙利亚是一个地理名词，是包括巴勒斯坦人在内的阿拉伯人在20世纪初曾经梦想建立的阿拉伯国家的区域。巴勒斯坦人认同南叙利亚的行为，从根本上来看，是对当时该地区有望建立的阿拉伯国家的认同，也是对自己的阿拉伯统一状态和身份的认同。因此，南叙利亚身份只是巴勒斯坦人对自我阿拉伯身份认同的一种外在表现。

三、犹太复国主义在独立的巴勒斯坦认同形成中具有重要影响，但不是核心因素。犹太人群是巴勒斯坦阿拉伯人面临的最主要的他者，由于对土地的共同需求，双方逐渐发展成一种对抗性的关系。但如果说巴勒斯坦认同的形成完全是对犹太复国主义运动的应激反应，则不太恰当。巴勒斯坦人群体形成的根基在于成员们之间共享的语言、地域、血统、传统习俗等历史文化资源。所以，巴勒斯坦阿拉伯人从一开始就不会将自己和英国人或犹太人等人群视为同一个群体。但犹太复国主义的威胁的确促进巴勒斯坦阿拉伯人认识到自己与周围人的相同点与差异，加速了巴勒斯坦人对自我群体的认知和归属感。早期犹太复国主义促进了巴勒斯坦阿拉伯人对自己阿拉伯身份的认知和归属。后期犹太复国主义对巴勒斯坦人民的威胁直接导致巴勒斯坦地区的阿拉伯人和其他地区阿拉伯人的不同历史经历和命运，进而促进了独立巴勒斯坦人群体的形成。但若由此认为独立巴认同的出现应完全归功于犹太复国主义，则显然是只看到了事情的表现而不是本质。

四、巴勒斯坦灾难记忆是独立的巴勒斯坦认同确立和维系的基础。灾难发生后，巴勒斯坦土地及过去的美好生活成为各地巴勒斯坦人的共同回忆，巴勒斯坦由此成为他们记忆中的和渴望回归的共同家园。灾难经历也成为他们共同的苦难记忆。由这些过往美好生活、苦难经历和回归梦想共同交织而成的巴勒斯坦集体记忆构成一个虚拟的想象中的巴勒斯坦美好家园。同时，这一切也代表了离散的巴勒斯坦人之间的共同特征，也是他们区别于其他阿拉伯人的独特性之所在。

代表着群体共同性和独特性的回忆、经验和渴望也成为巴勒斯坦人建立独立巴勒斯坦认同的基础。同时，这些记忆的代际传承也实现了巴勒斯坦人身份意识的传达。如果说亲历者的巴勒斯坦认同是基于自己的直接经验和记忆，那么灾后出生的几代巴勒斯坦人的身份意识则是源自于一种间接记忆，即那些不断被重复、建构和重构的代代相传的父辈记忆。此外，巴勒斯坦人后代们自出生就开始经历的贫困生活境遇，以及通过各种渠道而亲历的或亲眼见证的战争、劫难、悲剧等也强化了这一记忆，进而促进了他们对父辈记忆中所包含的巴身份意识的认同。因此，巴勒斯坦灾难记忆的传承成为巴勒斯坦人群体维系和巴勒斯坦认同持续的主要途径。

五、巴勒斯坦灾难记忆和巴勒斯坦认同关系紧密、相互促进。1948年"大灾难"记忆不仅是巴勒斯坦人独立群体和独立的巴勒斯坦认同形成的基础，而且随着时间的流逝，它逐渐沉淀为巴勒斯坦人的文化记忆，成为巴勒斯坦人文化的一部分。反过来，巴勒斯坦人的认同意识也在记忆的筛选和选择过程中发挥重要作用。巴勒斯坦人民选择不断回忆、不断重复、纪念和传播的有关过去的记忆必然不是完全客观的过去的全部，而是与自己身份认同有关的部分。这种对过去记忆的重构行为本身就是以自己的身份意识为出发点反思自我身份的过程。因此，记忆的建构和重构反映了群体的认同意识,而群体的认同意识也会反过来影响记忆的建构和重构过程。巴勒斯坦人对集体的过去进行阿拉伯化和巴勒斯坦化建构可以为独立巴群体的存在和巴独立认同提供合法性依据,同时巴勒斯坦人的独立认同意识本身也会导致对过去的阿拉伯属性和巴勒斯坦属性的建构和强调。

六、强化巴勒斯坦共同记忆可以成为融合当下各部分巴勒斯坦人之间的分歧、增强群体凝聚力的一种方法。身份认同并不是一旦建立就永固不变,而可能会随着社会结构和社会框架的变化而变化的。所以独立的巴勒斯坦认同形成后也会随着社会变迁而增强或减弱。此外,一个人可以有很多的群体身份,所以巴勒斯坦人民的巴认同也并不是他们的唯一认同,只有当巴勒斯坦认同成为巴勒斯坦社会中的主导意识或首要认同的时候,它才能够成功将巴勒斯坦人民团结在一起并创造群体凝聚力。1948年"大灾难"已经过去70多年,巴勒斯坦认同曾经成功动员过巴勒斯坦人民团结合作、奋起抵抗,并做出一些成绩。然而,这么多年过去了,巴勒斯坦人民仍未成功实现梦想,而且随着社会的发展,巴社会内部分歧差异越来越凸显,呈现分裂、不统一甚至冲突的局面。面对这种局面,强化群体内部共同性,即强化群体共同历史记忆并强化基于共同过去的共同利益和未来,有利于唤起群体成员的共同情感和思维,进而有助于增强群体内部的统一性和向心力。

总体而言,本课题研究证明了:在巴勒斯坦这一实例中群体认同与其集体记忆关系密切,互相影响和促进。这一方面进一步证明了记忆与认同的密切关系,另一方面也引出另一个疑惑,即部分交际记忆是否同样可以对人的身份认同产生影响和作用呢?文化记忆理论认为交际记忆是杂乱无章的、易逝的,对群体认同的作用不明显。但在巴勒斯坦认同建构和发展过程中,有一部分新近产生的交际记忆事实上也在一定程度上影响到群体认同,更影响到巴勒斯坦人个体对巴勒斯坦人群体身份的归属意识和情感。例如"大灾难"发生后的很长一段时间里,关于

结　语

"大灾难"的记忆从时间角度来看仍属于交际记忆的范畴，但它仍对巴勒斯坦人身份意识的形成和发展产生了很大的影响。那么，交际记忆和身份认同是否与文化记忆一样存在着一种必然的联系？这个问题值得在接下来的学习和研究过程中继续深入探索。

附 录

الميثاق الوطني الفلسطيني

يطلق على هذا الميثاق اسم ((الميثاق الوطني الفلسطيني))
المادة(١): فلسطين وطن الشعب العربي الفلسطيني وهي جزء لا يتجزأ من الوطن العربي الكبير، والشعب الفلسطيني جزء من الأمة العربية.
المادة (٢): فلسطين بحدودها التي كانت قائمة في عهد الانتداب البريطاني وحدة إقليمية لا تتجزأ.
المادة (٣): الشعب العربي الفلسطيني هو صاحب الحق الشرعي في وطنه ويقرر مصيره بعد أن يتم تحرير وطنه وفق مشيئته وبمحض إرادته واختياره.
المادة (٤): الشخصية الفلسطينية صفة أصيلة لازمة لا تزول وهي تنتقل من الآباء إلى الأبناء وإن الاحتلال الصهيوني وتشتيت الشعب العربي الفلسطيني نتيجة النكبات التي حلت به لا يفقدانه شخصيته وانتماءه الفلسطيني ولا ينفيانهما.
المادة (٥): الفلسطينيون هم المواطنون العرب الذين كانوا يقيمون إقامة عادية في فلسطين حتى عام 1947 سواء من أخرج منها أو بقي فيها، وكل من ولد لأب عربي فلسطيني بعد هذا التاريخ داخل فلسطين أو خارجها هو فلسطيني.
المادة (٦): اليهود الذين كانوا يقيمون إقامة عادية في فلسطين حتى بدء الغزو الصهيوني لها يعتبرون فلسطينيين.
المادة (٧): الانتماء الفلسطيني والارتباط المادي والروحي والتاريخي بفلسطين حقائق ثابتة، وإن تنشئة الفرد الفلسطيني تنشئة عربية ثورية واتخاذ كافة وسائل التوعية والتثقيف لتعريف الفلسطيني بوطنه تعريفاً روحياً ومادياً عميقاً وتأهيله للنضال والكفاح المسلح والتضحية بماله وحياته لاسترداد وطنه حتى التحرير، واجب قومي.
المادة (٨): المرحلة التي يعيشها الشعب الفلسطيني هي مرحلة الكفاح الوطني لتحرير فلسطين، ولذلك فإن التناقضات بين القوى الوطنية هي من نوع التناقضات الثانوية التي

附　录

يجب أن تتوقف لصالح التناقض الأساسي فيما بين الصهيونية والاستعمار من جهة وبين الشعب العربي الفلسطيني من جهة ثانية، وعلى هذا الأساس فإن الجماهير الفلسطينية سواء من كان منها في أرض الوطن أو في المهاجر تشكل منظمات وأفرادا جبهة وطنية واحدة تعمل لاسترداد فلسطين وتحريرها بالكفاح المسلح.

المادة (٩): الكفاح المسلح هو الطريق الوحيد لتحرير فلسطين وهو بذلك إستراتيجية وليس تكتيكاً ويؤكد الشعب العربي الفلسطيني تصميمه المطلق وعزمه الثابت على متابعة الكفاح المسلح والسير قدماً نحو الثورة الشعبية المسلحة لتحرير وطنه والعودة إليه وعن حقه في الحياة الطبيعية فيه وممارسة حق تقرير مصيره فيه والسيادة عليه.

المادة (١٠): العمل الفدائي يشكل نواة حرب التحرير الشعبية الفلسطينية وهذا يقتضي تصعيده وشموله وحمايته وتعبئة كافة الطاقات الجماهيرية والعلمية الفلسطينية وتنظيمها وإشراكها في الثورة الفلسطينية المسلحة وتحقيق التلاحم النضالي الوطني بين مختلف فئات الشعب الفلسطيني وبينها وبين الجماهير العربية ضماناً لاستمرار الثورة وتصاعدها وانتصارها.

المادة (١١): يكون للفلسطينيين ثلاثة شعارات: الوحدة الوطنية، والتعبئة القومية، والتحرير.

المادة (١٢): الشعب العربي الفلسطيني يؤمن بالوحدة العربية، ولكي يؤدي دوره في تحقيقها يجب عليه في هذه المرحلة من كفاحه الوطني أن يحافظ على شخصيته الفلسطينية ومقوماتها، وأن ينمي الوعي بوجودها وأن يناهض أيا من المشروعات التي من شأنها إذابتها أو إضعافها.

المادة (١٣): الوحدة العربية وتحرير فلسطين هدفان متكاملان يهيئ الواحد منهما تحقيق الآخر، فالوحدة العربية تؤدي إلى تحرير فلسطين وتحرير فلسطين يؤدي إلى الوحدة العربية، والعمل لهما يسير جنباً إلى جنب.

المادة (١٤): مصير الأمة العربية بل الوجود العربي بذاته رهن بمصير القضية الفلسطينية، ومن الترابط ينطلق سعي الأمة العربية وجهدها لتحرير فلسطين. ويقوم شعب فلسطين بدوره الطليعي لتحقيق هذا الهدف القومي المقدس.

المادة (١٥): تحرير فلسطين من ناحية عربية هو واجب قومي لرد الغزوة الصهيونية والإمبريالية عن الوطن العربي الكبير ولتصفية الوجود الصهيوني في فلسطين، تقع مسؤولياته كاملة على الأمة العربية شعوباً وحكومات وفي طليعتها الشعب العربي الفلسطيني. ومن أجل ذلك فإن على الأمة العربية أن تعبئ جميع طاقاتها العسكرية والبشرية

والمادية والروحية للمساهمة مساهمة فعالة مع الشعب الفلسطيني في تحرير فلسطين، وعليها بصورة خاصة في مرحلة الثورة الفلسطينية المسلحة القائمة الآن أن تبذل وتقدم للشعب الفلسطيني كل العون وكل التأييد المادي والبشري وتوفر له كل الوسائل والفرص الكفيلة بتمكينه من الاستمرار للقيام بدوره الطليعي في متابعة ثورته المسلحة حتى تحرير وطنه.

المادة (١٦): تحرير فلسطين من ناحية روحية، يهيئ للبلاد المقدسة جوا من الطمأنينة والسكينة تصان في ظلاله جميع المقدسات الدينية وتكفل حرية العبادة والزيارة للجميع من غير تفريق ولا تمييز سواء على أساس العنصر أو اللون أو اللغة أو الدين، ومن أجل ذلك فإن أهل فلسطين يتطلعون إلى نصرة جميع القوى الروحية في العالم.

المادة (١٧): تحرير فلسطين من ناحية إنسانية، يعيد إلى الإنسان الفلسطيني كرامته وعزته وحريته، لذلك فإن الشعب العربي الفلسطيني يتطلع إلى دعم المؤمنين بكرامة الإنسان وحريته في العالم.

المادة (١٨): تحرير فلسطين من ناحية دولية، هو عمل دفاعي تقتضيه ضرورات الدفاع عن النفس، من أجل ذلك فإن الشعب الفلسطيني الراغب في مصادقة جميع الشعوب يتطلع إلى تأييد الدول المحبة للحرية والعدل والسلام لإعادة الأوضاع الشرعية إلى فلسطين وإقرار الأمن والسلام في ربوعها، وتمكين أهلها من ممارسة السيادة الوطنية والحرية القومية.

المادة (١٩): تقسيم فلسطين الذي جرى عام ١٩٤٧ وقيام إسرائيل باطل من أساسه مهما طال عليه الزمن لمغايرته لإرادة الشعب الفلسطيني وحقه الطبيعي في وطنه ومناقضته للمبادئ التي نص عليها ميثاق الأمم المتحدة وفي مقدمتها حق تقرير المصير.

المادة (٢٠): يعتبر باطلا كل من تصريح بلفور وصك الانتداب وما ترتب عليهما، وإن دعوى الترابط التاريخية أو الروحية بين اليهود وفلسطين لا تتفق مع حقائق التاريخ ولا مع مقومات الدولة في مفهومها الصحيح، وإن اليهودية بوصفها دينا سماويا ليست قومية ذات وجود مستقل وكذلك فإن اليهود ليسوا شعبا واحدا له شخصيته المستقلة وإنما هم مواطنون في الدول التي ينتمون إليها.

المادة (٢١): الشعب العربي الفلسطيني معبرا عن ذاته بالثورة الفلسطينية المسلحة، يرفض كل الحلول البديلة عن تحرير فلسطين تحريرا كاملا ويرفض كل المشاريع الرامية إلى تصفية القضية الفلسطينية أو تدويلها.

المادة (٢٢): الصهيونية حركة سياسية مرتبطة ارتباطا عضويا بالإمبريالية العالمية

ومعادية لجميع حركات التحرر والتقدم في العالم، وهي حركة عنصرية تعصبية في تكوينها، عدوانية توسعية استيطانية في أهدافها، وفاشية نازية في وسائلها، وإن إسرائيل هي أداة الحركة الصهيونية وقاعدة بشرية جغرافية للإمبريالية العالمية ونقطة ارتكاز ووثوب لها في قلب أرض الوطن العربي لضرب أماني الأمة العربية في التحرير والوحدة والتقدم. إن إسرائيل مصدر دائم لتهديد السلام في الشرق الأوسط والعالم أجمع، ولما كان تحرير فلسطين يقضي على الوجود الصهيوني والإمبريالي فيها ويؤدي إلى استتباب السلام في الشرق الأوسط، لذلك فإن الشعب الفلسطيني يتطلع إلى نصرة جميع أحرار العالم وقوى الخير والتقدم والسلام فيه ويناشدهم جميعاً على اختلاف ميولهم واتجاهاتهم تقديم كل عون وتأييد له في نضاله العادل المشروع لتحرير وطنه.

المادة (٢٣): دواعي الأمن والسلم ومقتضيات الحق والعدل تتطلب من الدول جميعها، حفظاً لعلاقات الصداقة بين الشعوب واستبقاء لولاء المواطنين لأوطانهم أن تعتبر الصهيونية حركة غير مشروعة وتحرم وجودها ونشاطها.

المادة (٢٤): يؤمن الشعب العربي الفلسطيني بمبادئ العدل والحرية والسيادة وتقرير المصير والكرامة الإنسانية وحق الشعوب في ممارستها.

المادة (٢٥): تحقيقاً لأهداف هذا الميثاق ومبادئه تقوم منظمة التحرير الفلسطينية بدورها الكامل في تحرير فلسطين.

المادة (٢٦): منظمة التحرير الفلسطينية الممثلة لقوى الثورة الفلسطينية مسؤولة عن حركة الشعب العربي الفلسطيني في نضاله من أجل استرداد وطنه وتحريره والعودة إليه وممارسة حق تقرير مصيره، في جميع الميادين العسكرية والسياسية والمالية وسائر ما تتطلبه قضية فلسطين على الصعيدين العربي والدولي.

المادة (٢٧): تتعاون منظمة التحرير الفلسطينية مع جميع الدول العربية كل حسب إمكانياتها وتلتزم بالحياد فيما بينها في ضوء مستلزمات معركة التحرير وعلى أساس ذلك، ولا تتدخل في الشؤون الداخلية لأية دولة عربية.

المادة (٢٨): يؤكد الشعب العربي الفلسطيني أصالة ثورته الوطنية واستقلاليتها ويرفض كل أنواع التدخل والوصاية والتبعية.

المادة (٢٩): الشعب العربي الفلسطيني هو صاحب الحق الأول والأصيل في تحرير واسترداد وطنه ويحدد موقفه من كافة الدول والقوى على أساس مواقفها من قضيته ومدى دعمها له في ثورته لتحقيق أهدافه.

المادة (٣٠): المقاتلون وحملة السلاح في معركة التحرير هم نواة الجيش الشعبي الذي

سيكون الدرع الواقي لمكتسبات الشعب العربي الفلسطيني.

المادة (٣١): يكون لهذه المنظمة علم وقسم ونشيد ويقرر ذلك كله بموجب نظام خاص.

المادة (٣٢): يلحق بهذا الميثاق نظام يعرف بالنظام الأساسي لمنظمة التحرير الفلسطينية تحدد فيه كيفية تشكيل المنظمة وهيئاتها ومؤسساتها واختصاصات كل منها وجميع ما تقتضيه الواجبات الملقاة عليها بموجب هذا الميثاق.

المادة (٣٣): لا يعدل هذا الميثاق إلا بأكثرية ثلثي مجموع أعضاء المجلس الوطني لمنظمة التحرير الفلسطينية في جلسة خاصة يدعى إليها من أجل هذا الغرض.

参考文献

一、中文（按姓氏音序排列）

（一）图书

(1)［德］阿莱达·阿斯曼著，潘璐译：《回忆空间：文化记忆的形式和变迁》，北京大学出版社2016年版。

(2)［以］阿维夏伊·玛格利特著，贺海仁译：《记忆的伦理》，清华大学出版社2015年版。

(3)［美］爱德华·W. 萨义德、［美］戴维·巴萨米安著，梁永安译：《文化与抵抗：萨义德访谈录》，上海世纪出版集团2009年版。

(4)［美］爱德华·W. 萨义德著，陈文铁译：《来自第三世界的痛苦报道：爱德华·萨义德文化随笔集》，上海译文出版社2013年版。

(5)［美］爱德华·W. 萨义德著，单德兴译：《知识分子论》，生活·读书·新知三联书店2002年版。

(6)［美］爱德华·W. 萨义德著，彭淮栋译：《格格不入：萨义德回忆录》，生活·读书·新知三联书店2004年版。

(7)［美］爱德华·W. 萨义德著，金钥珉译：《最后的天空之后：巴勒斯坦人的生活》，中信出版社2015年版。

(8)［埃及］艾哈迈德·爱敏著，纳忠等译：《阿拉伯—伊斯兰文化史》，商务印书馆 1982 年版。

（9）［以色列］艾兰·佩普著，王健、秦颖、罗锐译：《现代巴勒斯坦史》，上海人民出版社 2010 年版。

（10）［美］保罗·康纳顿著，纳日碧力戈译：《社会如何记忆》，上海人民出版社 2000 年版。

（11）［美］伯纳·路易著，马贤等译：《历史上的阿拉伯人》，中国社会科学出版社 1979 年版。

（12）蔡佳和著：《当代伊斯兰原教旨主义运动》，宁夏人民出版社 2003 年版。

（13）陈天社著：《阿拉伯世界与巴勒斯坦问题》，世界知识出版社 2013 年版。

（14）［以色列］多尔·戈尔德著，王育伟、关媛译：《耶路撒冷：伊斯兰激进派、西方及圣城的未来》，世界知识出版社 2014 年版。

（15）［美］菲利普·希提著，马坚译：《阿拉伯通史》，新世界出版社 2008 年版。

（16）冯亚琳、［德］阿斯特莉特·埃尔主编：《文化记忆理论读本》，北京大学出版社 2012 年版。

（17）国家民族事务委员会编：《中央民族工作会议精神学习辅导读本》，民族出版社 2005 年版。

（18）郭应德著：《阿拉伯史纲（610—1945）》，中国社会科学出版社 1991 年版。

（19）［德］哈拉尔德·韦尔策著，季斌等译：《社会记忆：历史、回忆、传承》，北京大学出版社 2007 年版。

（20）［巴勒斯坦］亨利·卡坦著，西北大学伊斯兰教研究所译：《巴勒斯坦阿拉伯人和以色列》，北京人民出版社 1975 年版。

（21）［美］吉米·卡特著，郭仲德译：《牢墙内的巴勒斯坦》，西北大学出版社 2007 年版。

（22）荆云波著：《义化记忆与仪式叙事》，南方日报出版社 2010 年版。

（23）［丹麦］克斯汀·海斯翠普编，贾士蘅译：《他者的历史——社会人类学与历史制作》，中国人民大学出版社 2010 年版。

（24）［美］拉莱·科林斯、［法］多米尼克·拉皮埃尔著，晏可佳等译：《为你，耶路撒冷》，浙江人民出版社 2015 年版。

（25）［美］朗达·贾拉尔著，王颖冲译：《家的地图》，世纪出版集团上海人民出版社 2010 年版。

（26）李智著：《文化外交：一种传播学的解读》，北京大学出版社 2005 年版。

（27）马丽蓉著：《中东国家的清真寺社会功能研究》，时事出版社 2011 年版。

（28）默父著：《阿拉伯帝国》，三秦出版社 2000 年版。

（29）［法］莫里斯·哈布瓦赫著，毕然等译：《论集体记忆》，上海世纪出版集团/上海人民出版社 2002 年版。

（30）［法］皮埃尔·诺拉著，黄艳红等译：《记忆之场：法国国民意识的文化社会史》，南京大学出版社 2015 年版。

（31）［美］乔纳森·弗里德曼，郭建如译：《文化认同与全球性过程》，商务印书馆 2003 年版。

（32）［美］乔纳森·威尔逊著，韩颖译：《巴勒斯坦之恋》，四川出版集团/四川文艺出版社 2010 年版。

（33）［英］乔治·柯克著：《1945—1950 年的中东》，出自［英］阿诺德·托因比主编：《第二次世界大战史大全·第 11 卷》，上海译文出版社 1995 年版。

（34）［苏］斯大林：《斯大林全集》第二卷，人民出版社 1953 年版。

（35）孙承熙著：《阿拉伯伊斯兰文化史纲》，昆仑出版社 2001 年版。

（36）［英］瓦莱丽·肯尼迪著，李自修译：《萨义德》，江苏人民出版社 2006 年版。

（37）王明珂著：《华夏边缘：历史记忆与族群认同》，社会科学文献出版社 2006 年版。

（38）王铁铮主编：《全球化与当代中东社会思潮》，人民出版社 2013 年版。

（39）王霄冰、迪木拉提·奥迈尔主编：《文字、仪式与文化记忆》，民族出版社 2007 年版。

（40）王新刚、王立红著：《中东和平进程》，时事出版社 2012 年版。

（41）［美］薇思瓦纳珊编，单德兴译：《权力、政治与文化——萨义德访谈录》，生活·读书·新知三联书店 2006 年版。

（42）［美］休斯顿·史密斯著，刘安云译：《人的宗教》，海南出版社 2013 年版。

（43）［德］扬·阿斯曼著，金寿福、黄晓晨译：《文化记忆：早期高级文化中的文字、回忆和政治身份》，北京大学出版社 2015 年版。

（44）杨军、张士东著：《阿拉伯人》，东方出版社 2008 年版。

（45）姚惠娜编著：《巴勒斯坦》，社会科学文献出版社 2010 年版。

（46）尹崇敬主编：《中东问题 100 年》，新华出版社 1999 年版。

（47）［美］约翰·L. 埃斯波西托、达丽亚·莫格海德著，晏琼英等译：《谁代表伊斯兰讲话？》，中国社会科学出版社 2010 年版。

（48）赵静蓉著：《文化记忆与身份认同》，生活·读书·新知三联书店 2015 年版。

（二）论文、文章

（1）艾娟、汪新建："集体记忆：研究群体认同的新路径"，《新疆社会科学》2011 年第 2 期。

（2）艾娟："知青集体记忆研究"，南开大学博士学位论文，2010年。

（3）艾仁贵："Nakba：现代巴勒斯坦的难民问题与创伤记忆"，《史学理论研究》2013年第2期。

（4）蔡德贵："当代伊斯兰阿拉伯世界社会思潮评析"，《北京大学学报（哲学社会科学版）》1998年第1期第35卷。

（5）陈建民："全球化与伊斯兰教：文明的冲突?"，《阿拉伯世界》2002年第4期。

（6）陈天社："阿拉伯国家的巴勒斯坦难民"，《阿拉伯世界研究》1999年第1期。

（7）陈天社："巴勒斯坦民族认同和国家构建探析"，《郑州大学学报（哲学社会科学版）》2016年第49卷第1期。

（8）陈天社："巴以最终地位谈判中的难民问题"，《阿拉伯世界研究》2000年第1期。

（9）陈旭清："心灵的记忆：苦难与抗争——山西抗战口述史"，浙江大学博士学位论文，2005年。

（10）陈蕴茜："纪念空间与社会记忆"，《学术月刊》2012年第7期。

（11）储殷、唐恬波、高远："欧洲穆斯林问题的三个维度：阶级、身份与宗教"，《欧洲研究》2015年第1期。

（12）［美］大卫·格罗斯："逝去的时间：论晚期现代文化中的记忆与遗忘"，《文化研究》2011年第11期。

（13）董璐："文化安全遭受威胁的后果及其内生性根源"，《国际安全研究》2014年第2期。

（14）独乐："从纳吉布·马哈福兹'三部曲'看阿拉伯民族的身份认同"，上海外国语大学硕士学位论文，2012年。

（15）段锐超："北朝民族认同研究"，郑州大学博士学位论文，2014年。

（16）段书晓："创伤记忆的话语建构——以侵华日军南京大屠杀遇难同胞纪念馆为例"，复旦大学硕士学位论文，2012年。

（17）范鸿达："巴勒斯坦难民营状况考察"，《比较政治学研究》2012年第1期。

（18）高萍："社会记忆理论研究综述"，《西北民族大学学报（哲学社会科学版）》2011年第3期。

（19）耿浩男："从文化记忆理论看《塔纳赫》对现代以色列的影响"，河北师范大学硕士学位论文，2016年。

（20）韩震："论国家认同、民族认同及文化认同——一种基于历史哲学的分析与思考"，《北京师范大学学报（社会科学版）》2010年第1期。

（21）韩志斌："地缘政治、民族主义与利比亚国家构建"，《历史研究》2014年第4期。

（22）韩志斌："文化认同理论下的伊斯兰文化与全球——阿拉伯学者的学术视野与理论路径"，《史学理论研究》2008年第4期。

（23）何莹、赵永乐："国外群体记忆研究概述"，《宜宾学院学报》2004年第5期。

（24）宏英："历史记忆与民族认同研究——以云南蒙古人的历史记忆为中心"，内蒙古大学博士学位论文，2009年。

（25）简·奥斯曼："集体记忆与文化身份"，《文化研究》2011年第11期。

（26）姜明新："全球化的当代特征与阿拉伯—伊斯兰认同"，《西亚非洲》2010年第9期。

（27）［美］杰弗瑞·奥利克、乔伊斯·罗宾斯："社会记忆研究：从'集体记忆'到记忆实践的历史社会学"，《思想战线》2011年第3期。

（28）赖国栋："历史记忆研究——基于20世纪西方历史理论的反

思"，复旦大学博士学位论文，2009 年。

（29）李荣："巴勒斯坦难民问题"，《国际研究参考》1994 年第 7 期。

（30）李兴军："集体记忆研究文献综述"，《上海教育科研》2009 年第 4 期。

（31）李秀珍："第一次世界大战后巴勒斯坦阿拉伯经济研究"，西北大学博士学位论文，2002 年。

（32）李意："萨义德思想与巴勒斯坦民族主义"，《国际论坛》2010 年第 1 期。

（33）李忠、石文典："当代民族认同研究述评"，《西北民族大学学报（哲学社会科学版）》2008 年第 3 期。

（34）栗志刚："民族认同的精神文化内涵"，《世界民族》2010 年第 2 期。

（35）刘中民："从阿拉伯民族主义到巴勒斯坦民族主义——20 世纪上半叶巴勒斯坦地区民族主义的发展与转型"，《西亚非洲》2011 年第 7 期。

（36）路朋杰："以色列阿拉伯人的民族认同"，河南大学硕士学位论文，2010 年。

（37）骆祥聪："回忆与建构——《五号屠场》中的创伤记忆与集体记忆"，四川外语学院硕士学位论文，2011 年。

（38）马强："生命周期仪式与穆斯林移民文化的变迁——对纳萨里·德森关于荷兰穆斯林仪式研究的反思"，《思想战线》2012 年第 4 期第 38 卷。

（39）马丽蓉："全球化背景下的阿拉伯—伊斯兰文化认同及其重构"，《国际观察》2006 年第 5 期。

（40）马学清："巴勒斯坦民族主义的形成及巴勒斯坦民族认同的演变"，西北大学硕士学位论文，2001 年。

（41）潘茹红："站在巴以冲突十字路口的阿拉法特"，福建师范大学硕士学位论文，2005年。

（42）彭刚："历史记忆与历史书写——史学理论视野下的'记忆的转向'"，《史学史研究》2014年第2期。

（43）蒲婷婷："阿以冲突中的民族宗教因素探析"，河北师范大学硕士学位论文，2005年。

（44）沙地："国际人道主义法和巴勒斯坦被占领土问题"，山东大学博士学位论文，2011年。

（45）邵鹏："媒介作为人类记忆的研究——以媒介记忆理论为视角"，浙江大学博士学位论文，2014年。

（46）孙峰："从集体记忆到社会记忆——哈布瓦赫与康纳顿社会记忆理论的比较研究"，华东师范大学硕士学位论文，2008年。

（47）唐靖："仪式文化对群体心态的影响作用"，《中国农业大学学报（社会科学版）》2008年第25卷第4期。

（48）唐珺："巴勒斯坦诗人达尔维什'抵抗诗'的多重解读"，北京外国语大学博士学位论文，2014年。

（49）唐伟："从创伤记忆到记忆的创伤——以八十年代文学为考察中心"，辽宁师范大学硕士学位论文，2011年。

（50）万明钢、高承海、吕超、侯玲："近年来国内民族认同述评"，《心理科学进展》2012年第8期第20卷。

（51）王希恩："民族认同与民族意识"，《民族研究》1995年第6期。

（52）王霄冰："文化记忆、传统创新与节日遗产保护"，《中国人民大学学报》2007年第1期。

（53）王玥："中东变局中的阿拉伯人身份认同"，上海外国语大学硕士学位论文，2013年。

（54）［德］沃尔夫冈·卡舒巴："记忆文化的全球化——记忆政治

的视觉偶像、原教旨主义策略及宗教象征",《民俗研究》2012年第1期。

（55）吴冰冰："霸权、话语、认同与伊斯兰——评《西方霸权语境中的阿拉伯—伊斯兰问题研究》",《回族研究》2007年第4期。

（56）吴楚克、王倩："认同问题与跨界民族的认同",《云南师范大学学报（哲学社会科学版）》2011年第3期。

（57）吴玉军："符号、话语与国家认同",《学术论坛》2010年第12期。

（58）吴云贵："伊斯兰宗教与伊斯兰文明",《阿拉伯世界研究》2009年第1期。

（59）刑军涛："论巴拉克时期的耶路撒冷问题"，西北大学硕士学位论文，2008年。

（60）杨辉："试论巴勒斯坦民族构建问题——本土与流亡民族主义的磨合与分歧",《西亚非洲》2006年第9期。

（61）杨阳、冯帅鹏："阿克萨清真寺宗教和政治功能解读",《阿拉伯世界研究》2008年第11期。

（62）于卫青："巴勒斯坦难民问题的历史考察"，西北大学博士学位论文，2002年。

（63）于卫青："巴勒斯坦难民问题的谈判与前景",《国际论坛》2005年第6期。

（64）俞佩淋："作为症候的'文革'记忆书写"，浙江大学博士学位论文，2011年。

（65）袁琳娴："格桑·卡纳法尼《阳光下的人们》典型人物分析"，北京外国语大学硕士学位论文，2014年。

（66）张洪仪："文化压抑与伊斯兰原教旨主义",《北京第二外国语学院学报》1998年第4期。

（67）张家栋："文明冲突与恐怖主义：想象还是现实？",《社会科学》2009年第4期。

（68）张俊华："社会记忆研究的发展趋势之探讨"，《北京大学学报（哲学社会科学版）》2014年第5期。

（69）张灵："社会身份：关于社会记忆的研究"，浙江大学硕士学位论文，2011年。

（70）张莹瑞、佐斌："社会认同理论及其发展"，《心理科学进展》2006年第14卷第3期。

（71）赵克仁："巴勒斯坦难民问题的历史考察"，《西亚非洲》2001年第1期。

（72）赵克仁："从阿拉伯民族主义到巴勒斯坦民族主义——巴勒斯坦民族的成长历程"，《世界民族》2007年第1期。

（73）赵静蓉："创伤记忆：心理事实与文化表征"，《文艺理论研究》2015年第2期。

（74）赵静蓉："作为方法论的创伤记忆"，《江西社会科学》2016年第2期。

（75）赵树冈："历史、记忆的建构与权力"，《思想战线》2013年第2期。

（76）赵晓龙："当代阿拉伯民族认同研究"，西北大学硕士学位论文，2007年。

（77）周海燕："媒介与集体记忆研究：检讨与反思"，《新闻与传播》2014年第9期。

（78）邹兰芳："从'在场的缺席者'到'缺席的在场者'——巴勒斯坦诗人达尔维什的自传叙事"，《外国文学评论》2012年第4期。

（79）左宏愿："原生论与建构论：当代西方的两种族群认同理论"，《国外社会科学》2012年第3期。

二、阿拉伯文

1- الكتب:

(1) إبراهيم العلى، اللاجئ الفلسطيني من الاقتلاع إلى العودة، دار النفائس للنشر والتوزيع – الأردن، الطبعة الأولى عام ٢٠١٤.

(2) إبراهيم نصر الله، زمن الخيول البيضاء، منشورات الاختلاف، حزيران عام ٢٠١٢.

(3) أبو الحسن علي الحسني الندوى، المسلمون وقضية فلسطين، دار ابن كثير للطباعة والنشر والتوزيع دمشق بيروت، عام ٢٠٠٨.

(4) أ.د.محمد سهيل طقوس، تاريخ العرب قبل الإسلام، دار النفاس للطباعة والنشر والتوزيع، الطبعة الأولى ٢٠٠٩.

(5) الدكتور سيد محمد السيد محمود، تاريخ الدولة العثمانية، مكتبة الآداب، الطبعة الأولى ٢٠٠٧.

(6) الدكتور محمد سهيل طقوس، تاريخ الخلفاء الراشدين: الفتوحات والإنجازات السياسية، دار النفاس للطباعة والنشر والتوزيع، الطبعة الثانية مصححة ومنقحة ٢٠١١.

(7) الدكتور محمد سهيل طقوس، تاريخ الدولة العباسية، دار النفاس للطباعة والنشر والتوزيع، الطبعة السابعة ٢٠٠٩.

(8) الدكتور محمد سهيل طقوس، تاريخ الدولة الأموية، دار النفاس للطباعة والنشر والتوزيع، الطبعة السابعة ٢٠١٠.

(9) المركز الفلسطيني لأبحاث السياسات والدراسات الاستراتيجية- مسارات، التجمعات الفلسطينية وتمثلاتها ومستقبل القضية الفلسطينية، من سلسلة وقائع المؤتمر السنوي الثاني، مؤسسة الناشر للدعاية والإعلان، مايو عام ٢٠١٣.

(10) المؤسسة العربية للدراسات والنشر، موسوعة الحضارة العربية الإسلامية، دار الفارس للنشر والتوزيع، الطبعة الأولى ١٩٩٥.

(11) أمل زايد، " روايات اللاجئين الفلسطينيين: مقارنة عبر الأجيال "، وحدة الهجرة القسرية واللاجئين معهد إبراهيم أبو لغد للدراسات الدولية، بيرزيت- فلسطين آذار ٢٠١٣.

(12) أيرا م.لابيدس، ترجمة: فاضل جتكر، تاريخ المجتمعات الإسلامية، دار الكتاب العربي، الطبعة الثانية ٢٠٠١.

(13) بديل \ المركز الفلسطيني للمصادر حقوق المواطنة واللاجئين، أنا من هناك... وللحلم بقيّــة مجموعة قصص صحفية - جائزة العودة 2014، مركز بديل، أيار ٢٠١٥.

(16) بشير عبد الغني بركات، القدس الشريف في العهد العثماني، مكتبة دار الفكر، عام ٢٠٠٢.

(17) خليل الشقاقي، العلاقات السياسية و الإدارية المستقبلية : الضفة الغربية و قطاع غزة، مركز دراسات القدس، ١٩٩٤.

(18) جمعة حماد، رحلة الضياع- ذكريات لاجئ، مطابع المؤسسة الصحفية الأردنية، عام ١٩٨٦.

(19) جهاد الترباني، مائة من عظماء أمة الإسلام غيروا مجرى التاريخ، دار التقوى للطبع والنشر والتوزيع، الطبعة الاولى ٢٠١٠.

(20) حسام جلال التميمي، صورة اللاجئ الفلسطيني في الشعر الفلسطيني الحديث ١٩٦٧-١٩٩٠م، جامعة القدس المفتوحة – فلسطين، جمعية العنقاء الثقافية – الخليل – فلسطين، عام ٢٠٠١.

(21) د.أحمد خير العمري ، المهمة غير المستحيلة: الصلاة بوصفها أداة لإعادة بناء العالم، دار الفكر، ٢٠٠٨.

(22) د.أحمد خير العمري ، ملكوت الواقع: ممهدات وحوافز قبل الانطلاق ، دار الفكر، ٢٠٠٨.

(23) د.أحمد خير العمري ، عالم جديد ممكن: الفاتحة - العدسة اللاصقة على العين المسلمة، دار الفكر، ٢٠٠٨.

(24) د.أحمد خير العمري ، فيزياء المعاني: هيئات الصلاة- نمط عمارة لبناء الإنسان، دار الفكر، ٢٠٠٨.

(25) د.أحمد خير العمري، سحرة المنتهى: حجر النهضة – منصة الإنطلاق، دار الفكر، ٢٠٠٨.

(26) د. جهينة عمر الخطيب، تطوّر الرواية العربية في فلسطين ٤٨ (١٩٤٨-٢٠١٢)، مكتبة كل شيء.

(27) د. طارق السويدان، الفلسطين.. التاريخ المصور، سيتامول نت، مارس عام ٢٠٠٤.

(28) د. محسن محمد صالح، أوضاع اللاجئين الفلسطينيين في لبنان، مركز الزيتونة للدراسات والاستشارات – بيروت، الطبعة الأولى عام ٢٠٠٨.

(29) د. محسن محمد صالح، " اللاجئون الفلسطينيون في العراق"، مركز الزيتونة للدراسات والاستشارات – بيروت ، عام ٢٠٠٩.

(30) د. محسن محمد صالح، القضية الفلسطينية – خلفياتها التاريخية وتطوراتها المعاصرة، مركز الزيتونة للدراسات والاستشارات – بيروت، عام ٢٠١٢.

(31) د. محمد عمارة، إسلامية الصراع حول القدس وفلسطين، دار نهضة مصر للطباعة والنشر والتوزيع، ديسمبر عام ١٩٩٨.

(32) رجا بهلول، من الجهاد إلى التعايش السلمي: تطور المفاهيم الإسلامية في السياسة والعلاقات الدولية، جامعة بيرزيت، مؤسسة الناشر للدعاية والإعلام – رام الله، أغسطس عام ٢٠٠٣.

(33) راغب السرجاني، فلسطين.. واجبات الأمة، مؤسسة اقرأ للنشر والتوزيع والترجمة، الطبعة الأولى عام ٢٠١٠.

(34) سليم مطر، الذات الجريحة: إشكاليات الهوية في العراق والعالم العربي، مركز دراسات الأمة العراقية دار الكلمة الحرة، طبعة رابعة منقحة ٢٠٠٨.

(35) سوزان أبو الهوى، بينما ينام العالم، ترجمة سامية شنان تميمي، مؤسسة قطر للنشر، الطبعة العربية الأولى عام ٢٠١٢.

(36) طارق حمود، دليل فلسطين المبسط، مركز الأرض والإنسات للدراسات والاستشارات، عام ٢٠١٤.

(37) عبد الفتاح القلقيلي وأحمد أبو غوش، " الهوية الوطنية الفلسطينية: خصوصية الشكل والإطار الناظم"، بديل المركز الفلسطيني لمصادر حقوق المواطنة واللاجئين، عام ٢٠١٢.

(38) عبد العزيز الدوري، أوراق في التاريخ والحضارة، دار الغرب الإسلامي، الطبعة الأولى ٢٠٠٧.

(39) عبد الكريم العمر، " مذكرات الحاج محمد أمين الحسيني"، الأهالي للطباعة والنشر والتوزيع، سورية دمشق، الطبعة الأولى عام ١٩٩٩.

(40) عدنان أبو عامر، يوميات فلسطينية كي لا ننسى، تجمع العودة الفلسطيني-واجب، عام ٢٠١٠.

(41) عرفة عبده علي، "القدس العتيقة: مدينة التاريخ والمقدسات"، شركة الأمل للطباعة والنشر، الطبعة الأولى عام ٢٠٠٧.

(42) عمر الصالح البرغوثي، خليل طوطح، تاريخ فلسطين، مكتبة الثقافة الدينية، عام ٢٠٠١.

(43) كليفورد.أ.بوزورث، ترجمة: حسين علي البودي، الأسرار الحاكمة في التاريخ الإسلامي: دراسة في التاريخ والأنساب، مؤسسة الشراع العربي، الطبعة الثانية ١٩٩٥.

(44) غسان كنفاني، عائد إلى حيفا، دار منشورات الرمال، الطبعة الأولى عام ٢٠١٣.

(45) غسان كنفاني، رجال في الشمس، دار منشورات الرمال، عام ٢٠١٣.

(46) محسن محمد صالح، " طريق إلى القدس"، مركز الزيتونة للدراسات والاستشارات – بيروت، الطبعة الخامسة، عام ٢٠١٢.

(47) محمد بن صالح العثيمين، الصيام: مجموعة أسئلة في أحكامه، مؤسسة الشيخ محمد بن صالح العثيمين الخيرية، طبعة العام الهجري ١٤٣٠.

(48) محمد عبد الرازق أبو مصطفى، "حق العودة وقدسية الواجب"، دار النشر غير معروف، تحميل من شبكة اكاديمية دراسات اللاجئين، مطبوعة في عام ٢٠١٠.

(49) محمد قطب، هل نحن مسلمون، دار الشروق، الطبعة السادسة ٢٠٠٢.

(50) محمود شاكر، التاريخ الإسلامي، المكتب الإسلامي، الطبعة السابعة ١٩٩١.

(51) محمود شاكر، التاريخ الإسلامي، المكتب الإسلامي، الطبعة الثامنة ٢٠٠٠.

(52) مراد هوفمان، رحلة إلى مكة، مكتبة العبيكان، الطبعة الأولى ٢٠٠١.

(53) مريد البرغوثي، رأيت رام الله، المركز الثقافي العربي، الطبعة الرابعة عام ٢٠١١.

(54) مركز زايد للتنسيق والمتابعة، "اللاجئون الفلسطينيون بين الشتات والعودة"، شركة أبو ظبي للطباعة والنشر، سبتمبر عام ٢٠٠١.

(55) مركز يافا للأبحاث، يافا عطر المدينة، دار الفتى العربي للنشر والتوزيع، عام ١٩٩١.

(56) مصطفى مراد الدباغ، بلادنا فلسطين – الجزء الأول، دار الهدى، طبعة جديدة، عام ١٩٩١.

(57) معهد إبراهيم أبو لغد للدراسات الدولية، قضايا في اللجوء والهجرة، جامعة بيرزيت، نيسان عام ٢٠٠٨.

(58) معهد إبراهيم أبو لغد للدراسات الدولية، اللاجئون الفلسطينيون قضايا مقارنة، جامعة بيرزيت، نيسان عام ٢٠٠٨.

(59) مي صبحي الخنساء، " العودة حق"، باحث للدراسات، لبنان- بيروت، الطبعة الأولى ٢٠٠٤.

(60) نيكوس كازانتزاكي، رحلة إلى فلسطين، مؤسسة خلدون للدراسات والنشر، عام ١٩٨٩.

(61) واصف عبوشي، فلسطين قبل الضياع. قراءة جديدة في المصادر البريطانية، ترجمة على جرباوي، رياض الرئيس للكتب والنشر، عام ١٩٨٥.

(62) يحيى يخلف، " أوراق فلسطينية "، مؤسسة ياسر عرفات، فصلية فكرية عربية تصدر عن مؤسسة ياسر عرفات، العدد ١٠ صيف ٢٠١٥.

(63) ياسر علي، المجازر الإسرائيلية بحق الشعب الفلسطيني، مركز الزيتونة للدراسات والاستشارات بيروت –لبنان، عام ٢٠٠٩.

٢- المقالات:

(1) أشرف صقر أبو ندا، " الهوية الفلسطينية المتخيلة بين التطور والتأزم"، مجلة "المستقبل العربي"، العدد 423، ايار/ مايو عام ٢٠٠٤.

(2) السيد زهره، ترشيحا العربية وسلاح الذاكرة الجماعية، ٣ نوفمبر ٢٠٠٩.

(3) أنطوان شلحت، تاريخ الذاكرة الجماعية ومكانها، يونيو ٢٠١٦.

(4) أنيس بن علي، حرب أكتوبر عام ١٩٧٣: دراسة تحليليّة في أسباب ونتائج الحرب، أكاديمية دراسات اللاجئين، عام ٢٠١٦.

(5) بديل \ المركز الفلسطيني للمصادر حقوق المواطنة واللاجئين، حق العودة وما يعنيه خيار اللاجئين، نشرة مركز بديل غير الدورية رقم ٤. شباط ٢٠٠١.

(6) بديل \ المركز الفلسطيني للمصادر حقوق المواطنة واللاجئين، ما يعنيه قرار الجمعية العامة للأمم المتحدة رقم ١٩٤، ١١ كانون أول ١٩٤٨ ـ حق العودة، نشرة مركز بديل غير الدورية رقم ١١ نيسان ٢٠٠٢.

(7) بسام الجاهوش، مسلمو قبرص في مرمى التغريب وفقدان الهوية، شبكة الألوكة، http://www.alukah.net/world_muslims/0/103161/ .

(8) حسن حضر، خصوصية نشوء وتكوين النخبة الفلسطينية، معهد إبراهيم أبو لغد للدراسات الدولية، نيسان عام ٢٠٠٣.

(9) حورية الخمليشي، ملف العدد: الهوية والذاكرة ومسارات الاعتراف، يتفكرون، العدد ٤ صيف ٢٠١٤.

(10) د. خالد رُوشه، أزمة الهوية الإسلامية، شبكة المسلم، http://almoslim.net/node/103661

(11) د. حسن حنفي، ثقافة الذاكرة الجمعيـة، السبت، نوفمبر ٢٠١٣.

(12) سميح جميل صالح، الأقصى عقيدة وتاريخ، أكاديمية دراسات اللاجئين، عام ٢٠١٦.

(13) عاهد صبحي حلس، الدور السياسي للعمارة في إطار الصراع الفلسطيني الإسرائيلي، The Islamic University Journal (Series of Natural Studies and Engineering) Vol.18, No.1, pp 115 – 130.

(14) فضيلة الإمام الأكبر أ.د. أحمد الطيب، وثيقة الأزهر عن القدس الشريف، مجلة الأزهر، نوفمبر ٢٠١١م.

(15) مركز الأبحاث في منظمة التحرير الفلسطينية، شؤون فلسطينية، فصلية فِكريّة لمعالجة أحَداث القضية الفلسطينية وشوؤنها المختَلفة، العددان ٢٤٩ ـ ٢٥٠ صيف ـ خريف ٢٠١٢.

(16) مركز الأبحاث في منظمة التحرير الفلسطينية، شؤون فلسطينية، فصلية فِكريّة لمعالجة أحَداث القضية الفلسطينية وشوؤنها المختَلفة، العدد ٢٥٢ صيف ـ خريف ٢٠١٣.

(17) مركز الأبحاث في منظمة التحرير الفلسطينية، شؤون فلسطينية، فصلية فِكريّة لمعالجة أحَداث القضية الفلسطينية وشوؤنها المختَلفة، العددان ٢٥٣ ـ ٢٥٤ صيف ـ خريف ٢٠١٣.

(18) نادرة شلهوب ـ كيفوركيان وهّمت زعبي، يافا: النفي في الوطن والنمو إلى الجذور، مجلة الدراسات الفلسطينية ٩٣ شتاء ٢٠١٣.

(19) وجيه كوثراني، الذاكرة والتاريخ في "مشوار" شفيق الحوت: من يافا إلى بيروت، مجلة الدراسات الفلسطينية ٩٥ صيف ٢٠١٣.

(20) وديع عواودة، عكا الفلسطينية: مخزن ذاكرة العرب الجماعية، عام ٢٠١٤.

(21) ياسر غريب، الحج في التشكيل: مكعّب في قلب العالم، لندن، ٧ سبتمبر ٢٠١٦.

三、英文

（一）图书

（1）Ala Abu Dheer, *Nakba Eyewitnesses: Narrations of The Palestian 1948 Catastrophe*, Palestine Media Unit of Public Relations Department by Annajah National University, 2007.

（2）Avishai Margalit, *The Ethics of Memory*, Cambridge, Harvard University Press, 2002.

（3）Baruch Kimmerling and Joel S. Migdal, *Palestinians: The Making of A People*, Harvard University Press, 2003.

（4）Baruch Kinmmerling, Joel S. Migdal, *The Palestinian People*, Harvard University Press, 2003,

（5）Bell, Catherine, *Ritual Theory, Ritual Practice*, New York, Oxford University Press, 1992

（6）Benny Morris, *The Birth of The Palestinian Refugee Problem Revisited*, Cambridge University Press, 2004.

（7）Berkey, Jonathan Porter, *The Formation of Islam: Religion And Society in The Near East 600–1800*, Cambridge University Press, 2003.

（8）Burke, P. J & Stets. J. E., *Identity Theory*, New York, Oxford

University Press, 2009.

(9) Conor Cruise O'Brien, *The Siege: The Saga of Israel and Zionism*, New York, Simon and Schuster, 1986.

(10) Dan Ben – Amos & Liliane Wweissberg, *Cultural Memory and the Construction of Identity*, Wayne State University Press, 1999.

(11) Dina Matar, *What It Means to Be Palestinian: Stories of Palestinian Peoplehood*, I. B. Tauris & Co Ltd, 2011.

(12) Durkheim, Emile, *The Elementary Forms of Religious Life*, New York, The Free Press, 1912.

(13) Edward W. Said, *The Question of Palestine*, Random House in the United States, 1980.

(14) Farah, Caesar, *Islam: Beliefs and Observances* (5th ed.), New York, Barron's Educational Series, 1994.

(15) Fawaz Turki, *Soul in Exile*, New York Monthly Review Press, 1988.

(16) Fawaz Turki, *The Disinherited*, Monthly Review Press, 1972.

(17) Gerber, *Remembering and Imaging Palestine: Identity and Nationalism from the Crusades to the Present*, Palgrave Macmillan, United Kingdom, 2008.

(18) Helena Lindholm Schulz, *The Palestinian Diaspora: Formation of Identity and Politics of Homeland*, Routledge, 2003.

(19) Ibrahim Abu – Lughod Institute of International Studies, *Ibrahim Abu – Lughod: Resistance, Exile, and Return*, Al Nasher Advertising Agency, 2003.

(20) Ibrahim Abu – Lughod Institute of International Studies, *Palestinian Refugees: Different Generations, But One Identity*, The Forced Migration and Refugee Unit, The Ibrahim Abu – Lughod Institute of International Stud-

ies Birzeit University, December 2012.

(21) Ibrahim Abu–Lughod Institute of International Studies, *The New Palestine, The New Europe*, Al Nasher Advertising Agency, 2003.

(22) Ihab Saloul, *Catastrophe and Exile in the Modern Palestinian Imagination*, published by Palgrave Macmillan in the United States, 2012.

(23) Jaber Suleiman, *Trapped by Denial of Rights, Illusion of State: The Case of the Palestinian Refugees in Lebanon*, al–shabaka, 2012.

(24) Janette Habashi, *Palestinian Children: Authors of Collective Memory*, Children & Society, 2013.

(25) Jeanette Rodriguez & Ted Fortier, *Cultural Memory: Resistance, Faith & Identity*, University of Texas Press, 2007.

(26) Joyce Hamade, *The Construction of Palestinian Identity: Hamas and Islamic Fundamentalism*, Institute of Islamic Studies Mcgill University, Montreal, April 2002.

(27) Juliane Hammer, *Palestinians Born in Exile*, University of Texas Press, 2005.

(28) Liam Morgan & Alison Morris, *Nakba Eyewitnesses: Narrations of the Palestinian 1948 Catastrophe*, Palestine Media Unit (Zajel) Public Relations Department An–Najah National University, Nablus–Palestine.

(29) Meir Litvak, *Palestinian Collective Memory and National Identity*, Palgrave Macmillan, United States, 2009.

(30) Nur Masalha, *Catastrophe Remembered: Palestine, Israel and the Internal Refugees: Essays in Memory of Edward W. Said*, Zed Books Ltd, 2005.

(31) Penny Johnson and Raja Shehadeh, *Seeking Palestine: New Palestinian Writing on Excile and Home*, Olive Branch Press an inprint of interlink publishing group, inc., 2013.

(32) Rashid Khalidi, *The Iron Cage: The Story of The Palestinian*

Struggle for Statehood, One World Publications, 2007.

(33) Rashid Khalidi, *Palestinian Identity: The Construction of Modern National Consciousness*, Columbia University Press, New York, 1997.

(34) Ronald Sanders, *Shores of Refuge: A Hundred Years of Jewish Emigration*, New York, Henry Holt and Company, 1988.

(35) Rosemary Sayigh, *The Palestinians: From Peasants to Revolutionaries*, Zed Books Ltd, 2007.

(36) Tamar Ashuri, *The Nation Remembers: National Identity and Shared Memory in Television Documentaries*, Nations & Nationalism, 2005.

(37) The Forced Migration and Refugee Unit, *Palestinian Refugees: Different Generations, But One Identity*, the Ibrahim Abu – Lughod Institute of International Studies of Birzeit University, 2012.

(38) Thomas and Sally V. Mallison, *The Palestine Problem in International Law and World Order*, London, Longman Group Ltd., 1986.

(39) Walid Khalidi, *From Haven to Conquest: Readings in Zionism and the Palestine Problem until 1948*, Institute for Palestine Studies, 1987.

(40) ZarefaAli, Rana Barakat, *A Narration Without an End: Palestine and the Continuing Nakba*, The Forced Migration and Refugee Unit of The Ibrahim Abu – Lughod Institute of International Studies, Birzeit University, 2013.

(二) 论文、文章

(1) Ahmad H. Sa'di, *Catastrophe, Memory and Identity: Al – nakbah as a Component of Palestinian Identity*, Israel Studies, 2002.

(2) Amy Mills, *Critical Place Studies and Middle East Histories: Power, Politics, and Social Change*, History Compass, 2012.

(3) Asad Taffal, *Collective Memory: a Universal Phenomenon the Pal-*

estinian Collective Memory as a Case Study, Wydawnictwo Naukowe Wydziału Nauk Politycznych i Dziennikarstwa UAM, 2015.

(4) Chiara De Cesari, *Creative Heritage: Palestinian Heritage NGOs and Defiant Arts of Government*, American Anthropologist, Vol. 112, No. 4, December 2010.

(5) Dalia Manor, *Imagined Homeland: Landscape Painting in Palestine in The 1920s*, Nations and Nationalism, 9 (4), 2003.

(6) Daniel Navon, *"We are a people, one people": How 1967 Transformed Holocaust Memory and Jewish Identity in Israel and the US*, Journal of Historical Sociology, Vol. 28 No. 3, September 2015.

(7) Dina Ezzat, *Past Can't Shape the Future*, Al – Ahram Weekly, May 19 – 25, 2011.

(8) DR. Ibrahim N. MOUSA، الهوية واشتعال المقاومة في شعر محمود درويش، القـــدس بين نقوش، Anaquel de Estudios Árabes, vol. 22, 2011.

(9) Edward W. Said, *Palestine, Then and Now: An Exile's Journey Through Israel and the Occupied Territories*, Harper's Magazine (December 1991): 50.

(10) Gary Fields, *Enclosure: Palestinian Landscape in a "Not – Too – Distant Mirror"*, Journal of Historical Sociology Vol. 23 No. 2 June 2010.

(11) George E. Bisharat, *Displacement and Social Identity: Palestinian Refugees in the West Bank*, Center for Migration Studies Special Issues, 1994.

(12) Glenn Bowman, *Popular Palestinian Practices around Holy Places and Those Who Oppose Them: An Historical Intrduction*, Religion Compass, 2013.

(13) Ihab Saloul, *Performative Narrativity: Palestinian Identity and the Performance of Catastrophe*, cultural analysis, 2008.

参考文献

(14) Ilana Feldman, *Difficult Distinctions: Refugee Law, Humanitarian Practice, and Political Identification in Gaza*, Cultural Anthropology.

(15) Irene Gendzier, *U. S. Policy in iSrael/PaleStine, 1948: the Forgotten history*, Middle east Policy, Vol. XViii, No. 1, spring 2011.

(16) Iris Jean – Klein, *Nationalism and Resistance: The Two Faces of Everyday Activism in Palestine during the Intifada*, Cultural Anthropology, 2016.

(17) Irit Keynan, *Between Past and Future: Persistent Conflicts, Collective Memory, and Reconciliation*, International Journal of Social Sciences, III (1), 2014.

(18) Khaldun Bshara, *The Palestine Spaces of Memory's Role in the Reconstruction of New Collective Narrative in the Nation Building Process*, f – origin. hypotheses. org.

(19) Khaled Fahmy, *The Real Tragedy behind the Fire of Institut d´Egypte*, Egypt Independent, January 8, 2012.

(20) K. L. Sparks, *Religion, Identity and the Origins of Ancient Israel*, Religion Compass, 1/6 (2007).

(21) Linda M. Pitcher, *"The Divine Impatience": Ritual, Narrative and Symbolization in the Practice of Martyrdom in Palestine*, Medical Anthropology Quarterly, 1998.

(22) Loren D. Lybarger, *Nationalism and the Contingency of the Religious Return among Second – Generation Palestinian Immigrants in the United States: A Chicago Case Study*, The Muslim World, Volume 104, JULY 2014.

(23) LORI A. ALLEN, *Martyr Bodies in The Media: Human Rights, Aesthetics, and The Politics of Immediation in the Palestinian Intifada*, American Ethnologist Volume 36 Number 1 February 2009.

(24) Mahmoud Mi'ari, *Collective Identity of Palestinians in Israel after Oslo*, International Journal of Humanities & Social Science, Vol. 1 (8) 2011.

(25) Mahmoud Mi'ari, *Transformation of Collective Identity in Palestine*, Journal of Asian & African Studies, 44 (6), 2009.

(26) Medhy Aginta Hidayat, *Ibadat, the Body and Identity: Islamic Rituals and the Construction of Muslim Identity*, Wiley Online Library.

(27) Medhy Aginta Hidayat, *Constructing Muslim Identity: The Role of Religious Leaders in the Identity Construction Among Muslims*, Wiley Online Library.

(28) Medhy Aginta Hidayat, *The Ritualized Body and Identity: The Role of Islamic Bodily Rituals in the Construction of Muslim Identity*, Wiley Online Library.

(29) Medhy Aginta Hidayat, *Muslim Lifestylers, Muslim Commuters, and Muslim Integrators: Negotiating the Marked and Unmarked Identities of Transnational Muslims in the United States*, Wiley Online Library.

(30) Michael Vicente Pérez, *Between religion and nationalism in the Palestinian diaspora*, Nations and Nationalism, 20 (4), 2014.

(31) Mamdouh Nofal, Fawaz Turki, etc., *Reflections on Al – Nakba*, Journal of Palestine Studies, Vol. 28 No. 1, Autumn, 1998.

(32) Muhammad Muslih, *Arabic Politics and Palestinian Nationalism*, Journal of Palestinian Studies, Vol. 16, 1986 \ 87.

(33) Mustafa al – Wali, *The Tantura Massacre 22 – 23 May 1948*, Majallat al – Dirasat al – Filastiniyya, 2000.

(34) Nafez Nazzal, *The Flight of the Palestinian Arabs from the Galilee 1948: An Historical Analysis*, Ph. D. dissertation, Georgetown University, 1974.

(35) Neil Caplan, Reuven Shultz, *Catasrtophe Remembered: Palestine, Israel and the Internal Refugees: Essays in Memory of Edward W. Said (review)*, An Interdisciplinary Journal of Jewish Studies, Volume 26, Number 4, Summer 2008.

(36) Nicholas E. Roberts, *Re – Remembering the Mandate: Historiographical Debates and Revisionist History in the Study of British Palestine*, History Compass 9/3, 2011.

(37) Rafi Nets – Zehngut, *Israeli and Palestinian Collective Memory of their Conflict: Determinants, Characteristics and Implications*, Brown Journal of World Affairs, Vol. 20 Issue 2, Spring/Summer2014.

(38) Rafi Nets – Zehngut, *Palestinian Autobiographical Memory Regarding the 1948 Palestinian Exodus*, Political Psychology, 32 (2), 2011.

(39) Rafi Nets – Zehngu, *The Passing of Time and the Collective Memory of Conflicts: The Case of Israel and the 1948 Palestinian Exodus*, Peace & Change, Vol. 37, No. 2, April 2012.

(40) Reem Abou – EL – Fadal, *Early Pan – Arabism in Egypt's July Revolution: the Free Officers' Political Formation and Policy – Making 1946 – 54*, Nations and Nationalism 21 (2), 2015.

(41) Seth J. Frantzman, Ruth Kark, *The Muslim Settlement of Late Ottoman and Mandatory Palestine: Comparison with Jewish Settlement Patterns*, Digest of Middle East Studies, Volume 22, Number 1.

(42) Shannon Andrea Thomas, *Collective Memory of Trauma: The Otherization of Suffering in the Israeli – Palestinian Conflict*, Berkeley Undergraduate Journal 28 (1).

(43) Shuki J. Cohen, *When Unconscious Wishes Become Laws: Policing Memory and Identity in Israel and Palestine*, International Journal of Applied Psychoanalytic Studies, 10 (2): 152 – 173 (2013), Published online 4 July 2012 in Wiley Online Library.

(44) Smadar Lavie, *Writing Against Identity Politics: An Essay on Gender, Race, and Bureaucratic Pain*, American Ethnologist, Volume 39 Number 4 November 2012.

（45）Tamar Ashuri, *The Nation Remembers: National Identity and Shared Memory in Television Documentaries*, Nations & Nationalism, 11 (3), 2005.

（46）Tamir Sorek, *The Orange and The "Cross in the Crescent": imagining Palestine in 1929*, Nations and Nationalism 10 (3), 2004.

（47）Thomas Shannon Andrea, *Collective Memory of Trauma: The Otherization of Suffering in the Israeli – Palestinian Conflict*, Berkeley Undergraduate Journal, 28 (1), 2015.

（48）Uri Ram, *Ways of Forgetting: Israel and the Obliterated Memory of the Palestinian Nakba*, Journal of Historical Sociology, 22 (22), 2009.

（49）Yair Wallach, *Creating A Country Through Currency and Stamps: State Symbols and Nation – Building in British – ruled Palestine*, Nations & Nationalism, 17 (1), 2011.

（50）Yitzhak Conforti, *Searching for a Homeland: The Territorial Dimension in the Zionist Movement and the Boundaries of Jewish Nationalism*, Studies in Ethnicity and Nationalism: Vol. 14, No. 1, 2014.

后记：关于现代巴勒斯坦认同概念的讨论

综观巴勒斯坦人身份意识的形成、变迁以及巴勒斯坦人这个群体的形成、发展历程可以看出，历史上巴勒斯坦地区的阿拉伯人对自己的主要身份定位经历了从阿拉伯人到巴勒斯坦人的转变，而这一转变也意味着巴勒斯坦人群体的形成。但是，笔者想要强调的是巴勒斯坦人群体的形成并不表示在那之后巴勒斯坦人不再是阿拉伯人，认同巴勒斯坦人身份也不表示否认阿拉伯人的身份，即两者之间不是一种彼此对立、非此即彼的关系。笔者认为巴勒斯坦人和阿拉伯人是两个不同层面的概念。我们通常将阿拉伯人这个群体称为阿拉伯民族。通常，我们认为民族是"人民在历史上形成的一个有共同语言、共同地域、共同经济生活以及表现于共同文化上的共同心理素质的稳定的共同体"。① 阿拉伯民族正是基于共同历史、语言、宗教、地理和文化传统而形成的人类共同体。据此定义，我们可以发现巴勒斯坦人并不具备成为该定义下的民族的条件，因为它首先不具备共同地域和共同经济生活；其次，它的语言、宗教和文化传统与其他地区的阿拉伯人没有本质差异。所以，阿拉伯人这一身份定位是作为阿拉伯民族的一员，是一个民族概念。巴勒斯坦人和其他阿拉伯人一样共享着阿拉伯语言、文化、历史和宗教，一同生活同

---

① ［苏］斯大林：《斯大林全集》第二卷，人民出版社1953年版，第294页。

巴勒斯坦：记忆与认同

一块地域，因此不可否认，巴勒斯坦人也是阿拉伯人，是阿拉伯民族的一员。这也是20世纪之前巴勒斯坦地区居民的主要身份认同。

那么，巴勒斯坦人这个群体如何定义呢？在巴勒斯坦地区进入现代以前，巴勒斯坦人这一概念仅是一个地域概念。进入现代以后，通过前文针对巴勒斯坦人群体发展历程的考察，我们可以得出巴勒斯坦人群体开始具有区别于其他阿拉伯人的历史经历和记忆，可见巴勒斯坦人群体的形成首先是基于历史记忆而不是语言、宗教等文化传统。在缺失共同地域和共同经济生活的情况下，巴勒斯坦人群体通过历史记忆的传承而得以持续和发展。因此，此时的巴勒斯坦人群体是一个记忆群体，巴勒斯坦人身份也是一个基于共同记忆的群体认同。随后，由于巴勒斯坦人在各地生活艰难，融入当地社会失败，加之巴勒斯坦人历史记忆拥有强大的动力等多种因素，巴勒斯坦人群体中出现政治组织，领导巴勒斯坦人开始争取政治权益的历程。由此，作为记忆群体的巴勒斯坦人群体开始向政治群体发展，但这一转变尚未完全实现。这一政治化的进程中，巴勒斯坦人身份认同也开始从之前的历史性认同向政治性认同转变，即由历史记忆为基础的群体认同向现代国家或民族的国家认同或民族认同发展。此处的巴勒斯坦民族的构建与历史文化意义上的阿拉伯民族的概念也存在差异。当下巴勒斯坦人努力奋斗期望实现的民族构建和国家构建更多的是一种政治概念，而非文化概念。现代意义的民族概念更倾向于以政治意义的国家为区分的群体，共同语言、历史、文化等不再是必备条件。在此概念下，一个民族（有的称之为国族[①]）可以有不同的语言、不同的宗教信仰和不同的历史渊源；同时，不同的民族也可以有共同的语言和文化。因此，现代巴勒斯坦的民族认同和国家认同尚不可被

---

① 国内学术界普遍认为：现代意义的民族这一概念来自西方，源自西方的"people""nation""race"等术语，而汉语中并没有能和这些西方术语完全契合的词汇。因此在对"民族"这一概念的使用上学术界尚未达成一致，有的人用"国族"，有的人用"民族"，还有的人用其他词汇来表达。但现代"民族"这一概念的政治性特点已获得广泛接受。

后记：关于现代巴勒斯坦认同概念的讨论

认为已经确立，一方面是因为从传统意义的民族概念上来说，巴勒斯坦人群体应和其他国家的阿拉伯人一样属于阿拉伯民族的一员；另一方面，从现代意义的民族概念来说，巴勒斯坦国尚未获得联合国正式成员国资格，即尚未获得国际社会的正式认同，所以它也不符合现代意义的民族定义。综合考虑，当前巴勒斯坦人对巴勒斯坦的认同，笔者以为在巴勒斯坦国成为联合国正式成员国之前，仍旧称之为群体认同比较合适。

由此可见，巴勒斯坦人群体的确立并不会改变其阿拉伯属性。一个人可以认同不同的群体，例如家庭、学校、企业……氏族、国家、民族、联盟等。一个巴勒斯坦人的身份也可以是父亲、孩子、教师……雅法人、耶路撒冷人、巴勒斯坦人、阿拉伯人等。这就是说每个人的身份认同都是多重的，也是可变化、可选择的。巴勒斯坦人的身份认同和阿拉伯人的身份认同是可以同时存在的，但不排除有强度的差别。而对于自己首要身份和认同强度的选择则与个人和群体利益相关。因此，当巴勒斯坦遭遇1948年"大灾难"之后，巴勒斯坦人所遭遇的现实问题和利益需求开始变得与其他地区的阿拉伯人越来越不同，当认同其阿拉伯人的身份所能带来的利益和未来期望变得不符合巴勒斯坦人的需求的时候，巴勒斯坦人对其阿拉伯人的身份的认同度会有所减弱也是情理之中的事。因此，巴勒斯坦人转向巴勒斯坦属性的认同是符合自我利益的选择，巴勒斯坦人这一身份得以强化并逐渐成为很多巴勒斯坦人的首要身份。这体现了20世纪后半叶巴勒斯坦认同发展的主要趋势。由此也可发现，巴认同并不是一种稳定的常态，而是一个动态的过程，目前正处于向国家认同或民族认同发展的建构过程，其未来会如何发展、变迁，仍待继续跟踪考察和探究。

图书在版编目（CIP）数据

巴勒斯坦：记忆与认同／隆娅玲著．—北京：
时事出版社，2020.12
ISBN 978-7-5195-0370-3

Ⅰ.①巴… Ⅱ.①隆… Ⅲ.①民族意识—研究—巴勒斯坦 Ⅳ.①C955.381

中国版本图书馆CIP数据核字（2020）第261826号

出版发行：	时事出版社
地　　址：	北京市海淀区万寿寺甲2号
邮　　编：	100081
发行热线：	（010）88547590　88547591
读者服务部：	（010）88547595
传　　真：	（010）88547592
电子邮箱：	shishichubanshe@sina.com
网　　址：	www.shishishe.com
印　　刷：	北京朝阳印刷厂有限责任公司

开本：787×1092　1/16　印张：15　字数：210千字
2020年12月第1版　2020年12月第1次印刷
定价：98.00元

（如有印装质量问题，请与本社发行部联系调换）